Recordar es morir

Daniel Coronell

Recordar es morir

Un rompecabezas
de la Colombia contemporánea

Título: *Recordar es morir*
Primera edición: junio de 2016

© 2016, Daniel Coronell
© 2016, de la presente edición en castellano para todo el mundo:
Penguin Random House Grupo Editorial, S. A. S.
Cra 5A No 34A – 09, Bogotá – Colombia
PBX: (57-1) 743-0700

Todas las columnas del autor contenidas en este libro
fueron publicadas previamente en la revista *Semana*.

Impreso en Colombia–Printed in Colombia

ISBN: 978-958-8912-63-9

Compuesto en caracteres Baskerville
Impreso en Editorial Buena Semilla

Penguin
Random House
Grupo Editorial

A María Cristina Uribe, quien ha hecho posible todo.
A Ignacio Gómez, compañero incansable de la mayoría
de estas investigaciones.

Contenido

De un solo golpe

Prólogo de Daniel Samper Pizano

Cierto día de 2007, una discreta florista callejera se instaló en inmediaciones de la residencia bogotana de Daniel Coronell, uno de los periodistas más conocidos del país por sus telenoticieros ágiles, informados y vigilantes. Contra lo que podría suponerse, la florista no estaba interesada en ofrecer azucenas y claveles a los peatones, sino en averiguar la vida de Coronell y espiar sus actividades. Era una agente secreta del DAS, el ya desaparecido y tenebroso departamento de seguridad que, impulsado por la Presidencia de la República, se dedicó entre 2002 y 2010 a perseguir, calumniar, amenazar e incluso asesinar a quienes entraban a la lista negra del primer mandatario, Álvaro Uribe Vélez.

Coronell, bogotano de 51 años, trabajador incansable, hombre discreto casado con la conocida y premiada periodista María Cristina Uribe y padre de Raquel y Rafael, en los años siguientes fue víctima, lo mismo que su familia, de chuzadas telefónicas, amenazas y un acoso permanente que los obligaron a dos exilios. Uno por emergencia y otro por prudencia, que aún se prolonga. Sin embargo, desde el exterior y durante el tiempo que permaneció en Colombia, su columna en *Semana* se convirtió en la más leída del país por su valentía y por la solidez de sus denuncias. Y Daniel, me atrevo a pensar, en el periodista que más admiramos sus colegas.

Recordar es morir recoge, en forma temática y con interesantes introducciones, 102 columnas publicadas entre el 19 de mayo de 2007 y el 28 de noviembre de 2015. Posiblemente muchos seguidores de Coronell conocieron en su momento buena parte de esos artículos. Pero se trata de experiencias diferentes. Una cosa es leer cada ocho días una página que revela atropellos y corruptelas y otra es el acceso a esas denuncias ofrecidas en orden cronológico y agrupadas por escándalos. El impacto ya no llega en incómodas cuotas semanales, sino como un solo golpe contundente que quita la respiración. Su lectura resulta indispensable para intentar armar el "rompecabezas que es la Colombia contemporánea", como señala el subtítulo del tomo con pleno acierto.

Me parece, en cambio, que el título está errado. Este libro es mucho más que una recopilación de recuerdos o memorias. En realidad, se trata de varios libros en uno. Es un libro de historia actual; es un tratado de periodismo; es una exploración social sobre la corrupción y también un esbozo sicológico sobre el poder.

Siendo todo lo anterior junto, no constituye, sin embargo, el texto de un sociólogo, un politólogo ni un sicólogo, sino de un periodista que reflexiona sobre su oficio y procura ejercer de la manera más profesional posible la función fiscalizadora que es derecho y deber de la prensa.

El agudo sentido reporteril de Coronell está presente en cada renglón, pero en especial cuando ofrece detalles y pinceladas de los personajes que desfilan por sus páginas. Menciona, por ejemplo, que cuando buscó para una entrevista en su cuartel de reclusión al coronel Alfonso Plazas Vega, procesado por la toma del Palacio de Justicia, lo encontró orando en la capilla. Y describe así a cierto fotógrafo tropical: venía "vestido de amarillo pollito y con una cámara al cuello".

Recordar es morir tiene las ventajas de un libro escrito por un buen periodista. Lo que en manos de un jurisperito, un militar o un antropólogo habría sido un ladrillazo contra el lector, Coronell lo presenta en forma clara, contextualizada y amena. Los acusados tienen su turno, los hechos son precisos y no le falta humor al autor para describir ciertas situaciones, ni ironía para calificarlas. Perplejo ante encrucijadas absurdas, Coronell confiesa que a veces no sabe si reír o llorar.

De todos modos, ni el humor ni la amenidad despojan al columnista de lo que en la profesión se llama "el instinto por la yugular", y a todo lo ancho y lo largo el libro da la impresión de haber sido escrito "sin temores ni favores".

Adentrarme en este prólogo en los temas investigados y los destapes conseguidos equivaldría a repetir su contenido. Menciono apenas la nefasta vitrina de escándalos: el Palacio de Justicia, la compra de la reelección de Uribe, las chuzadas del DAS, los subsidios para ricos de Agro Ingreso Seguro, SaludCoop, el inefable magistrado Jorge Pretelt...

Vale la pena apuntar que un trabajo de Daniel y sus colegas al revisar y comparar videos de la tragedia del Palacio de Justicia les permitió saber que el magistrado Carlos Urán había salido vivo del infierno y asesinado después. Muchos hallazgos sorprenden y la gran mayoría indignan. No todos salpican a Uribe. También aparece, por ejemplo, la vergonzosa defensa que hizo Colombia a través de un "perito mercenario" ante la Corte Interamericana de Derechos Humanos, lo que hace al gobierno de Juan Manuel Santos cómplice de esconder suciedades debajo del tapete.

En las páginas de este volumen uno oye crujir la maquinaria del poder y ve el baile de presiones contra la Justicia: políticos, militares, juristas, "abogángsters" (como los denominó Carlos Monsiváis), gobiernos extranjeros (en especial el de Estados Unidos), medios de comunicación…

Quiero subrayar esto último porque *Recordar es morir* no solo se destaca como excelente tratado de periodismo ("La labor del periodismo es buscar la verdad, no hacer justicia") y de investigación ("El periodismo investigativo es, en esencia, un trabajo de equipo"); además, al hacer un repaso a las debilidades del sistema político y social, exhibe la irresponsabilidad de la prensa. Coronell la critica por sus silencios, por sus alcahueterías, por su incapacidad de mirar (me remito a la nota "No se han dado cuenta") y por sus incongruencias. Denuncia a los "periodistas dedicados a lavar la cara de los funcionarios envueltos en escándalos". Y revela, por ejemplo, que, en tiempos en que el embajador de Colombia en Italia, Sabas Pretelt, tenía problemas con la Justicia, el jefe de prensa de la embajada, pagado por el Gobierno, era también corresponsal de *El Tiempo*, RCN Radio y Canal RCN. ¿Qué independencia podía esperarse de él?

La imagen telescópica que ofrece el trabajo de Coronell es la de un gigantesco roscograma alimentado por la corrupción y el clientelismo.

El elenco de personajes principales que protagonizan el libro es siniestro, angustioso, deprimente, triste. Algunos de ellos, como el procurador Alejandro Ordóñez, sectario y clientelista, no parecen de estos tiempos sino de la Edad Media. El más temible es Álvaro Uribe, líder conectado con un sinfín de escándalos, actos de persecución y corruptelas de consecuencias históricas que en cualquier país realmente democrático estaría preso en una penitenciaría, sedado en una casa de reposo o hundido en un avergonzado silencio. En Colombia, no; aquí es un prócer buscapleitos a quien la ley no roza.

Entretanto, el mosaico de personajes secundarios ofrece muchos pintorescos; otros, ingenuos; algunos más unos que inspiran miedo y no pocos esperpénticos, como cierto colombiano antisemita y católico pre-preconciliar que mantiene una organización pronazi donde alaba a Hitler y a sus discípulos tropicales.

Actúan en el escenario de *Recordar es morir* muchos individuos que ofenden la ley, la Justicia, el decoro administrativo y hasta la ortografía, como la sentencia condenatoria de Yidis Medina (otra figura que parece tomada de una película de Almodóvar), suscrita por un juez a quien no le alcanzó bachillerato, por lo que escribe "agrozo modo" en vez de *grosso modo* y "espedida", en vez de "expedida".

Uno de los "valores" que —espero y confío— salen maltrechos de estas páginas es la noción de patria que nos venden quienes pelechan a la sombra del tricolor. El doctor Samuel Johnson dijo sabiamente en el siglo XVIII que "el patriotismo es el último refugio del sinvergüenza". Imposible discrepar de él cuando uno se entera de los crímenes que se cometen aquí y ahora con el pretexto de "hacer patria".

Muchos reprocharán a Coronell que se ocupe de la podredumbre nacional y no de "tantas cosas buenas y bonitas que tiene nuestro lindo país".

No es esa su misión. La suya consiste en destapar los abusos, única manera de poder corregirlos, así como el médico, para recobrar la salud del paciente, debe diagnosticar primero la enfermedad. Por eso insisto en que este no es un libro de recuerdos. Es una gran colonoscopia de la política colombiana.

Así empezó la cosa

Yo no quería ser columnista. Son esas cosas en las que uno acaba metido por tímido.

A comienzos del año 2005 fueron a visitarme dos colegas: Juan Gabriel Uribe, entonces director de *El Nuevo Siglo*, y Óscar Montes, editor general del mismo periódico, una publicación conservadora que, sin embargo, había ido abriéndose a otras visiones y que era uno de los poquísimos medios independientes en aquellos días. Desde la primera frase supe que la propuesta me iba a meter en problemas. Ellos querían que empezara a escribir una columna de opinión semanal para el periódico, que no es el de mayor circulación, pero sí uno de los más influyentes en la clase política. La verdad es que me dio pena decir que no, pero me arrepentí un minuto después.

La primera columna se llamó "My name is Name" y era una narración casi humorística de un episodio desconocido de la picaresca política.

El senador José Name Terán, cacique liberal de la costa, había sido vital para la aprobación de la primera reelección del presidente Álvaro Uribe en la comisión primera de la Cámara de Representantes. El voto de un ganapán de Name en esa célula legislativa le fue pagado al senador con una cuota burocrática en Nueva York. La propia hija de Name fue nombrada en un alto cargo en la Embajada de Colombia ante la Organización de Naciones Unidas en Nueva York, mientras que su hijo, cónsul en la misma ciudad, venía a Colombia a hacerse cargo de la empresa política de la familia porque Name ya pensaba en el retiro. Es decir, el gobierno le cambió el puesto de su hijo en Nueva York por un nombramiento para su hija en la misma ciudad.

La revelación de esa columna publicada en *El Nuevo Siglo*, entre trágica y cómica, mereció la atención de algunos medios. Julio Sánchez Cristo y Juan Gossaín la comentaron en sus cadenas radiales y llamaron a Name, quien con desparpajo reconoció la situación. La administración quiso negar los hechos, pero ese caso era apenas la punta del iceberg. El columnista Daniel Samper Pizano publicó en *El Tiempo* las numerosas cuotas políticas y familiares de los caciques políticos aliados del gobierno que, por aquellos días, se autoproclamaba paladín en la lucha contra la corrupción y la politiquería. Unos días después, la entonces embajadora en las Naciones Unidas, María Ángela Holguín, renunció para rechazar el manoseo politiquero.

Esas columnas iniciales en *El Nuevo Siglo* salieron bien, aunque solo alcancé a escribir seis. Alejandro Santos, director de la revista *Semana*, me propuso que me pasara para allá y acepté. Me despedí de *El Nuevo Siglo*, con pesar, y entré en una de las etapas más difíciles de mi vida.

Los actores lo llaman pánico escénico: todo marcha bien en los ensayos, pero cuando llega el público no son capaces de recordar los diálogos, los movimientos que antes eran fluidos se vuelven torpes y el miedo al fracaso prevalece. Lo que en *El Nuevo Siglo* salía con naturalidad, en los inicios de *Semana* se volvió un calvario. Tardaba mucho en evaluar los temas. Las verificaciones de investigación se volvieron paralizantes. La frescura en la redacción fue remplazada por un lenguaje rígido que escondía el temor a equivocarse. Estaba concentrado en la narración minuciosa de los detalles y la columna se entiesó. Parecía un reporte policial, sin gracia.

Esas primeras columnas en *Semana* fueron la manifestación de un bache creativo, quizás el peor de mi carrera. La verdad es que no he dejado de sufrir cada columna, pero en esa época lo único que quería era dejar de escribir para la revista y refugiarme en el periodismo de televisión que ha sido —y sigue siendo— mi principal trabajo. Añoraba los días en los que no tenía la obligación de escribir la columna y buscaba un pretexto para sacudirme de esa responsabilidad.

La solución apareció por la peor vía: las amenazas.

Mis letras rígidas y torpes habían conseguido ofender a unas personas hasta el punto de iniciar una serie de amenazas, muchas de las cuales tenían como blanco a mi hija, que en ese momento tenía seis años. Ante la pesadilla, mi bache creativo empezó a importar cada día menos, hasta que desapareció. Eso fue lo único bueno. Lo demás fue terrible.

Empezó un día de abril del año 2005. Al conmutador de *Noticias UNO* entró una llamada de una persona que pedía hablar conmigo y decía ser Héctor Rincón, por aquella época director de noticias de Caracol Radio. Al otro lado de la línea oí una voz simulada y macabra: "Perro hijueputa, le llegó la hora, pero vamos a matarle primero a su hija". En medio de terribles procacidades describía, con detalles, cómo estaban vestidas ese día mi hija de seis años y mi esposa María Cristina, quien había ido a dejar a la niña al colegio, y en qué carro habían llegado al kínder. También se burlaban de la capacidad de reacción del conductor y el guardaespaldas que las acompañaban. Yo no podía responder, solo oír los insultos y amenazas sin pronunciar palabra. "A la primera que le vamos a mandar en pedazos es a la hija", decía la voz y con una nueva tanda de groserías colgó el teléfono.

En varios períodos de mi vida había recibido amenazas, en algunas ocasiones fueron terribles, pero nunca habían tenido como blanco a mi hija. Mi primer pensamiento fue llamar a María Cristina y avisarle, pero debí esperar un minuto para recomponerme. A partir de ese momento los acontecimientos se precipitaron vertiginosamente.

Dos coronas fúnebres llegaron a la antigua sede del noticiero. La primera lamentaba la muerte de mi esposa y de mi hija, la otra era un arreglo mortuorio que deploraba mi muerte. Coronas similares llegaron ese mismo día a las oficinas de los periodistas Hollman Morris y Carlos Lozano. Los investigadores establecieron que las coronas habían sido despachadas de una floristería de Paloquemao, en Bogotá. Yo mismo fui a esa floristería a averiguar quién las había encargado. Me respondieron que las habían mandado por encargo de otra floristería en Pereira. Un corresponsal del noticiero visitó el lugar en Pereira y allí le dijeron que las había puesto un hombre joven que las pagó en efectivo. El empleado no recordaba sus facciones, solo que era blanco y de estatura mediana.

Por la misma época enviaron a miles de correos electrónicos un anónimo en el que sindicaban de diversos delitos y faltas éticas a una serie de opositores a la reelección del entonces presidente Álvaro Uribe. Recuerdo, entre otros, a los expresidentes César Gaviria y Andrés Pastrana; a los entonces senadores Rafael Pardo, Juan Fernando Cristo, Antonio Navarro, Piedad Córdoba y Rodrigo Rivera, que en ese tiempo no se había convertido al uribismo; al exfiscal Alfonso Gómez Méndez, y a mí. Varios de los insultos del pasquín eran similares a los de las llamadas telefónicas.

En otra ocasión me llamaron un sábado. Decían que era Yamid Amat. Eran cerca de las seis de la tarde y acababa de llegar a trabajar. Habitualmente estaba en el noticiero desde la mañana, pero ese día había ido a la primera comunión del hijo de unos amigos. Era la misma voz, pero esta vez no lo dejé hablar. Después del primer insulto fui yo quien lo grité en el mismo tono. Vi el asombro de los periodistas en la redacción. Dos minutos después el hombre colgó.

La policía no pudo ubicar el origen de ninguna de las llamadas. Mientras tanto, un amigo, que es un gurú del tema informático, empezó a buscar el origen del correo electrónico anónimo. Uno de los destinatarios tenía el mensaje original y a través del encabezado encontramos que había salido de un café internet del barrio Rionegro, muy cerca de la Escuela Militar de Cadetes. Estábamos investigando esto cuando empezó otra serie de amenazas y difamaciones electrónicas. El anónimo llegó al prestigioso abogado y columnista Ramiro Bejarano. Gracias a dos programas de rastreo electrónico gratuitos y disponibles en internet encontramos el origen. Los mensajes habían salido de una lujosa vivienda de Suba en el noroccidente de Bogotá. El dueño de la mansión era el excongresista Carlos Nader Simmonds.

Nader Simmonds había sido representante a la Cámara por Córdoba en los años ochenta, hasta cuando fue capturado en Nueva York mientras trataba de venderle droga a unos agentes federales encubiertos. Confesó su delito, fue condenado por narcotráfico y conspiración, y pasó unos años en una cárcel de Estados Unidos. Cuando volvió a Colombia, convirtió su condena en una anécdota de aventuras. Inventó que había sido condenado por "falso narcotráfico" y siguió codeándose con miembros de la élite social y política de Colombia, como si nada hubiera pasado.

Antonio Caballero lo había descrito genialmente en la columna "L'Armata uribelezca", publicada tres años antes de las amenazas, durante la primera campaña presidencial de Uribe:

En el caso de Uribe Vélez, el consejero secreto, que nunca sale en las fotos, se llama Carlos Nader Simmonds y es, a la vez, como en la película de Monicelli, un payaso y un truhan. Exsenador de la República, expresidiario en la Florida (por —falso— tráfico de drogas), terrateniente de zonas paramilitares, amigo de los hermanos Ochoa y de Pablo Escobar ("qué lindo potro, Pablo…"), bufón de varias cortes, amigo de todos los expresidentes de este país de presidentes pícaros. Mal amigo, y peor enemigo. Yo lo conocí mucho en su juventud, cuando robaba formularios de exámenes finales en la Universidad del Rosario en Bogotá

21

y pasaportes en blanco en la Embajada de Colombia en París, cuando les pegaba a sus novias y salía de las casas de sus conocidos con los bolsillos llenos de cucharitas de plata. Lo he perdido de vista después, pero sé de sus andanzas. Nader, que la última vez que me lo encontré en un aeropuerto me explicó con detalle la manera de defraudar a las compañías aéreas utilizando un niño, es el confesor espiritual del candidato Uribe.

La columna de Antonio Caballero y las menciones de Nader en el libro *Los jinetes de la cocaína* del periodista Fabio Castillo fueron las primeras pistas que tuve sobre este señor.

Horas después encontré varias grabaciones suyas hablando con Pablo Escobar. En una de ellas celebra que el capo haya asesinado a Luis Carlos Galán. Nader le dice textualmente: "Más buen muerto que un hijueputa". Para colmo de pesadillas, supe que un hijo de Nader estudiaba en el mismo colegio de mi hija y que su padre lo llevaba a estudiar cada mañana, lo cual podía explicar el nivel de detalle de las amenazas.

Con las evidencias que tenía en ese momento escribí la columna "Descubriendo al verdugo", publicada el 25 de junio de 2006. Esa publicación llevó a un antiguo paramilitar, acogido en el programa de protección de testigos de Estados Unidos, a contar que semanas antes estaba listo un plan para asesinarme. Narró quiénes eran los sicarios y quién los pagaba.

La justicia nunca hizo nada efectivo contra el señor Nader y quienes lo acompañaban. Con la activa colaboración de miembros de la Fiscalía, Carlos Nader Simmonds salió de problemas y pudo encontrar a alguien que se hiciera responsable de las amenazas. La prueba autoincriminatoria fue grabada por la Fiscalía en una oficina de Nader, donde el conveniente culpable, llamado Luis Fernando Uribe Botero, narra las supuestas amenazas —aprendidas con frágil memoria— mientras le sirven grandes vasos de whisky. El entonces presidente Uribe también salió en defensa de Nader. En una entrevista con RCN lo definió como una persona "simpática y divertida".

En medio de la inmensa soledad de esos días, la ayuda llegó de afuera.

Mi esposa, mi hija y yo habíamos salido a Argentina por unos días huyendo de la pesadilla y disfrutando de la compañía de dos amigos maravillosos: Luis Alberto y María Cristina. Caminábamos por las calles de Buenos Aires cuando sonó el teléfono. El número era de Nueva York pero la voz era porteña: "Bueno… ¿Daniel?", oí al otro lado de la línea, "soy Carlos Lauría del CPJ, Committee to Protect Journalists, de Nueva York. Estamos preocupados por tu familia y por vos". Esa persona al otro extremo del continente nos ofrecía una mano salvadora. Gracias a él y al CPJ, el programa Knight Fellowship de la Universidad de Stanford nos brindaba un refugio providencial para salvar nuestras vidas. Podíamos pasar un año en un programa para periodistas de la Universidad en Palo Alto, California.

Volvimos a Bogotá solamente a tramitar la visa académica. La Embajada de Estados Unidos procesó en horas el visado para agilizar nuestra marcha. Aterrizamos en San Francisco una noche de agosto y Dawn García, la subdirectora del programa, nos esperaba. Nunca tendré palabras suficientes para agradecer a Carlos Lauría, al CPJ, a Jim Bettinger y a todo el equipo del Knight Fellowship todo lo que hicieron por nosotros.

Me demoré casi cuatro meses en comprender que estaba frente a una oportunidad maravillosa. No hablaba. Estaba sumido en una profunda depresión. No podía dejar de pensar en el exilio obligado y en las campañas de desprestigio orquestadas por los mismos que estaban detrás de las amenazas. Permanecía solo la mayor parte del tiempo porque no quería que María Cristina y Raquel se enteraran de mi estado de ánimo.

María Cristina, Ramiro, Gary, Jorge, Felipe Z., Artur, Nacho, Gosia, Morris, Daniel, Juan Pablo, Isaac, Christa, Gustavo y Luis

Alberto. Ellos me salvaron. Nunca más he vuelto a sentir miedo. Ellos tuvieron la palabra precisa cuando el mundo parecía derrumbarse. Ellos fueron mi salvavidas en la soledad y el horror.

Ellos y el periodismo que está contado en estas columnas, que —semana a semana, investigación a investigación— se han convertido en piezas del rompecabezas que es el mapa de la Colombia contemporánea.

La toma del Palacio de Justicia sigue siendo un caso abierto

Colombia no ha logrado conocer todo lo que pasó en la toma criminal del Palacio de Justicia por parte del grupo guerrillero M-19 en noviembre de 1985, ni el uso de fuerza desmedida contra civiles por parte del Ejército en la contratoma.

Uno de mis acercamientos iniciales al caso fue una conversación que tuve en el 2008 con el coronel Luis Alfonso Plazas Vega, investigado en ese entonces por ser responsable de la desaparición forzada de varias personas, incluyendo civiles, que se encontraban en el momento de la toma en el Palacio.

Nuestro primer encuentro fue en la iglesia del Cantón Norte, en donde estaba detenido. No tenía autorización para visitarlo, pero le había pedido que me recibiera para aclarar unas dudas sobre un testimonio en su contra y las circunstancias que relataba. Me acerqué a la iglesia como cualquier otro feligrés. El lugar estaba desolado y me encontré al coronel solo, de rodillas, orando. Yo no sabía si interrumpir o no, pero finalmente me acerqué. Él me indicó con una seña que me hiciera a su lado para hablar.

En esa conversación encontré que las verdades alrededor de la toma del Palacio de Justicia no son tan en blanco y negro como piensa mucha gente. También me quedó claro que hay una parte del estamento militar, especialmente de los hombres de inteligencia, que no quieren que la investigación los alcance y para los cuales Plazas Vega era —en ese momento— un culpable conveniente. El coronel Plazas fue el oficial más conocido en la operación por su figuración en horas cruciales, pero no es ni el único ni el principal responsable de lo que pasó.

También desde esa época me llamó la atención la presencia de Édgar Villamizar, un testigo que decía cosas que podían ser claves en la resolución del caso. Sin embargo, algunas de ellas resultaban contraevidentes. Siempre he creído que es un eslabón clave para la búsqueda de la verdad de lo que pasó y, sobre todo, de lo que pasó con las personas que desaparecieron y la manipulación de la inteligencia militar, incluso contra otros militares.

Este testigo aparecía y desaparecía en el proceso, y cuando aparecía, siempre tenía funciones distintas. Primero, para aparentemente implicar a Plazas Vega en beneficio de otros militares de inteligencia, como el general Iván Ramírez, por ejemplo. Después apareció para retractarse ante la Procuraduría acompañado de unas personas de la extrema derecha que lo llevaron ante el procurador Alejandro Ordóñez a desdecir lo que había dicho y alegar que había sido suplantado. Las características y asistentes de esa "cita privada" pueden arrojar muchas luces sobre la conspiración para desviar la investigación judicial.

He investigado esa pretendida suplantación y pienso que era imposible. Realmente Villamizar jamás fue suplantado. En sus dos declaraciones, por ejemplo, cometió el mismo error de cambiar un apellido de un oficial de la época. Quienes lo prepararon hicieron un gran trabajo, pero a la hora de hablar cometió un error risible.

Durante los años que pasaron entre la conversación con Plazas Vega y la reaparición del testigo para retractarse, me di cuenta también de que el coronel había cambiado de aliados y de postura sobre el caso. Sus perseguidores en el momento inicial pasaron a ser sus amigos. Para mí era claro que existía un plan deliberado para ocultar la verdad y, en ciertos casos, para desaparecer o disimular la responsabilidad de unos actores con el fin de presentar los hechos como si realmente no hubiera existido exceso de fuerza y atropellos a los derechos humanos de civiles desarmados, a quienes han querido presentar como guerrilleros para justificar las acciones ilegales —y más aún, criminales— de algunos militares que participaron en esa operación.

En medio de estas circunstancias recibí una llamada con las mismas características terribles de las llamadas amenazantes que había sufrido años antes y que me obligaron a exiliarme en Estados Unidos. Durante tres días me negué a pasar al teléfono. Finalmente, cuando lo hice tentado por la posibilidad de una noticia, lo que oí no fue una amenaza sino una información clave sobre otro caso relacionado con la toma del Palacio.

La llamada aseguraba que existía un video que mostraba a Carlos Horacio Urán, un magistrado auxiliar del Consejo de Estado, saliendo vivo del Palacio de Justicia y que podían entregármelo. Urán había sido presentado como uno de los miembros de las altas cortes muertos por el fuego cruzado entre el Ejército y el M-19, durante la cruenta toma.

El magistrado Urán y otros dos miembros de la rama judicial, otros dos juristas que murieron en el Palacio de Justicia, no aparecieron durante muchas horas, durante casi un día. Finalmente, sus cadáveres fueron encontrados en la morgue que tenía medicina legal para los guerrilleros. A los cuerpos de esas personas se les había practicado necrodactilia, un procedimiento que solo se siguió con los guerrilleros.

Fue una llamada determinante. El video me fue entregado un miércoles al mediodía. El lunes de la semana siguiente estaba programada una audiencia de presentación de pruebas en donde ese video iba a ser público. Nosotros, el equipo de *Noticias UNO*, teníamos solo cuatro días para hacer el trabajo de reportería con el fin de contextualizar lo que mostraba la grabación que permaneció oculta por muchos años.

El video estaba en formato de Betamax, que para ese momento ya estaba en desuso. El aparato que teníamos en el cuarto de equipos no funcionaba. Fue entonces que Álvaro Ramírez, productor general del noticiero, terminó en la carrera novena, en el centro de Bogotá, y compró los restos de varios aparatos para armar con esos pedacitos un Betamax "frankenstein" que funcionara para correr la cinta y copiar su contenido.

Ignacio Gómez, subdirector de *Noticias UNO*, recordó que el periodista Germán Castro Caycedo había buscado, por muchos años y en muchos archivos, imágenes del Palacio de Justicia en las que fuera posible ver al magistrado Urán, y por esa razón lo llamamos. Recuerdo ver a este hombre —tan respetado y querido— absolutamente emocionado y estremecido viendo la imagen que había buscado tanto tiempo.

Otro miembro del equipo, Jaime Honorio González, reconoció en la imagen al padre de un compañero de estudios que salía detrás de Urán. Se trataba del magistrado Nicolás Pájaro Peñaranda, uno de los sobrevivientes del Palacio de Justicia. Su testimonio fue clave para establecer lo que sucedió en esos segundos.

El ojo clínico del reportero Carlos Cárdenas permitió encontrar la imagen de un oficial de altísimo rango cuya participación en esos hechos no había sido documentada.

Juan Luis Martínez repasó durante horas los videos para encontrar escenas correspondientes e identificar las unidades militares que se movieron en el Palacio. No fue únicamente la Escuela de Caballería.

Con el video inicial buscamos más imágenes de ese mismo momento hechas desde otros ángulos, con otras cámaras. En los archivos encontramos dos verdaderas joyas para la investigación. La que recibimos inicialmente, la original, mostraba que había un camarógrafo y un sonidista grabando de frente el momento de la salida del magistrado Urán. Ese camarógrafo es Nelson Vargas, hoy jubilado, y el sonidista es Álvaro Fredy Acevedo, actualmente periodista al servicio del canal Caracol. Ambos reconocieron la imagen y con su ayuda encontramos un plano hecho por ellos al mismo magistrado Urán desde otro ángulo.

Era una imagen inútil en 1985 porque estaba grabada en los segundos en que la cinta enganchaba en la máquina de una pulgada con la que ellos trabajaban ese día. Sin embargo, veintidós años después pudimos congelar el momento, que duraba veinticuatro cuadros menos de un segundo de video. Esa es la imagen más nítida de Urán. La enviamos a Estados Unidos, donde Ana María Bidegaín, la viuda de Urán, quien lo reconoció de inmediato.

Luego encontramos que había una tercera cámara grabando la misma escena desde las escalinatas del Capitolio, al lado opuesto de la Plaza de Bolívar. El plano general que hizo esta cámara era tan abierto que las caras de las personas no eran reconocibles. Sin embargo, contiene una información adicional determinante: al lado de ese camarógrafo estaba transmitiendo el periodista de RCN radio y se puede escuchar a Juan Gossaín dando la hora.

Ahora teníamos la hora exacta en que había salido el magistrado Urán seguido del magistrado Nicolás Pájaro Peñaranda. Así, con estos datos, pudimos establecer, de acuerdo con las bitácoras de la operación del Ejército, quiénes eran los comandantes en ese momento.

Y es aquí en donde aparece una información de gran valor para mí: a esa hora, ese día, Plazas Vega ya había sido relevado de la operación, estaban otros militares al mando. Por las insignias en los uniformes de los militares que estaban en la Plaza de Bolívar a esa hora, ese día, pudimos establecer cuáles unidades participaban en ese momento en la contratoma y quiénes estaban al mando.

Teníamos, entonces, verificación técnica a partir de la reconstrucción de los videos; la presencia y las declaraciones afortunadas de Nelson Vargas y Álvaro Freddy Acevedo, que nos ayudaron a situar técnicamente lo que sucedió en ese momento de acuerdo con lo que ellos recordaban y lo que mostraban las imágenes de su trabajo; la declaración de un periodista, Germán Castro Caycedo, que además había sido amigo cercano de Carlos Horacio Urán y de su esposa; la declaración de uno de los sobrevivientes, que adicionalmente aparecía en la imagen, Nicolás Pájaro Peñaranda, en ese momento magistrado auxiliar del Consejo de Estado; y el testimonio de Ana María Bidegaín, viuda de Carlos Urán, que a partir de los envíos que nosotros le hicimos reconoció a su esposo y, superando el inmenso dolor que le producía esto, nos ayudó a reconstruir la historia.

En cuatro días, con el trabajo de varios periodistas, armamos una estructura de seis o siete historias periodísticas que contaban todo esto. Pero, además, sabía que tenía que dejar un testimonio escrito porque la televisión perdura menos que los impresos. La televisión a veces alcanza más gente, pero casi siempre se olvida más rápido.

Entonces escribí la columna "Un crimen casi perfecto" para mostrar las piezas que formaban el rompecabezas a partir del cual el caso del magistrado Urán terminó por resolverse apenas en diciembre de 2014, cuando la Corte Interamericana de Derechos Humanos estableció que evidentemente el abogado había salido vivo del Palacio de Justicia, fue torturado, asesinado y su cadáver fue regresado a la edificación en ruinas para disfrazar las circunstancias del crimen.

La Corte Interamericana tuvo en cuenta toda la investigación y, sobre todo, el destacado trabajo que había hecho la Fiscalía. Descalificaron un vergonzoso peritazgo, evidentemente sesgado, que tenía el propósito de desviar la investigación para que no se reclamara la responsabilidad del Estado colombiano en estos hechos.

En el camino hubo montones de elementos propios de una investigación policíaca, de un *cold case*, que nos esmeramos por entender. Hay muchos temas que se escapan al área de experiencia de nosotros los reporteros y necesitamos bastante ayuda para tratar de entender e interpretar correctamente los hechos.

Nos esforzamos por poner en contexto elementos consolidados, seguros desde ese día, cuando teníamos escasas 96 horas para llegar a una publicación sólida y fuerte, que ha marcado el tema de la investigación sobre el magistrado Urán y que está conduciendo a que finalmente se haga justicia.

No creo que justicia signifique solamente que indemnicen a su familia, aunque desde luego debe ser así, sino que el país conozca lo que pasó. Es su derecho. Todavía hay mucho que investigar sobre el tema y también creo que esa investigación no puede limitarse al coronel Plazas Vega y al general Arias Cabrales, a quienes les llegó la celebridad el día de la operación, pero que sin duda no fueron los únicos responsables, ni probablemente los mayores, de lo que sucedió.

En algún momento, cuando todavía vivía en Colombia, me dijeron que así como existía el video del magistrado Urán saliendo vivo del Palacio, existía un video que mostraba a Andrés Almarales, el jefe de la toma criminal por parte del M-19, y que quizás podía encontrarlo en algunos archivos antiguos de lo que había sido la agencia Visnews, que después compró Reuters, y, si no, en otra agencia de la época, WTN.

Hice mucho esfuerzo por encontrarlo, pero finalmente me dijeron que los archivos de Visnews se perdieron en algún punto en todos estos años, pero los de WTN hacían parte del archivo histórico de CNN, que estaba en Atlanta. Les pedí el favor a colegas de CNN que me ayudaran a buscar, pero no logramos encontrar nada.

También recuerdo que una fotografía en blanco y negro que aparentemente muestra a un guerrillero esposado saliendo con unos militares del Palacio, no es lo que parece. El video correspondiente deja ver que se trata de un socorrista con el uniforme naranja de la Defensa Civil, por eso en blanco y negro parece un uniforme militar. No va esposado, sino que lleva las manos atrás porque está sacando una camilla apoyado por otra persona.

Esa pista fallida me ha resultado útil para mostrarle a colegas y estudiantes que en el periodismo de investigación uno no puede creer casi nada de lo que oye y solo una parte de lo que ve.

De algún modo, ese es el destino natural del periodismo de investigación. Los reporteros aprendemos que por cada diez investigaciones se concretan y publican una o dos cuando mucho. De resto, la vida se va en seguir pistas que no llevan a ninguna parte. Eso no está mal, es una característica, no un defecto de la actividad. Descartar es casi tan importante como publicar.

El Palacio de Justicia sigue siendo un caso abierto.

Un crimen (casi) perfecto

Agosto 25, 2007

El video ha permanecido inédito por veintidós años. Solo esta semana el país sabrá que un magistrado, supuestamente muerto en el asalto al Palacio de Justicia, en realidad salió vivo de la toma. La imagen lo muestra saliendo por la puerta cojeando, con saco y sin camisa. Nadie puede explicar por qué, menos de 24 horas después, su cadáver fue encontrado entre las ruinas de la edificación.

La pesadilla de su familia ha durado más de dos décadas. Carlos Horacio Urán se fue a trabajar, como todos los días, la mañana de ese 6 de noviembre de 1985. Era un jurista respetado y tenía un gran futuro. Sus escritos sobre derecho e historia empezaban a ser textos de consulta. Los magistrados titulares reconocían su precoz sabiduría.

Por eso, pocos se sorprendieron cuando se convirtió en magistrado auxiliar del Consejo de Estado. Algunas de las sentencias en las que participó siguen vigentes y marcan la doctrina jurídica colombiana. Iba a llegar muy lejos, pero la muerte se atravesó en todas las previsiones.

Ese miércoles de noviembre, guerrilleros del M-19 protagonizaron la criminal toma del Palacio de Justicia. El lugar de trabajo del joven magistrado se convirtió, en el curso de unas horas, en un infierno de balas, granadas y llamas por la acción terrorista y la reacción desmesurada de las fuerzas del Estado.

El viernes siguiente, 8 de noviembre, Ana María, su esposa, recibió el cuerpo de Carlos Horacio. Los sueños de los dos terminaron abruptamente. Tenía varias heridas. Según el informe forense "murió por proyectil de 9 mm disparado contra su cabeza a contacto", es decir, lo mataron con un tiro de pistola en la sien. No era una bala de fusil o ametralladora, como correspondía a las características de la sangrienta toma. Fue un tiro de gracia, hecho a quemarropa.

Las sorpresas no terminaron ahí. En el allanamiento efectuado por la Fiscalía a las bóvedas del B-2, hace unos meses, apareció una lista titulada "Guerrilleros del M-19, dados de baja en combate". Entre los "dados de baja" aparecen los magistrados Manuel Gaona Cruz y Carlos Horacio Urán.

En el macabro depósito también hallaron la billetera del magistrado Urán. Ahí estaban su cédula, su libreta militar, la licencia de conducción, un recibo de un apartado aéreo, las fotos de su familia y unas estampas de la Virgen.

Todo habría podido quedarse en una serie de indicios importantes, pero no necesariamente concluyentes, si no fuera por el video.

La grabación comprueba que a las 2:17 p. m. del 7 de noviembre de 1985, Urán salió vivo del Palacio de Justicia. En la Plaza de Bolívar unos socorristas lo recibieron en una camilla. Lo siguiente que se supo de él —oficialmente— es que su cuerpo, inerte y desnudo, fue entregado en el Instituto de Medicina Legal.

Todo indica que el magistrado Urán fue asesinado después de haber salido del Palacio de Justicia. Su cadáver fue llevado de vuelta a la edificación para ocultar el crimen y confundir a los investigadores.

A la hora en la que Urán salió del Palacio, el teniente coronel Alfonso Plazas Vega, comandante de la Escuela de Caballería, no estaba a cargo de las labores de rescate.

Por orden del general Arias Cabrales, el rescate lo dirigían otros oficiales a los que nadie les ha preguntado por estos hechos: el teniente coronel Rafael Hernández López y el mayor Carlos Fracica, respectivamente comandante y segundo comandante de la Escuela de Artillería. Las labores de inteligencia las coordinaba el teniente coronel Iván Ramírez Quintero, del Comando de Inteligencia y Contrainteligencia (Coici). Todos ellos, a diferencia del emblemático Plazas Vega, alcanzaron el generalato y disfrutan de su libertad.

Como si fuera poco, "Don Iván", como es conocido el general Iván Ramírez, trabaja desde hace tiempo con el DAS. Cuando recientemente un funcionario americano expresó la inconformidad de su gobierno por la permanencia de Ramírez en la central de inteligencia colombiana, le cancelaron el contrato de servicios y ahora le pagan con cargo a los gastos reservados.

La segunda muerte de Reyes Echandía
Noviembre 10, 2007

Nunca la vida fue fácil para él y ahora quieren quitarle el sentido a su muerte. No pudo usar siquiera su nombre completo. No se llamaba Alfonso Reyes Echandía, sino simplemente Alfonso Reyes. Solo tenía un apellido: el de su mamá. Era uno de los muchos niños necesitados de Chaparral. Sin embargo, no se resignaba al triste futuro que le reservaba la vida.

El hijo de Carmen Reyes, el mismo que años después fuera asesinado siendo presidente de la Corte Suprema de Justicia, tuvo que trabajar como carpintero, ayudante de bus y obrero de construcción para convertirse en bachiller.

Quería ser abogado y con infinitas ganas de estudiar, pero sin un centavo, tocó las puertas del claustro más liberal del país: la Universidad Externado de Colombia. Su paso por la Facultad de Derecho sigue siendo un ejemplo en la Universidad. En los

121 años del Externado no ha existido un estudiante mejor. Con una indeclinable fuerza de carácter, difícil de adivinar detrás del ropaje de su timidez, Alfonso Reyes venció todos los obstáculos y se convirtió en doctor.

Su brillante carrera, siempre ligada a la academia, lo llevó a ser magistrado del Tribunal Superior de Bogotá, viceministro de Justicia, magistrado de la Corte Suprema, presidente de la Sala Penal y finalmente presidente de la Corte Suprema de Justicia. En ese cargo estaba cuando se enfrentó con valor a los narcotraficantes. Públicamente denunció las amenazas que venían recibiendo los más altos jueces del país de parte de los llamados extraditables, es decir, Pablo Escobar y sus socios del cartel de Medellín.

No le tembló la voz para denunciarlos, como no le tembló ese miércoles 6 de noviembre de 1985 cuando el M-19, auspiciado por el narcotráfico, asaltó el Palacio de Justicia. Reyes intentó hablar con el presidente de la República, Belisario Betancur. Como no lo logró, llamó a su antiguo alumno, el general Miguel Maza Márquez, director del DAS. También habló con el general Víctor Delgado Mallarino, director de la Policía, viejo amigo y conocido suyo. Los dos oficiales le aseguraron que había orden de cesar el fuego para preservar la vida de los rehenes. Alfonso Reyes llamó en medio del fuego cruzado a su hijo Yesid, y le dijo que tanto Maza como Delgado sostenían que solo restaba que la orden llegara a las tropas, por un problema de comunicaciones. Cuando Reyes se comunicó con las emisoras de radio para hablar del cese del fuego, el Gobierno dio la orden de silenciarlo.

Alfonso Reyes, el presidente de la Corte Suprema, murió como consecuencia de la toma demencial del M-19, asociado con organizaciones criminales, que fue respondida de manera improvisada, excesiva, y también demencial, por la Fuerza Pública.

Así lo recordó esta semana César Julio Valencia, quien ahora ocupa la silla de Reyes en la presidencia de la Corte. Por atreverse a decirlo, a Valencia le llovieron rayos y centellas. El gobierno, interesado en minar moralmente a los jueces de sus aliados políticos, niega ahora los excesos de la contratoma.

Sin embargo, hay un fallo judicial que no deja lugar a dudas. El Consejo de Estado, en instancia final, determinó que Alfonso Reyes, el presidente de la Corte Suprema de Justicia, murió como consecuencia del uso excesivo de la fuerza por parte del Ejército. La sentencia establece que el Estado no actuó para preservar la vida de Reyes y de los demás rehenes. Por eso determina que la Nación, el Ministerio de Defensa, las Fuerzas Militares, el DAS y la Policía Nacional son administrativamente responsables por la muerte del presidente de la Corte Suprema de Justicia.

La irracionalidad criminal de los enemigos de la democracia no autoriza a las fuerzas legítimas para incumplir las leyes. No hay que permitir que, en función de las conveniencias políticas de ahora, nos arrebaten la lección que nos dejó la muerte del más insigne juez de Colombia.

Un culpable conveniente

Febrero 16, 2008

La investigación del Palacio de Justicia se está desviando otra vez. La Fiscalía, que en buena hora reabrió el caso, parece estar conformándose con llevar a la hoguera a un chivo expiatorio obvio. En cambio, no ha vinculado a la investigación al alto mando de la época, ni a varios oficiales de inteligencia que tuvieron un papel estelar en ese teatro de la muerte.

La resolución de acusación contra el coronel Alfonso Plazas Vega, comandante de la Escuela de Caballería durante la retoma, tiene la virtud de arrancar muchos aplausos. Sin embargo, un análisis minucioso de esa decisión deja inmensas dudas.

Plazas Vega fue acusado de "secuestro agravado" y "desaparición forzada". Ya entrado en gastos, y en medio del júbilo mediático, el fiscal general le agregó el cargo de "tortura sicológica", que no aparece siquiera en la resolución de acusación.

La decisión está sustentada, en gran medida, en el testimonio de un cabo retirado del Ejército llamado Édgar Villamizar. El testigo apareció en el proceso en agosto del año pasado. El cabo Villamizar le aseguró a la Fiscalía que durante la toma, en 1985, le oyó decir al coronel Plazas Vega: "Cuelguen a esos h. p.", refiriéndose a un grupo de civiles que había sido llevado a la Casa del Florero. El suboficial también dice que poco después, y en la vieja enfermería veterinaria de la Escuela de Caballería, vio cómo fueron torturadas dos personas, presumiblemente empleados de la cafetería del Palacio. Asegura que los civiles murieron durante esas sesiones de tormento y que oyó a un militar de apellido Arévalo gritar: "Manito, la cagué… maté a esa vieja". Según su testimonio, minutos después, otro de los torturadores le dijo a uno de sus compañeros: "Curso, curso, se me fue este h. p.".

Pero hay serios interrogantes sobre este testigo. En primer lugar, el documento que debe dar cuenta de todas las misiones de un militar, llamado el folio de vida, registra que para la época de la toma el cabo Villamizar no estaba en Bogotá sino en Granada, Meta. El suboficial hacía parte del departamento de inteligencia del Batallón Vargas. No figuran en sus documentos órdenes de traslado, ni asignación de funciones, ni viáticos para hacerse presente en la capital en noviembre de 1985. El folio muestra otro dato interesante: el cabo perteneció al arma de infantería y su base matriz era el batallón de inteligencia Charry Solano, en Bogotá. Hay informaciones que dicen que ha sido colaborador de la inteligencia militar aun después de su retiro.

Ahora bien, Plazas Vega estaba al mando de una unidad operativa durante la retoma. Su tarea no incluía interrogatorios ni labores de inteligencia.

Si el cabo Villamizar realmente hubiera estado en Bogotá, el procedimiento militar lo habría obligado a ponerse a órdenes de la Brigada 13, comandada por el general Arias Cabrales. Además, por ser adjunto de inteligencia, debía ser asignado al B-2 de la unidad, bajo el mando del coronel Edilberto Sánchez. El testigo, en ningún caso, podía haber terminado bajo el comando de la Escuela de Caballería y de Plazas Vega.

Adicionalmente, la antigua enfermería equina, donde presumiblemente torturaron civiles desde la época del Estatuto de Seguridad, no estaba bajo el mando de Plazas Vega. Era una dependencia del B-2 dirigida por el entonces capitán Luis Roberto Vélez Bedoya, quien le reportaba al coronel Edilberto Sánchez, y no a Plazas Vega. Vélez Bedoya jamás ha sido llamado por la Fiscalía y se retiró con el grado de coronel y dos felicitaciones por su participación en el "rescate del Palacio de Justicia".

Tampoco han sido vinculados a la investigación los generales Iván Ramírez, Rafael Samudio, Jesús Armando Arias Cabrales, Rafael Hernández, ni Carlos Alberto Fracica. Sin duda, Plazas Vega debe explicar su parte en el uso excesivo de la fuerza durante la retoma, pero de ahí a culparlo por las desapariciones y torturas, hay un trecho grande.

Por eso, la decisión debe tener felices a los verdaderos responsables.

Misterios sin resolver

Enero 16, 2010

Ahora, cuando la justicia ha dado el primer paso para buscar la verdad sobre el asesinato del magistrado Carlos Horacio Urán, quien salió vivo del Palacio de Justicia y cuyo cuerpo inerte apareció un día después en las ruinas de la edificación, tal vez sea hora de reabrir otro caso que sigue sin resolver.

Se trata de la muerte del magistrado Manuel Gaona Cruz, un crimen que podría conducir a nuevas revelaciones sobre lo que pasó en noviembre de 1985, durante y después de la criminal toma de la sede judicial por parte del M-19.

La primera circunstancia inexplicada está en un documento encontrado por la Fiscalía en allanamiento a las bóvedas del B-2, el departamento de inteligencia de la brigada militar de Bogotá. Se trata de una lista titulada "Guerrilleros del M-19, dados de baja en combate". En ese papel, al lado de los nombres de varios miembros del escuadrón terrorista, son mencionados los magistrados Carlos Horacio Urán y Manuel Gaona Cruz, como si los miembros de la inteligencia militar hubiesen confundido a los altos jueces con integrantes de la guerrilla. En ese siniestro depósito también hallaron la billetera del magistrado Urán, cuyo cuerpo desnudo, ahumado y con un tiro de gracia en la cabeza, fue llevado a una morgue de Medicina Legal, donde depositaban los cadáveres de los subversivos, distinta de la que albergaba a los civiles. Gaona también murió por un disparo a quemarropa en la cabeza, muy similar al que acabó con la vida de Urán. La necropsia determinó que el arma homicida fue accionada a menos de treinta centímetros de su cráneo.

El segundo misterio está en la identidad del autor del mortal impacto. Según la llamada Comisión de la Verdad, esa bala fue disparada por un guerrillero y, para respaldar esa versión, citan como testigo ocular al magistrado sobreviviente, Nicolás Pájaro Peñaranda. Pero el testigo afirma que nunca dijo eso, sencillamente porque jamás vio que pasara.

Un tercer interrogante surge de versiones contradictorias sobre el lugar en el que fue encontrado el cadáver. El informe de la Comisión de la Verdad asegura que el cuerpo del magistrado Gaona estaba en un baño ubicado entre el segundo y el tercer piso del Palacio de Justicia. Sin embargo, la diligencia de levantamiento del cadáver de ese día registra algo bien distinto: estaba en el primer piso.

Pero el misterio más llamativo está en dos fotografías de la evacuación del cadáver. La primera muestra a dos civiles, uno de ellos con un carnet de identificación, sacando el cuerpo de Gaona en una camilla forense. Al fondo se pueden ver claramente dos militares de camuflado. La segunda, enseña el cuerpo del magistrado Gaona en la bandeja de levantamiento y en primer plano un uniformado con cinturón universal blanco, probablemente un agente de la Policía o un miembro del Batallón Guardia Presidencial. Las dos fotos dejan ver que Gaona solo vestía sus calzoncillos, pero, asombrosamente, unas horas después, el cuerpo le fue entregado a la familia completamente vestido. El acta consigna que llevaba camisa, pantalón de paño, corbata y medias.

¿Quién vistió a Manuel Gaona después de muerto y con qué intención?

Durante veinticinco años, familiares suyos han sostenido que salió vivo del Palacio, fue asesinado afuera y devuelto a los escombros. Como sucedió con Carlos Horacio Urán.

El negacionismo

Septiembre 4, 2010

La estrategia resurge siempre por razones políticas. La impulsa un grupo con fuerza para reescribir la historia o un reducto recalcitrante que quiere confundir a la opinión para borrar hechos o acomodarlos a sus intereses. Sucede con el Holocausto de seis millones de personas a manos de la Alemania nazi, cuya negación prosigue por parte de una corriente seudohistórica. Ha ocurrido con el genocidio armenio y hasta con los crímenes de la Inquisición.

Un intento más modesto, pero igualmente ferviente, se vive por estos días en Colombia. Aprovechando la abrupta salida de la fiscal que desempolvó el caso del Palacio de Justicia, un segmento de extrema derecha quiere cerrar la posibilidad de que la investigación continúe. Con ese propósito, presentan la necesaria determinación de unas responsabilidades individuales como una persecución al Ejército en su conjunto, y quieren negar el cúmulo de evidencias que el país ya conoce.

El caso más representativo es el del magistrado auxiliar del Consejo de Estado, Carlos Horacio Urán.

Para contradecir una serie de evidencias, los negacionistas encontraron un testimonio conveniente. El exconsejero de Estado, Samuel Buitrago, quien estuvo secuestrado en el mismo baño del tercer piso con Urán, afirma que vio con sus ojos "cómo Carlos Horacio Urán, el magistrado Gaona y Luz Stella Bernal cayeron tras los impactos de bala que entraron al baño por un boquete". Lo que no cuentan es que el exmagistrado Buitrago, conocido por haber presentado el libro del coronel Plazas Vega sobre la toma, le aclaró expresamente a la Fiscalía que haberlos "visto caer" no significa que los haya visto morir.

Por lo demás, si Carlos Horacio Urán hubiera muerto en el baño del tercer piso, habría que preguntarse por qué su cuerpo fue hallado en la primera planta de la edificación, como lo prueba el acta de levantamiento. La bala que lo mató no fue disparada desde lejos. Los exámenes forenses también determinaron que tenía fracturado el fémur izquierdo, lo cual aclararía por qué en el video se ve salir saltando sobre la pierna derecha y apoyado en dos uniformados. Esos estudios también encontraron indicios de tortura, un disparo no mortal en el pecho y algo aún más revelador: el cuerpo de Urán fue quemado y ahumado después de su muerte, posiblemente para ocultar evidencias. Cuando lo llevaron al Instituto de Medicina Legal, el cadáver no fue depositado junto a las demás víctimas civiles, sino que apareció en una morgue reservada para los cuerpos de los guerrilleros. Urán y Luz Stella Bernal fueron los únicos rehenes muertos a quienes se les practicó examen de necrodactilia, todos los demás eran guerrilleros.

La familia no recibió ninguno de los efectos personales del abogado, pero en el año 2007, veintidós años después de estos trágicos hechos, la billetera de Urán, perforada por un balazo, fue encontrada en un allanamiento a las bóvedas del B-2, el departamento de Inteligencia de la XIII Brigada.

Los cables de "Don Iván"

Febrero 12, 2011

Mucho antes de que existiera la expresión WikiLeaks, un instituto de investigación llamado The National Security Archive (NSA), pedía la desclasificación y publicaba documentos confidenciales del gobierno de Estados Unidos desde la Universidad George Washington. Algunos de esos papeles tienen que ver con Colombia. Por esa razón, el investigador y analista Michael Evans sabe mucho de la historia secreta de ese país.

Por años ha revisado cables diplomáticos y de agencias de inteligencia. Pocos nombres aparecen tanto en esos despachos como el del general Iván Ramírez Quintero. "Don Iván", como lo llamaban sus subalternos, se retiró con dos soles en la guerrera y después de ocupar la Inspección General del Ejército. Habría llegado aun más lejos si no fuera porque el gobierno de Estados Unidos exigió su salida del mando.

La primera mención directa sobre él data de 1996, en un documento confidencial desclasificado parcialmente. La fuente, borrada por el gobierno de Estados Unidos, señala "que el general Iván Ramírez tiene nexos directos con paramilitares que operan en la península de La Guajira y el departamento del Cesar. Una de las cabezas de estos paramilitares es Giovanni Mancuso". Años antes de ocupar el comando de la división y siendo coronel, Iván Ramírez tuvo el comando de la brigada de Córdoba durante un periodo de gran expansión del paramilitarismo.

Las aseveraciones de la fuente resultaron creíbles para Washington, a juzgar por lo narrado en otro informe fechado dos años después. Allí se afirma que el embajador Myles Frechette le advirtió al ministro de Defensa, Gilberto Echeverri, que para Estados Unidos sería muy difícil continuar brindando cooperación militar a Colombia si Ramírez continuaba en el mando.

Un papel de 1997, cuyo contenido aún permanece oculto, solo muestra un titular, dos fotografías y un pie de foto desclasificados. El título es "Retrato de un general corrupto", el pie de foto dice "General del Ejército Iván Ramírez", y las fotos corresponden a él y a una operación de narcotráfico de los paramilitares. Otro documento del embajador Curtis Kamman, tachado casi en su totalidad, deja ver el asunto del que trataba: "Tácticas de Terror del General Iván Ramírez". Uno más lo señala como el campeón de la utilización de la inteligencia sucia en campañas de desprestigio contra enemigos políticos y personales. El mismo documento contiene señalamientos contra Ramírez por presunta apropiación de recursos públicos.

A pesar de las advertencias estadounidenses a las autoridades colombianas, el general Iván Ramírez fue asesor del DAS en el gobierno anterior y después colaborador pagado con cargo a los gastos reservados.

Desde hace un tiempo está recluido en una guarnición militar dentro del proceso por los desaparecidos del Palacio de Justicia. Por esa época, Don Iván estaba al frente del Comando de Inteligencia y Contrainteligencia que se encargó de interrogar a varios de los rescatados después del asalto terrorista y la irracional retoma. Algunos de esos rescatados jamás aparecieron. Los archivos de esa unidad militar también se evaporaron sin dejar rastro. Un reporte de la embajada de la época asegura que varios guerrilleros sobrevivieron y fueron tomados como prisioneros. En los informes oficiales colombianos no aparece mención alguna de esos prisioneros.

La Procuraduría General de la Nación pidió hace unos días que Ramírez fuera absuelto. El Ministerio Público dice que nada prueba la participación de Don Iván en esos hechos. La Fiscalía, que antes lo acusaba de la desaparición de los empleados de la cafetería, limitó ahora los cargos a la desaparición de una guerrillera.

Bueno, por lo menos los cables están apareciendo.

El testigo

Junio 25, 2011

La labor del periodismo es buscar la verdad, no hacer justicia. Cuando un reportero tiene que escoger entre lo que es cierto y lo que es justo, debe elegir lo que es cierto. Los culpables deben ir a la cárcel, de eso tiene que encargarse la justicia, pero no pueden ser condenados por hechos que no cometieron.

Hace tres años, en febrero de 2008, cuando el tema no estaba de moda, una de estas columnas, "Un culpable conveniente", reveló inconsistencias en el testimonio del cabo Édgar Villamizar Espinel, testigo en contra del coronel Alfonso Plazas Vega.

Afirmé en ese momento que ese testigo intentaba desviar el proceso para que Plazas terminara pagando lo que otros militares hicieron. Algunos de los sufridos familiares de las víctimas de la toma y retoma del Palacio de Justicia me reclamaron airadamente. Sentían que el enfoque de la columna era "militarista" y que amparaba la impunidad. Otros, incluso, me señalaron de "cómplice" del detenido coronel Plazas Vega.

Los mismos que me cubrían de oprobio en esa ocasión, aplaudieron cuando dirigí una investigación periodística que demostró que el magistrado auxiliar Carlos Horacio Urán salió vivo del Palacio de Justicia, pero apareció muerto después en sus ruinas con señales de tortura y un tiro de gracia en la cabeza. Meses después, esas personas se volvieron a molestar conmigo cuando investigué el alcance de un cable firmado por un embajador norteamericano sobre los hechos del Palacio de Justicia. Según algunos, esa era una comunicación del Departamento de Estado señalando la culpabilidad de Plazas Vega.

Encontré al embajador Curtis Kamman, autor del cable, jubilado en una pequeña ciudad de Estados Unidos. Él me confirmó que hizo el reporte en el que daba cuenta de lo que le dijeron en una conversación —por cierto, años después de la toma—, pero aclaró que no se trataba de una posición oficial y menos de una información emitida por una agencia de su gobierno.

Hace unas semanas, y desde un sector de la ultraderecha, se viene diciendo que la Fiscalía suplantó a un testigo para poder condenar al coronel Plazas. Así como me atreví a defender a Plazas Vega en su momento, ahora debo decir que está en marcha una campaña infame contra la exfiscal Ángela Buitrago y que existen pruebas claras para demostrar que el testigo no fue suplantado. Édgar Villamizar Espinel se presentó en la Escuela de Caballería mientras la fiscal Buitrago y un grupo del CTI, con acompañamiento de la Procuraduría, buscaban restos en esa instalación. El nombre del testigo quedó mal escrito en la declaración. Ahora quienes quieren acabar con la fiscal sugieren que la firma de Villamizar es falsificada y argumentan que no es la misma de su cédula. Esa diferencia no significa nada. El ex suboficial ha usado al menos media docena de firmas en los últimos años.

Hay algo más revelador: en esa misma diligencia, Villamizar escribió su nombre de puño y letra. La caligrafía es idéntica a la que aparece en el folio de vida del suboficial cuando era miembro del batallón de inteligencia Charry Solano y subalterno de otros implicados en la investigación. En su reciente retractación, Villamizar asegura que jamás ha entrado a la Escuela de Caballería. Sin embargo, en su hoja de vida oficial figura que tomó, aunque no concluyó, el curso de contraguerrilla urbana en esa instalación militar.

También dicen, los que solo ven por la derecha, que no hubo hombres transportados en helicópteros desde la Séptima Brigada, en el departamento del Meta, durante los días de la toma, como lo sostuvo el testigo en su declaración inicial. Al respecto, resulta muy reveladora una comunicación entre el general Arias Cabrales (Arcano 6) y su segundo al mando, el coronel Luis Carlos Sadovnik (Arcano 5), sobre la llegada de hombres de la Buque Ratón 1 (Primera Brigada) y Buque Ratón 7 (Séptima Brigada), en la que el coronel le dice al general: "Arpón despachó un grupo en dos helicópteros, cambio".

Según Plazas Vega, el veredicto en su contra debe anularse. Según la exfiscal Ángela Buitrago, hay numerosas pruebas, más allá de ese testimonio. La justicia determinará quién tiene la razón.

El papel que no desapareció

Julio 2, 2011

La familia y los amigos del coronel Plazas Vega me agradecieron cálidamente cuando, en febrero de 2008, investigué y publiqué las inconsistencias en el testimonio del cabo Édgar Villamizar. Ahora han decidido odiarme porque sigo diciendo que ese testigo es inconsistente y porque demostré que no fue suplantado por la fiscal del caso. El abogado Jaime Granados mandó a decir por televisión que me demandó, acusándome de haber usado un documento falso en la anterior columna.

El miércoles 1 de agosto de 2007, la fiscal Ángela María Buitrago adelantaba una diligencia de prospección en las instalaciones de la Escuela de Caballería. Esto quiere decir que buscaba en el terreno pistas sobre los desaparecidos del Palacio de Justicia. Uno de los técnicos del CTI le informó que un esquivo testigo, que días antes había ofrecido colaboración a los investigadores judiciales, quería finalmente declarar ese día y señalar el lugar en que supuestamente habían sido sepultados algunos desaparecidos. La fiscal Buitrago, previa consulta con el delegado de la Procuraduría, determinó recibir la declaración. La ley la obliga a atender en cualquier momento y lugar un testimonio que pueda resolver una desaparición.

El hombre era Édgar Villamizar, ex suboficial del Ejército y antiguo miembro del CTI, y fue conducido al lugar en un *jeep* de la Fiscalía. Su entrada al cuartel no fue registrada como tampoco lo fue la de los fiscales, delegados de la procuraduría e investigadores judiciales.

La fiscal Buitrago y el fiscal auxiliar, José Darío Cediel, no tenían, en ese momento, un computador para recibir la declaración, por eso pidieron prestado un portátil a un oficial y recibieron el testimonio del exmilitar dentro de una buseta del CTI estacionada en el interior de la Escuela de Caballería. El fiscal auxiliar cometió dos errores. Primero, escribió mal el nombre del testigo: en lugar de Villamizar escribió Villarreal. En segundo lugar, no puso al final de la declaración ese nombre. Por esa razón, las primeras dos copias con esos errores fueron firmadas por el ex suboficial Villamizar, quien además escribió su nombre a mano. Esa caligrafía es idéntica a la de su folio de vida del batallón de inteligencia Charry Solano.

La fiscal Buitrago se alcanzó a percatar del segundo error y le ordenó a su auxiliar volver a imprimir la declaración agregando el nombre del testigo al final, estableciendo que la diligencia continuaría y aclarando que uno de los investigadores acudió en calidad de fotógrafo. Decidió guardar esas copias porque temió que si las rompía en semejante lugar, podrían ser reconstruidas por alguien interesado en conocer la declaración.

El abogado Jaime Granados, célebre por litigar en medios y columnas de regular factura, ahora afirma que el papel es falsificado y en apoyo de su argumento dice que es diferente a la copia que está en el expediente. Lo que no dice Granados, porque desde luego no le conviene, es que una copia de ese papel fue aportada hace más de un año al proceso que inició el coronel Luis Alfonso Plazas Vega contra la fiscal Ángela María Buitrago.

Jaime Granados o no conoce los documentos del proceso de su defendido contra la fiscal o está buscando aumentar la presión mediática dentro de la campaña de desprestigio iniciada contra la jurista. Para ayudarle al letrado, y de paso evitarle un proceso por falsa denuncia, le informo comedidamente que el papel hace parte del expediente 110016000102200900166 de la Fiscalía Primera Delegada ante la Corte, cuya titular es la doctora Norma Angélica Lozano Suárez.

En 2008 sostuve que el testigo Villamizar, un curtido hombre de inteligencia, buscaba amparar a otros implicados descargando toda la culpa en el coronel Plazas Vega. Ahora sus jefes lo están usando para dinamitar el proceso completo y, de paso, para intimidar a quienes se han atrevido a investigar.

Los tres villamizares

Febrero 25, 2012

Esta semana, por tercera vez, cambió su versión el llamado testigo clave del Palacio de Justicia. Se llama Édgar Villamizar Espinel y es un ex suboficial de inteligencia militar a quien algunos recuerdan como un experto en la técnica del disfraz. Villamizar en algún momento se ganaba la vida como instructor de seguridad y enseñaba, entre otras cosas, técnicas urbanas para mimetizarse. Este maestro de camaleones fue el mismo que en agosto de 2007 se apareció en la Escuela de Caballería mientras la fiscal Ángela María Buitrago buscaba si había cuerpos sepultados en las inmediaciones de las famosas caballerizas.

En esa ocasión brindó una declaración asegurando que había visto al coronel Alfonso Plazas Vega durante la recuperación del Palacio de Justicia en 1985, dando una orden en la Casa del

Florero. Según el testimonio de Villamizar, Plazas señaló a un grupo de civiles e indicó: "Cuelguen a esos h. p.".

Villamizar había empezado su carrera en el Batallón de Inteligencia Charry Solano, unidad repetidamente mencionada en el caso de los desaparecidos del Palacio de Justicia. Existen indicios claros de que los vínculos del cabo Villamizar con la inteligencia siguieron después de su retiro del Ejército. Por eso, y por varias inconsistencias en su testimonio, pensé que era un hombre plantado por alguien para desviar el proceso, perjudicando a Plazas Vega y favoreciendo a otros militares implicados. Lo que no creí, y sigo sin creer ahora, es que se tratara de un montaje de funcionarios judiciales contra Plazas. Entre otras cosas, porque los que han hecho montajes en Colombia son otros. (Cito como ejemplo el caso de Alberto Jubiz Hasbún).

Pues bien, Villamizar se esfumó del mapa y volvió a aparecer cuatro años después en la Procuraduría y de la mano de un llamativo personaje. Allí lo llevó Ricardo Puentes Melo, un caballero que dice ser periodista, pero que realmente es un activista de derecha sin fuente conocida de ingresos, que se hace presente en manifestaciones de apoyo a militares acusados de violaciones a los derechos humanos y en contra de las ONG que los denuncian. Para que ustedes entiendan el mundo del señor Puentes, basta decir que está convencido de que Juan Manuel Santos es un agente de las Farc. Lo llama el "camarada Santos". El canal Caracol, de acuerdo con su percepción, es Caranncol y asegura que "los jesuitas fueron fundados por judíos y también en sus altos rangos domina la presencia de sangre judía".

En la sensata compañía de Puentes, Villamizar llegó hasta la Procuraduría en mayo de 2011 para decir que lo habían suplantado y que él nunca había declarado contra Plazas Vega.

Pues bien, esta semana el mismo Villamizar, o quizás otro que suplantaba al primero y al segundo, fue a declarar ante el juez 55 penal de Bogotá. Despojado por las evidencias del bonito argumento de la falsificación de su firma, cambió nuevamente su hipótesis. Él, que antes decía "la firma que aparece al final no es la mía", ahora sostiene que un funcionario de la Fiscalía lo engañó para que firmara el papel que luego usaron: "Yo sí me acuerdo de que firmé un papel, pero como estaba sin bajar bandera (sin trabajo) no miré qué era lo que estaba firmando".

Con la firma falsa que se volvió verdadera terminó el más reciente episodio: Villamizar III. Esperemos qué nuevas sorpresas nos depara esta superproducción, que ya lleva cinco años al aire.

Lo que el coronel Plazas Vegas descubrió

Marzo 3, 2012

En el año 2007, cuando un excabo de la inteligencia militar apareció para dar un testimonio contra el coronel Alfonso Plazas Vega, fue el mismo coronel quien encontró inconsistencias en esa declaración. Uno de sus hallazgos de entonces va a echar por tierra la teoría de la suplantación del testigo con el que han querido medrar algunos supuestos amigos de Plazas.

Édgar Villamizar Espinel hace cinco años fue sembrado en el proceso para, en mi opinión, descargar en el coronel Plazas Vega todas las responsabilidades por torturas y desapariciones en la retoma del Palacio de Justicia y, de esta manera, tapar a los hombres de inteligencia. (Dicho sea de paso, esto en nada disculpa la acción criminal del M-19 auspiciada por el narcotráfico).

Ese miércoles 1 de agosto de 2007, cuando el cabo retirado Villamizar llegó a la Escuela de Caballería, aseguró que en noviembre de 1986 era integrante de un grupo especial llamado Ciaes. Allí, ante dos fiscales, un delegado de la procuraduría y dos investigadores del CTI, afirmó: "El comandante era el mayor Jairo Alzate Avendaño, ya fallecido".

El coronel Plazas Vega leyó y releyó la declaración en su contra. La separó minuciosamente en partes para buscar imprecisiones, mentiras, errores y contradicciones. En medio de esa incansable tarea para atacar el testimonio, envió un derecho de petición al Comando del Ejército para que le aclarara quién era el "mayor Jairo Alzate Avendaño". Rápidamente le respondieron diciendo que en sus filas nunca ha existido un mayor con ese nombre.

En julio del año pasado, el abogado del coronel Plazas, Jaime Granados, ratificó en una entrevista con *El Espectador* sobre el polémico testigo: "Menciona que quien estaba a cargo era el mayor Jairo Alzate Avendaño. Sin embargo, el Ministerio de Defensa aseguró que nunca ha habido un oficial con ese nombre". Lo que pasó por alto el diligente apoderado fue mencionar que en la misma época, en el mismo lugar y con funciones similares hubo un mayor del Ejército llamado Jairo Alzate García. En pocas palabras, el cabo Villamizar se había equivocado en un apellido pero probablemente había descrito una persona que si existió.

Así iban las cosas hasta la semana pasada, cuando Villamizar Espinel apareció nuevamente para declarar ante el juez 55 penal de Bogotá. Allí afirmó que él nunca había dado ese testimonio en contra del coronel Plazas Vega y que realmente lo habían suplantado. En medio de la diligencia, Villamizar contó quién era el oficial que dirigía la unidad a la que pertenecía en 1985: "De ahí me trasladan a la Séptima Brigada, al Dos, que mi comandante era entonces Jairo Alzate Avendaño". Si esto no arrastrara una larga historia de tragedia, el montaje de baratija sería para morirse de risa. El pretendido suplantado cometió en el nombre el mismo error del suplantador.

Villamizar tropezó dos veces con el mismo lapsus llamando "Jairo Alzate Avendaño" a quien fue su superior, el mayor Jairo Alzate García. O estamos ante una coincidencia cósmica o ante una evidencia incontrovertible. Como sea, el cuento de la suplantación llegó hasta hoy.

La evidencia ignorada

Abril 13, 2013

La justicia en Colombia no solo es coja y ciega, sino también amnésica. Hace unos días una juez sentenció que el magistrado auxiliar del Consejo de Estado, Carlos Horacio Urán, fue asesinado por el M-19 en el Palacio de Justicia en 1985. Y no es que el M-19 no fuera un grupo criminal que mató personas en ese y otros hechos, claro que lo era, lo que pasa es que en el caso particular de Carlos Horacio Urán hay pruebas de que fue asesinado por fuera del Palacio de Justicia y por agentes del Estado.

De su salida con vida dan cuenta tres videos publicados hace seis años por *Noticias Uno*. En esas imágenes se puede ver a un hombre, vestido de traje completo pero sin camisa, que salta sobre su pie derecho mientras es conducido por dos militares que aparentemente lo llevan de los brazos hasta donde hay dos socorristas vestidos con uniforme de la Defensa Civil con una camilla.

La profesora Ana María Bidegaín, viuda de Carlos Horacio Urán y respetada académica en Estados Unidos, identificó a su esposo en las imágenes.

Ella no fue la única. El magistrado del Consejo de Estado, hoy jubilado, Nicolás Pájaro Peñaranda, también reconoció a Urán en las grabaciones. El testimonio del magistrado Pájaro es especialmente valioso porque él aparece saliendo herido en el mismo video ya que fue evacuado al tiempo con Urán y pasó la mayor parte de la toma al lado suyo, encerrado con otras personas en un baño del edificio. Pájaro sabe la razón por la cual Urán no tenía camisa. Se la había cedido a un compañero para que la usara como bandera blanca y saliera a pedir que no disparan contra el baño que albergaba a tantos civiles. La circunstancia de no llevar camisa debió resultar especialmente sospechosa para los militares. Una de las comunicaciones militares grabadas muestra que tenían informaciones de que los guerrilleros querían escaparse vestidos de civil.

El coronel Luis Carlos Sadovnik, segundo comandante de la Brigada 13 e identificado en esas comunicaciones como "Arcano 5", le reporta al general Jesús Armando Arias Cabrales, "Arcano 6", comandante de la misma brigada: "Las entrevistas que está desarrollando 'Arcano 2' (Coronel Edilberto Sánchez, jefe del B-2, la sección de inteligencia de la Brigada) han podido constatar que 'las basuras' están quitándole la ropa de civil al personal de empleados y magistrados para utilizarlos ellos y poder salir como evacuados. Cambio". A lo cual Arias Cabrales responde: "Todo ese personal se está concentrando para efectos de verificación. Esa es la función que tiene 'Arcano 2' (Coronel Sánchez, jefe del B-2)".

En mayo de 2007, la Fiscalía allanó las bóvedas del B-2. Allí estaba la billetera de Carlos Horacio Urán perforada por una bala, con su credencial del Consejo de Estado, su cédula, una tarjeta de crédito y la foto de su esposa. Estos y otros indicios llevaron a la Fiscalía a pedir la exhumación del cuerpo de Carlos Horacio Urán. La segunda necropsia encontró que las heridas corresponden a las que se aprecian en el hombre de las imágenes: herida no letal en el pecho, cadera derecha y fémur izquierdo lesionado, sin que se pueda establecer cuál herida sufrió primero. También encontraron señales de que le fueron aplicados "mecanismos no aclarados de alta energía", antes de dispararle un tiro de gracia en la cabeza.

La Comisión de la Verdad, compuesta por tres expresidente, de la Corte Suprema, y comisionada para investigar los hechos del Palacio de Justicia, concluyó sobre este caso que "el abogado Urán salió con vida del Palacio de Justicia bajo custodia militar, con lesiones que no tenían carácter letal, por lo que su muerte no se produjo en los hechos de la toma o de la retoma".

Todas las evidencias señalan que lo mataron fuera del Palacio de Justicia y devolvieron su cuerpo a las ruinas para presentarlo como uno más de los caídos. Sin embargo, la juez, quizás solamente por un descuido, culpa de este caso a los otros asesinos y abre nuevamente un camino de impunidad para este caso.

El máximo engaño

Noviembre 16, 2013

La familia del magistrado auxiliar, Carlos Horacio Urán, lleva veintiocho años soportando engaños. Los engañaron cuando vieron por primera vez una imagen de televisión que muestra a su esposo y padre saliendo vivo del Palacio de Justicia. Ese 7 de noviembre de 1985, Ana María Bidegaín y sus hijas sintieron que la esperanza renacía, pero las autoridades de la época les ocultaron el video real. Les mostraron otra grabación para convencerlas de que no habían visto lo que realmente vieron.

También fue evidente que, después de la toma, alguien confundió al doctor Urán con un guerrillero. Una amiga de la familia encontró el cadáver en una sala de la morgue reservada para los asaltantes. La doctora Luz Helena Sánchez le contó a la justicia que cuando le pidió al entonces director de Medicina Legal, Egon Lichtenberger, que la llevara a esa sala "muy nervioso me advirtió que debía tener mucho cuidado, que el cuarto donde yo iba a ir estaba clasificado como el cuarto de los guerrilleros".

Y en el "cuarto de los guerrilleros" estaban los cadáveres de algunos de los asaltantes, como el cabecilla Andrés Almarales, pero también estaban los cuerpos de los magistrados Fanny González, integrante de la sala laboral de la Corte Suprema; Manuel Gaona, de la sala constitucional, y Carlos Horacio Urán, auxiliar del Consejo de Estado. Hay un indicio más: los únicos no guerrilleros que fueron sometidos a examen de necrodactilia fueron Fanny González y Carlos Urán.

El cuerpo fue entregado desnudo. Sin embargo, unos días después, el DAS llamó a la viuda para darle el anillo de matrimonio y un llavero que habían encontrado en las ruinas. Casi tres décadas después, Ana María sigue preguntando cómo supieron que esas cosas pertenecían a su esposo. El llavero era de una universidad americana y la sortija no tenía nombre, solo una inscripción que rezaba: "Un solo Señor, una sola esperanza".

Pasaron casi veintidós años y en mayo de 2007, la Fiscalía allanó las bóvedas del B-2, el departamento de inteligencia de la Brigada 13 de Bogotá. Ese mismo año, un equipo de investigación de *Noticias Uno*, que dirigí, encontró videos de tres cámaras que muestran a Carlos Horacio Urán saliendo vivo, aunque herido, del Palacio de Justicia. La Comisión de la Verdad determinó que Carlos Horacio Urán salió vivo de la edificación y fue asesinado por fuera. Sus restos fueron puestos en las ruinas para ocultar el crimen.

Lo vergonzoso es que ahora el Estado colombiano quiera negar la evidencia. Ante la Corte Interamericana de Derechos Humanos, el médico forense Máximo Duque, perito a sueldo de los agentes estatales, sostuvo varios argumentos contraevidentes. Primero, dijo que no hubo tiro de gracia. Sostuvo que quizás los restos de pólvora en la cabeza hayan estado en el ambiente y que las pruebas de la época no eran tan determinantes como las de ahora. Lo cierto es que la autopsia estableció que solo en esa herida hay residuos de pólvora, no en las otras. Si se creyera la hipótesis del perito mercenario, habría que decir que por una casualidad cósmica la "contaminación con pólvora" solo vino a producirse en el orificio de entrada de la bala. Segundo, afirma que las lesiones de Urán le hubieran impedido salir del Palacio como lo muestra el video. Eso sí, aclara que no se puede determinar el momento preciso en el que sufrió cada lesión. Si de eso se tratara, no habría que parar en las otras lesiones, si Urán tuviera un disparo en la cabeza tampoco habría podido salir vivo del Palacio. Si el doctor Máximo no puede determinar la hora de la lesión tampoco puede asegurar lo que alegremente concluyó.

El gobierno Santos sigue gastando dinero público para ocultar la verdad.

La yidispolítica, una historia de absurdos

Una semana antes de que se votara el tema de la reelección, en junio de 2004, estábamos Diego Hernán Canal, Patricia Uribe y yo en la redacción de *Noticias UNO* hablando de la posibilidad de que la reelección presidencial fuera una realidad. Con la información que cada uno tenía de sus fuentes, llegamos a la conclusión de que la aprobación de la reelección estaba en manos de tres congresistas: la señora Rosmery Martínez, del Tolima; Teodolindo Avendaño, del Valle, y Yidis Medina, de Santander. Eran tres ilustres desconocidos con características muy especiales.

Rosmery Martínez era la hermana de un expresidente de la Cámara de Representantes, Emilio Martínez Rosales, que tenía una agenda propia, lo que hacía poco probable que ella fuera a votar la reelección.

Teodolindo Avendaño había llegado a la Cámara de Representantes como suplente. Su recorrido político lo había hecho de la mano de uno de los diputados del Valle secuestrados por la guerrilla, por lo tanto pertenecía a un grupo de políticos muy interesado en presionar al gobierno para que hubiera alguna acción que lograra la liberación de estas personas. De alguna manera era una moneda al aire.

La otra era Yidis Medina. ¿Y quién era Yidis Medina? Era también una representante suplente. Su principal se llamaba Iván Díaz Mateus, un político conservador de Barrancabermeja cuyo compromiso con Uribe era grande, pero no así el de Yidis. Ella llegó a su puesto un poco casualmente, como parte de pago de un favor político. Sin embargo, en ese momento, la suerte de la reelección de Uribe era una decisión de ella, no de su principal.

Entonces, con este tema claro por la discusión que tuvimos el jueves de la semana anterior a la votación de la reelección, Patricia se fue para el Congreso a buscar a estas personas. Terminamos hablando con Teodolindo en Caicedonia, Valle, en donde no nos dio ni una sola luz de cómo iba a votar. A Rosmery la encontramos en El Espinal, Tolima, nos citó en plena carretera y nos dijo que ella se inclinaba a votar en contra.

Yidis Medina era la única que estaba en Bogotá. Cuando Patricia fue a verla en su despacho de la Cámara de Representantes, Yidis decidió irse con ella para el noticiero. Allá, Yidis se sentó en la entrada de mi oficina, se tomó un café y empezó a hacer un análisis muy particular de la reelección, sobre todo de ciertas cosas que le preocupaban a ella personalmente y que la hacían sentirse decepcionada del presidente. Fue entonces que le pregunté si todo eso quería decir que iba a votar "no". "No, estoy indecisa", dijo ella.

Unos pocos días después tuvo lugar una reunión de un grupo de congresistas en la casa de la representante Clara Pinillos. En esta ocasión dieciocho de ellos firmaron un documento que decía que votarían en contra de la reelección y que pedirían que se archivara el proyecto del acto legislativo que lo aprobaba. Entre quienes firmaban estaban Yidis Medina y Teodolindo Avendaño. Si 18 de 35 votaban que se archivara el proyecto, quería decir que estaba hundido y que hasta ahí llegaba la reelección. Incluso en *El Tiempo* publicaron el documento y una foto de la reunión en la que celebraron con empanadas y whisky. Tenían la mayoría para archivar el proyecto.

Mientras tanto, a los miembros de la bancada pro reelección, los que estaban con Uribe, los reunieron en Palacio. El ministro Sabas Pretelt los reclutó. Estaban, entre otros, Gina Parody y

Roberto Camacho. La idea era tenerlos atados para que ninguno de ellos se fuera a correr del propósito de votar la reelección.

Y mientras tanto se creaba una disidencia dentro de los dieciocho que habían firmado la carta. Entre estos, por supuesto, estaba Yidis Medina.

Yidis Medina terminó en el palacio presidencial con el principal de su lista —Iván Díaz Mateus—, quien llegó desde Barrancabermeja con el único propósito de convencerla. Al día siguiente, y de esto puede dar fe el representante Germán Navas Talero, Yidis empezó a anunciar que iba a cambiar su intención de voto a través de declaraciones y de lo que les decía a sus mismos compañeros de la Cámara.

En ese momento estaban pasando muchas cosas. El ministro de Protección Social, Diego Palacio, hoy condenado por la yidispolítica, estaba reuniéndose con Teodolindo Avendaño. Él dice que fue porque justamente ese día le dio por discutir la situación de la salud en Caicedonia, Valle, aunque no lo había intentado en todos los meses anteriores. Roberto Camacho también presionaba para que Teodolindo se sumara a la bancada del gobierno. Sabas Pretelt presentó —con redacción de una de sus asesoras— una carta en la que Yidis Medina declaraba un impedimento para evitar el trámite de la recusación contra ella. De esta manera lograron que cambiara el sentido de esos dos votos que estaban anunciados en contra de la reelección.

Yidis Medina votó a favor y Teodolindo Avendaño se ausentó de la votación diciendo que su hijo había tenido un accidente. Sin embargo, el accidente, que fue un choque menor, había ocurrido cuatro o cinco días antes y nada tenía que ver con su ausencia, simplemente se estaba rehusando a cumplir con el deber de votar. Y así, digamos, cambió la balanza y la reelección terminó aprobada en la Comisión Primera de la Cámara de Representantes, donde se encontraba el único escollo real, porque todo lo demás estaba arreglado por las mayorías compuestas por el gobierno, de la manera en que los gobiernos logran componer las mayorías. Nadie, absolutamente nadie en Colombia, dudaba de que Yidis Medina había cambiado la intención de su voto y de que Teodolindo Avendaño se había ausentado porque el gobierno los había comprado.

Así pasaron las cosas y un tiempo después, el 7 de agosto del año 2004, mientras se celebraba otro aniversario de la llegada del presidente Uribe al poder, recibí una llamada de Yidis Medina. Pedía verme con urgencia. Esa misma tarde llegó a mi oficina. "Yo vengo a contarle algo muy grave. A mí me compraron el voto de la reelección", me dijo frente a la periodista Patricia Uribe. Venía a contarme que la Tierra es redonda, ¡pues claro que se lo habían comprado! También dijo que había acudido a mí dispuesta a contarme todo. Cuando pedí una cámara para grabar su declaración, me dice: "No, no. No tan rápido. Es que yo lo que quiero es decirle lo siguiente: yo temo que me vayan a matar, porque he recibido amenazas, y quiero que quede registro de que yo recibí esas amenazas y que a mí me compraron el voto. Pero yo quiero hacerlo a usted depositario de ese secreto dentro de un compromiso de periodista con su fuente de información". Así fue como me citó para el día siguiente en una casa en el norte de Bogotá que pertenecía a una amiga de ella.

Habitualmente estas entrevistas se graban a dos cámaras, con plano y contraplano, pero para mantener el secreto solo acudimos tres personas a la cita: el camarógrafo Darío Torres, la periodista Patricia Uribe y yo. Yidis llegó acompañada por un asesor suyo que también estaba involucrado en los hechos.

En la entrevista me contó cómo la habían abordado, cómo la habían persuadido para que votara, cómo el presidente Uribe le había dicho que por favor votara por su elección, "que mire que eso es hacer patria, que no se va a arrepentir" y que él le iba a cumplir con los compromisos que se habían hecho. Sabas Pretelt le dijo que respaldaba con su vida el cumplimiento de esos convenios. Luego me habló de unos cuantos puestos que le habían prometido —después supimos que eran más— y del ofrecimiento que le había hecho el ministro Sabas para que tuviera un cargo en el SENA, en una empresa prestadora de salud en Santander y posiblemente, con el tiempo, un consulado. De eso me habló en la reunión, pero fue muy profusa en los detalles de lo que quería contar en ese momento.

Estaba muy asustada sobre todo por las amenazas que había recibido directamente de su principal en la lista conservadora a la que había pertenecido —Iván Díaz Mateus—, precisamente porque ella presionaba para que el gobierno le cumpliera. "Usted coma callada, no pelee con el gobierno; no bote las llaves del palacio al mar". También le dijeron que si seguía presionando, iba a aparecer muerta, que de pronto "la atropellaba un bus" o que "le mandaban un abogado en moto".

Al final de la entrevista, cuando terminó de narrar todas estas circunstancias, le dije: "Yidis, para que quede claro: de esta grabación solo van a existir dos copias; una para usted y una para mí. Y yo solo puedo revelarla en el caso de que a usted le pase algo". Y fue en ese momento en que agregó: "O en caso de que no me cumplan", aunque de esa cláusula no hubiéramos hablado antes.

La reelección pasó y completó las ocho votaciones que tenía que cumplir. Jamás dudé de que mi compromiso de protección de la fuente se imponía sobre la necesidad de conocer la información. Sin embargo, todo lo que pasó ese 8 de agosto, en esa casa al norte de Bogotá, me empezó a pesar un año más tarde, cuando estaba radicado en Estados Unidos por amenazas en contra de mi vida y de mi familia.

Durante el tiempo que estuve en Stanford me movía de la casa a la universidad en bicicleta. Mientras en Colombia se llevaba a cabo una discusión sobre si el proceso de reelección había sido limpio y claro, yo pedaleaba diariamente de un lado a otro con la prueba reina en la espalda: la grabación original estaba en una caja de seguridad en Londres y yo cargaba una copia en DVD en el morral que llevaba a todas las partes, todos los días de mi vida.

Obviamente yo no estaba a favor de la reelección del presidente Uribe, pero por encima de eso estaba el compromiso periodístico con la fuente. Fue entonces, en medio de tantas dudas, que apelé al consejo de dos personas a las que valoro mucho. Uno era un periodista colombiano. A él le conté con detalle todo lo que había sucedido, momento por momento. Esto lo hice también con un periodista europeo, una persona de toda mi confianza, muy prominente en el mundo periodístico. Ambos coincidieron en que primaba mi compromiso con la fuente.

Quizás la única razón válida para romper ese compromiso sea cuando hay vidas en riesgo. Es decir, si de romper ese sigilo depende salvar una vida humana, el periodista tiene la posibilidad de hacerlo. Ese era el planteamiento en discusión: muchas vidas podrían verse afectadas si se decidía que la reelección había sido constitucional y que el proceso se había llevado a cabo de manera legítima. Los dos colegas me dijeron que no: no se trataba de "vidas" en general. "Se trata de que usted pueda señalar con nombres y apellidos cuáles personas son las que se salvarían si esto no resulta aprobado y si usted rompe su compromiso con la fuente". Ninguna. Ninguna en particular. Entonces uno de los dos me dijo: "La única otra opción es que usted hable con la fuente y la fuente decida que es el momento de revelar".

Yo tenía unos cuatro o cinco teléfonos de Yidis Medina, pero en ninguno contestó. Le pedí a Patricia, que se encontraba en Colombia, que me consiguiera todos los números y que le transmitiera el mensaje. Yidis jamás apareció. Vi el DVD muchas veces y siempre pensaba lo grave que era para el país que Uribe se perpetuara en el poder, pero ante todo tenía que cumplir mi compromiso.

En el 2007 mi morral y yo ya estábamos de vuelta en el país. Un día, en la sala de redacción del noticiero, Patricia me avisó que Yidis Medina ya iba para allá. Tenía una cita con Patricia y quería entregarme una información relacionada con el vínculo de políticos de Santander y paramilitares. Cuando Yidis había finalizado su entrevista con Patricia, bajé a la redacción del noticiero, la saludé y le dije: "Yidis, es el momento de revelar esto. ¿Por qué no lo hacemos?". Ya la reelección era un hecho, ya estaba aprobada en la Corte Constitucional, es más, Uribe ya estaba reelegido. Sin embargo, ella contestó: "No, no quiero que lo hagamos todavía. A esto le va a llegar su momento. Pero yo creo que sí, que un día se va a revelar". Esa fue toda la conversación.

Poco tiempo después me topé con una entrevista de Yidis con Norbey Quevedo, director de la unidad de investigación de *El Espectador*. En esta ella decía que iba a escribir un libro contando toda la verdad sobre cómo fue la reelección y contando todo lo que no se había sabido. También dijo que lo iba a escribir con el señor Alfredo Serrano. Al día siguiente de ese domingo en el que apareció la entrevista con Yidis Medina, la FM de Vicky Dávila entrevistó al señor Alfredo Serrano y este señor dijo en medio de la entrevista: "Es que además ustedes tienen que saber que hay un video en donde ella le cuenta toda la verdad a Daniel Coronell. Yo he visto la copia de Yidis Medina, y Daniel Coronell ha sido todo un caballero y no ha revelado el video en todo este tiempo". Como si fuera un gesto de caballerosidad y no un compromiso periodístico. En ese momento el pacto se rompió ya que Yidis, como fuente, tampoco podía revelar la existencia del video ni mostrárselo a un tercero.

Cuando pude verme con Yidis, tres días después, estaba esperando que ella negara que hubiera roto el compromiso, pero ella lo aceptó, diciendo que estaba arrepentida. "Voy a terminar presa por esto. Voy a terminar en la cárcel. Esto es un delito, se llama cohecho y probablemente acabaré presa". En ese momento me pidió un tiempo para ordenar sus asuntos, para arreglar las cosas con su familia. No tuve problema en aceptar, pero le advertí que anunciaría la publicación de la información. Sin embargo, apenas ella se fue caí en la cuenta de la dimensión de mi torpeza: ¡nunca le pregunté cuánto tiempo me estaba pidiendo!

Finalmente hablé con ella y me pidió dos semanas. Fue entonces que publiqué en *Semana* la columna "La historia no contada", en la que narro las circunstancias en las que grabamos el video y en la que anuncio que en dos semanas este se publicaría. También trabajé las historias con Patricia Uribe y dejé instrucciones de cómo deberían ser publicadas, ya que iba a estar dos semanas en Estados Unidos.

Mientras escribía la columna para *Semana* en algún hotel de Miami, me enteré de que Yidis Medina había enviado una carta en la que alegaba que los derechos de autor del video eran de ella y que, por consiguiente, no daba autorización para que fuera publicado. Todo era un gran absurdo. Después me vine a enterar de que había sido un abogado muy cercano al gobierno, Hernando Angarita, el que le había redactado esta carta. Le contesté que el video lo íbamos a publicar y que ese mismo domingo saldría una columna en *Semana* titulada "El que paga por pecar".

El viernes antes de que todo se diera a conocer, compartí esta información con Gerardo Reyes, en ese momento director de investigación de *The Miami Herald*, y con una colega de un importante canal de Estados Unidos, quería que ellos estuvieran enterados de lo que iba a pasar. Ese mismo día el Palacio de Nariño publicó un comunicado en el que decía que todo era un montaje en el que Yidis Medina hacía el papel de parlamentaria y yo hacía el papel de periodista para incriminar al presidente en supuestos actos ilícitos. Viendo la situación, decidí acortar el viaje y devolverme a Colombia el sábado.

El día siguiente, el domingo en que publicamos la columna y el video, fue un día de mucha tensión en todos los frentes. Incluso en el palacio presidencial, donde hubo una cumbre en la que Uribe citó a un montón de gente y en la que se había tocado el tema del video. Además, recibimos una nota de la Comisión Nacional de Televisión en la que anunciaba que el presidente se dirigiría al país esa noche por un espacio de tiempo no determinado todavía.

Esa noche recibí una carta de puño y letra de Yidis Medina que había sido entregada en la puerta del noticiero. En esta carta ella decía que esperaba que el video reflejara lo que realmente era el espíritu de la grabación, que era importante que el país conociera la información y que ella iba a entregarle a la justicia todos los detalles de lo que había sido la compra de su voto. Con eso, el panorama cambió. Esa misma noche publicamos el video y arrancó la yidispolítica tal como la conocemos ahora.

Déjà vu

Febrero 9, 2008

Esta película ya la habíamos visto. El inicio del trámite de la primera reelección corrió por cuenta de los amigos del presidente Uribe sin que él se pronunciara para desautorizarlos ni para apoyarlos. Es más, la reforma arrancó incluso en contra de lo que había sostenido Uribe en su primera campaña.

El 7 de mayo de 2002, el entonces candidato Álvaro Uribe dijo que no estaba de acuerdo con una reforma que beneficiara a quien estuviera en el poder: "Si yo, como presidente, propongo que se amplíe el período presidencial a cinco años, debe ser para el siguiente y no para mí. Porque si yo gano la presidencia, el pueblo va a votar por darme un mandato de cuatro años".

En esa misma declaración, en defensa de la institucionalidad, y refiriéndose a un proyecto que buscaba establecer la reelección inmediata de alcaldes, el candidato Uribe dijo: "La reelección inmediata no me convence, porque entonces se puede poner el gobierno a buscarla".

Dos años después, en febrero de 2004, cuando ya caminaba la iniciativa para reelegir por primera vez al presidente Uribe, el acucioso periodista Julián Ríos descubrió las viejas declaraciones tan incómodas para el proyecto en marcha.

Las respuestas de los promotores de entonces resultan asombrosamente parecidas a las de los promotores de ahora. Óscar Iván Zuluaga, coordinador de la campaña pro reelección y hoy ministro de Hacienda, afirmó: "Con ello demuestra que esta no es una idea del presidente, es una idea legítima de los ciudadanos. La voz del pueblo es la voz de Dios".

Mientras tanto, el presidente eludía cualquier respuesta. En cambio, repitió dos frases por todo el país para contestar la inevitable pregunta de los reporteros: "Lina me prestó solo por cuatro añitos" y "Vamos a gobernar ocho años: cuatro de día y cuatro de noche".

Entonces, como ahora, los voceros de la oposición —y aun algunos miembros de la bancada oficial— reclamaron del jefe de Estado una posición clara e inequívoca sobre la reforma constitucional. En eso se centró el debate, que por estos días vuelve a empezar. Que si el presidente quiere o no quiere. Que si doña Lina lo deja. Que él no va a poner sus ambiciones por encima de la democracia. Que él ya había dicho que no quería perpetuarse.

Y mientras la patria boba discutía esas trivialidades, el gobierno usaba presupuesto y nómina para armar el acto legislativo que consagraba una reforma a la medida del primer mandatario. A muy pocos se les ocurrió que el silencio de Uribe confirmaba, elocuentemente, que estaba de acuerdo con la iniciativa de sus amigos y no que lo estaban reeligiendo a sus espaldas, como sostenía por esos días Óscar Iván Zuluaga y sostiene ahora Luis Guillermo Giraldo.

La tan pedida confirmación llegó mucho tiempo después, cuando el ministro del Interior, Sabas Pretelt de la Vega, dijo en el Congreso: "Al gobierno le parece que es conveniente que sea el veredicto popular, y no una prohibición constitucional, el que decida si se renueva un mandato de gobierno o se da paso a la alternación".

Tal vez sea innecesario recordar lo que siguió. Yidis y Teodolindo. La feria de nombramientos de familiares de congresistas. La repartija de puestos y contratos y el visto bueno final de la Corte Constitucional a la reelección.

Los ilusos de entonces están ahora esperanzados con la jurisprudencia de la Corte. Los magistrados dijeron que la reelección era constitucional "por una sola vez". No es difícil imaginarse la defensa que harán de esa doctrina el secretario jurídico de Palacio, ahora miembro de la Corte Constitucional, y los seis magistrados que el año entrante serán elegidos bajo la influencia del presidente.

Conocemos el comienzo de la historia y ya sabemos el final. Así que es mejor empezar a discutir los posibles candidatos para 2014. Y eso, si no hay cuarto episodio de esta saga.

La historia no contada

Abril 5, 2008

El sábado 7 de agosto de 2004 recibí una llamada inesperada. La congresista Yidis Medina me pedía una cita urgente. Aseguraba que tenía una información "de vida o muerte". No imaginé de qué se trataba. La había conocido, en mayo de ese mismo año, cuando el proyecto para permitir la reelección presidencial llegó a la Comisión Primera de la Cámara de Representantes, de la cual ella era integrante. El proyecto pasaba por un momento difícil. La comisión, de 35 parlamentarios, estaba muy dividida dos días antes de la votación. Había dieciséis a favor de la reelección, dieciséis en contra y tres permanecían indecisos.

Entre estos últimos estaba Yidis Medina, quien ocupaba una curul por estar en licencia su cabeza de lista. Las cuentas eran claras: si el gobierno conseguía el voto de dos indecisos, la reelección sería un hecho. O se hundiría, si la oposición lograba lo propio.

En vísperas de la votación, Yidis Medina se reunió con congresistas partidarios del "No" y firmó que se opondría a la reelección. Sin embargo, a última hora, varió su decisión y su voto completó los dieciocho necesarios para la aprobación de la reforma.

El escándalo fue grande por el súbito cambio de bando de la representante santandereana y porque otro miembro de la comisión, Teodolindo Avendaño, desapareció justo a la hora de la decisión, lo cual les permitió a los partidarios de la reelección ampliar a dos votos la diferencia.

Sin embargo, para agosto ya nada de eso era noticia. Yidis ya no actuaba como congresista porque el principal había retomado el escaño. Era *vox populi* que ni ella, ni Teodolindo, ni otros congresistas, habían decidido desinteresadamente. Pero el tema se había enfriado.

Lo sorpresivo fue que Yidis llegó a mi oficina para decirme que venía recibiendo diversas amenazas, entre otras las de un conocido dirigente político, para que ella no presionara el cumplimiento del pacto que había efectuado a cambio de su voto. De inmediato le pedí que me concediera una entrevista sobre las amenazas y la naturaleza del acuerdo que la llevó a votar como lo hizo. Ella replicó que lo contaría, pero no para publicarlo de manera inmediata. Propuso que grabáramos una declaración suya en la que relataría los hechos y me pidió que la hiciera pública si algo malo le sucedía.

Acepté y al día siguiente —en presencia de un asesor de ella, una periodista y un camarógrafo de *Noticias Uno*—, Yidis Medina hizo un relato pormenorizado de las razones que la llevaron a cambiar su decisión. Al final de la grabación le pregunté, otra vez, cuándo podría hacerse público ese video. Fue entonces cuando, de manera inesperada, ella introdujo una nueva circunstancia para autorizar la publicación: "Si no me cumplen".

Durante estos casi cuatro años he mantenido inédito el video. Mientras la Corte Constitucional revisaba si el trámite de la reelección fue limpio y ajustado a las normas, consulté a dos maestros del periodismo, uno colombiano y uno extranjero. Les pregunté si dado el impacto social y político que tendría la reelección, debería prevalecer el derecho de Colombia a saber lo que sucedió o el compromiso de sigilo con una fuente. Los dos coincidieron en que no estaban dadas las condiciones de "catástrofe social" que relevan a un periodista de un acuerdo con la fuente. En consecuencia, el video solo debía publicarse en tres circunstancias: si Yidis Medina sufría un atentado, o si le incumplían, o si ella misma hacía pública la información.

Pues bien, en las últimas semanas Yidis Medina, de manera directa y a través de una persona que está escribiendo un libro con ella, ha hecho pública la existencia, y parte del alcance, de esta información. Han dicho en varios medios que el video está en mi poder y que he guardado el sigilo profesional todos estos años. Dicen, además, que a ella no le dieron todo lo que le ofrecieron por su voto.

Antes de escribir esta columna hablé con la excongresista, quien admite que rompió el acuerdo y que estoy en libertad de revelar el video. A pesar de eso, me pide dos semanas para arreglar asuntos familiares antes de que se publique la información.

O el que paga por pecar

Abril 19, 2008

El delito se llama cohecho. Lo comete el servidor público que recibe dádivas o la promesa de que le serán otorgadas, a cambio de ejecutar acto propio de su cargo o de incumplir un deber. También incurre en cohecho quien da o quien ofrece esos beneficios a un servidor público. La ley establece que es tan grave dar como ofrecer y que la sola aceptación de la promesa configura el ilícito.

Pues bien, la exrepresentante a la Cámara, Yidis Medina, reveló el 8 de agosto de 2004, y frente a una cámara de *Noticias Uno*, que decidió votar a favor del acto legislativo que permite la reelección presidencial a cambio de tres puestos específicos en el Magdalena Medio: el Seguro Social, el Sena y la Red de Solidaridad. Además, según ella, el gobierno le ofreció un consulado para un miembro de su grupo político.

Yidis involucra en estos ofrecimientos a Sabas Pretelt, ministro del Interior en ese momento; al entonces secretario general de la Presidencia, Alberto Velásquez; al ministro de Protección, Diego Palacio, y al propio Presidente de la República.

En su relato, grabado dos meses después del decisivo voto dieciocho en la Comisión Primera, Yidis cuenta que los ofrecimientos empezaron en el despacho del secretario general de la Presidencia, Alberto Velásquez: "Cuando llegué a la oficina, me dijo: 'No, doctora, pida lo que necesite que nosotros le vamos a cumplir, nosotros necesitamos que este proyecto de acto legislativo pase'". La conversación, en la que estuvo presente el principal de la lista de Yidis, Iván Díaz, fue interrumpida por la llegada del presidente Uribe: "Entonces ellos se fueron y yo me quedé con el presidente. Entonces el presidente me dijo que por favor lo ayudara, que mire que eso era hacer patria, que lo que se hablara con Alberto Velásquez y los compromisos y lo que yo pidiera, lo hablado y lo pactado, sería cumplido, que él era un hombre de palabra, que era un hombre responsable".

Asegura la excongresista que la negociación quedó en manos de dos altos funcionarios: "La orden fue dada por el presidente y quien lo dijo fue el secretario general y el doctor Sabas, que dijo que por encima de su cadáver se tenían que cumplir los compromisos de gobierno". Además de los tres cargos mencionados, según ella, el mandatario le hizo otra oferta: "Un consulado ofreció el presidente, pero más para después".

Yidis añade que también habló de su voto con el ministro Diego Palacio: "Claro, con el ministro de Protección Social hablamos. Él pidió también colaboración. Él habló más con Teodolindo que conmigo. Pero sí, también intervino en esa decisión".

En su declaración, la exparlamentaria recuerda que recibió una llamada importante, después de votar a favor de la reelección: "El presidente me llamó al siguiente día, después de que votamos, a agradecerme y a decirme que todo lo hablado y lo pactado sería cumplido".

Al comenzar la grabación que contiene estos detalles, y algunos más, acordamos que el video se haría público si algo le sucedía a Yidis Medina. Sin embargo, cuando finalizaba la conversación, le pregunté nuevamente por las circunstancias que permitirían la publicación. Ella, sorpresivamente, añadió otra: "En el evento que el gobierno no sea serio con sus compromisos".

Yidis públicamente ha declarado que no le cumplieron. Está surtida la condición puesta por ella misma. Aceptó, además, en reuniones que sostuvimos, el 3 y el 6 de abril, que rompió el pacto. Sin embargo, el jueves pasado me mandó un mensaje buscando evitar la publicación. Por el compromiso con la fuente mantuve inédito el video por tres años, ocho meses y doce días. Pero ahora nada debe impedir que el país conozca esa verdad.

No disculpo a Yidis, pero entiendo su angustia. Es la más débil de todos los involucrados en la compra-venta de su voto. A ella la procesaría la Corte Suprema de Justicia, mientras que la suerte de Sabas Pretelt la decidirá su antiguo viceministro, Mario Iguarán, coautor del proyecto de reelección, y al presidente lo investigará la Comisión de Acusación de la Cámara, compuesta por quince miembros, diez de los cuales hacen parte de la coalición de gobierno.

Persuasivos

Mayo 3, 2008

Sostiene el presidente, refiriéndose al caso Yidis, que "el gobierno persuade, no presiona, ni compra conciencias". Los hechos muestran cómo operó la persuasión para aprobar la reelección. A Yidis Medina no le dieron todo lo que ella asegura que el gobierno le prometió, pero sí una parte. Esas prebendas —burocráticas y contractuales— que recibió la dueña del voto definitivo, dejaron una huella imposible de borrar. También otros congresistas recibieron prebendas a cambio de su voto en la Comisión Primera de la Cámara.

Hasta ahora el gobierno no ha explicado por qué después del voto de Yidis, a favor de la reelección, un partidario de ella fue nombrado coordinador de la Clínica Primero de Mayo, la entidad del Seguro Social en Barrancabermeja. Hace unos meses, cuando Carlos Correa Mosquera, el hombre cuota de Yidis, fue removido del puesto, ella misma fue a reclamar su reenganche a la ESE Francisco de Paula Santander en Cúcuta, de la cual dependía la clínica de Barranca.

Además, otra recomendada de Yidis fue encargada de la Notaría Segunda de Barrancabermeja. El decreto de nombramiento, firmado por Sabas Pretelt y por el presidente Álvaro Uribe, pone al frente del despacho notarial a Sandra Patricia Domínguez Mujica en junio del año 2005. Allí estuvo hasta diciembre del mismo año. La entonces recomendada de Yidis es hoy jefe de control interno de Caprecom, cuya junta directiva preside el ministro de Protección, Diego Palacio.

En otra entidad vinculada al Ministerio de Protección Social, la Empresa Territorial para la Salud (Etesa), el principal asesor de Yidis Medina recibió un contrato, justo seis meses después del paso de la reelección en la primera de Cámara. La orden fue expedida a favor de César Augusto Guzmán Areiza por $31 500 000. Para que ustedes tengan una idea de la cercanía entre el señor Guzmán y Yidis, basta decir que fue él la persona que la acompañó a grabar el video en donde dejó su testimonio sobre la forma como fue "persuadida" para votar a favor de la reelección.

El gobierno, más empeñado en desviar la atención de la declaración de Yidis que en dar las explicaciones a las que está obligado, insiste una y otra vez en que ella declaró bajo juramento en la Procuraduría, el Consejo de Estado y la Corte Suprema que no había recibido ofertas, ni prebendas a cambio de su voto. Lo que no cuentan es que un miembro del gobierno nacional fue quien contactó a Yidis Medina con una abogada que orientó sus declaraciones para que sacara limpios a los altos funcionarios. La abogada es Clara María González Zabala, exregistradora Nacional del Estado Civil, persona muy cercana al hombre del "articulito", Fabio Echeverri, y activista a favor de la reelección presidencial. Durante toda la semana he buscado a la abogada González para preguntarle quién le pagó sus honorarios y si recibió alguna instrucción especial para asesorar a la hoy detenida, pero no ha sido posible hablar con ella.

Junto con Yidis y Teodolindo, otro congresista fue vital para la aprobación de la reelección. Se trata de Jaime Amín, quien entonces era el hombre de confianza de José Name en la Cámara. Pues bien, en los meses siguientes a la aprobación de la reforma, en abril 19 de 2005, la esposa de Jaime Amín, Claudia Margarita Betancourt Valle, fue nombrada notaria Sexta de Barranquilla, cargo en el que permanece. Como si faltaran pruebas de la "persuasión", el cuñado de Amín, y hermano de la hoy notaria, recibió tres días después un atractivo nombramiento en el exterior. El 22 de abril de 2005, Javier Ernesto Betancourt Valle presentó ante el gobierno de Estados Unidos su acreditación como cónsul de negocios generales de Colombia en Nueva York. Allá sigue.

No entiendo por qué ahora los uribistas odian a Yidis. No hay que olvidar que gracias al voto de ella y al de Jaime Amín, entre otros, tenemos cuatro años más de este gobierno que tanto ha luchado "contra la corrupción y la politiquería".

No se han dado cuenta

Mayo 10, 2008

La gente, a veces, desconoce detalles importantes. La prisa por subirse en la última información deja por fuera datos necesarios para hacer las sumas y las restas del caso. El asunto de la "yidis-política" ha entregado cuatro buenos ejemplos de esas minucias olvidadas que ayudan mucho a entender los temas.

El primero de ellos tiene que ver con la entrevista a un exsecretario de Hacienda de Barrancabermeja, ampliamente promocionada por el ministro de Protección, Diego Palacio, y por opinadores al servicio del gobierno. En esa entrevista, realizada en agosto 23 de 2007, Ricardo Sequeda acusa a Yidis Medina de participar en su secuestro y de haber dado la orden de asesinarlo en el año 2000.

Lo que olvidaron los medios que publicaron la entrevista fue contar que cuatro días antes, el 19 de agosto de 2007, Yidis Medina había entregado declaraciones públicas acusando al senador Luis Alberto Gil de tener nexos con paramilitares y de lucrarse con los dineros de la salud en Santander. La entrevista era una respuesta a esas acusaciones. El entrevistador, presentado por varios medios como "el periodista Álvaro Alférez", es también un militante de Convergencia Ciudadana, el partido del investigado senador Gil.

Para la época de la realización del reportaje, el entrevistador ya había hecho parte de la lista al Congreso de Convergencia Ciudadana. Hoy es representante a la Cámara por Santander en representación de ese grupo. Y eso, sin hablar de los antecedentes del entrevistado.

No es que Yidis sea un ejemplo de virtudes. De hecho, ella ha admitido sus delitos ante la Corte. Lo raro es que ahora que reveló cómo le compraron su voto a favor de la reelección, descubran que es tan mala, pero les parecía tan buena y era invitada a Palacio, cuando la necesitaban para "salvar la patria".

Sabas Pretelt, el ministro del Interior de la época, sostiene que el otorgamiento de la Notaría 67 de Bogotá nada tiene ver con la reelección, porque ocurrió año y medio después. Pero no hay explicación para dos detalles: ¿Por qué Luis Camilo O'Meara, el notario nombrado por Sabas, firmó un pagaré a favor de Teodolindo Avendaño antes de asumir la notaría? ¿Por qué José Andrés O'Meara, el hermano del notario, es ahora director político y electoral del Ministerio del Interior y de Justicia?

A propósito de Sabas, el actual embajador en Italia, hay otras preguntas que vale la pena hacerse. El jefe de prensa y comunicaciones de la embajada, el señor Néstor Pongutá, es también el corresponsal en Italia de *El Tiempo*, RCN Radio y el canal RCN. ¿Es admisible que el encargado de manejar la comunicación oficial —pagado por contrato con la Presidencia— sea al mismo tiempo quien informa a millones de colombianos sobre lo que sucede allá? ¿Tendrá la audiencia de esos importantes medios la posibilidad de conocer informaciones que no resulten favorables al embajador y al gobierno que representa?

Por último está el tema del representante a la Cámara Édgar Eulises Torres, encargado en la Comisión de Acusación de coordinar la investigación por el presunto cohecho en el que habría incurrido el presidente de la República en el caso de Yidis Medina.

La revista *Cambio* informa que "la Corte Suprema de Justicia adelanta una indagación preliminar en su contra por sus presuntos nexos con el narcotraficante Olmes Durán Ibarguen" y que, además, "fue el único congresista que acompañó a Uribe el 2 de mayo de 2007 a Washington para hacer *lobby* a favor del TLC".

Torres reconoce que es amigo del presidente Uribe. ¿Cuál puede ser la imparcialidad de este parlamentario amigo, miembro de comitiva y pasajero gratuito del avión presidencial para investigar al Jefe de Estado? Tal vez si televidentes, oyentes y lectores supieran estos detalles, sería más difícil que los implicados les metieran los dedos a la boca.

Meritocracia

Mayo 31, 2008

No es un chiste. Aunque parezca increíble, los funcionarios involucrados en la "yidispolítica" van a alegar que los puestos que la excongresista recibió por su voto a favor de la reelección no son el resultado de una operación de compra-venta. Según ellos, los recomendados de Yidis fueron nombrados por meritocracia.

Esta semana, por ejemplo, la exnotaria Sandra Patricia Domínguez Mujica estuvo en la Casa de Nariño preparando su defensa con otros implicados. Sandra Domínguez, antigua recomendada de Yidis y hoy aliada incondicional del gobierno, fue encargada de la Notaría Segunda de Barrancabermeja por decreto firmado en junio de 2005 por el presidente Álvaro Uribe y el entonces ministro del Interior, Sabas Pretelt.

Las notarías son un premio gordo, por eso usualmente los decretos vienen listos de Palacio y el ministro de turno solo cumple el requisito de firmarlos. Un procedimiento que seguramente ha recordado Sabas Pretelt en estos días de agitación.

Yidis Medina entregó a la Corte Suprema un pagaré y una letra de cambio en blanco, firmados por la notaria Sandra Domínguez. Con ellos la detenida excongresista quiere probar que la notaria Domínguez tenía claro a quién le debía el puesto y que existía un acuerdo corrupto entre ellas. Sandra Domínguez solo estuvo seis meses en el cargo. Salió de la notaría en medio de cuestionamientos porque aparentemente no consignaba a tiempo, ni completas, las retenciones en la fuente que efectuaba el despacho. Esta es una de las faltas más graves en las que pueda incurrir un notario, y a la larga puede tipificar el delito de peculado, que consiste en apropiarse de dineros públicos.

Pues bien, ahora la misma notaria recomendada de Yidis es la jefe de control interno de Caprecom, una entidad adscrita al Ministerio de Protección Social. Yidis Medina aseguró en su indagatoria que la nombraron allí porque amenazó con hacer público el escándalo. La ahora funcionaria de Caprecom presentó incluso una acción de tutela contra el presidente y el ministro del Interior. Tutela que perdió. Lo increíble es que este gobierno combativo, en lugar de hacerle frente a la exnotaria, haya decidido nombrarla en un bien remunerado cargo público.

Según el director de Caprecom, el nombramiento fue transparente. Él simplemente mandó la hoja de vida de Sandra Domínguez (nunca cuenta cómo la recibió), junto con otras más, al Departamento Administrativo de la Función Pública. Ese departamento, dependiente de la Presidencia de la República, determinó, luego de analizar los currículums y de efectuar "pruebas sicotécnicas de personalidad" y de "habilidades gerenciales", que la más calificada para controlar Caprecom era la polémica exnotaria, otrora ahijada política de Yidis.

Pero no es el único caso. Juan Bautista Hernández Díaz se presentó a un concurso de meritocracia para convertirse en el jefe del Sena en Barrancabermeja. Eso fue en abril de 2004, unos meses antes de la votación de la reelección, y quedó preseleccionado. Pasaron dos años sin que lo nombraran en el puesto. El nombramiento solo se produjo en marzo de 2006, cuando, según el director del Sena, se jubiló la persona que estaba en ese cargo. Según Yidis Medina, esto sucedió cuando desde Palacio empujaron el nombramiento y ella fue a presionar a la sede nacional del Sena, en la que incluso se quedó a dormir una noche.

¿Quién dirá la verdad? ¿Lo nombraron por meritocracia o por politiquería? La respuesta es compleja porque hay un documento que les da la razón a los dos. En ese papel, el hombre que estuvo a cargo del Centro Multisectorial del Sena en Barrancabermeja se compromete con Yidis Medina a "colaborarle" políticamente y a ubicarle en la entidad a personal "calificado y no calificado". Juan Bautista concluye de esta risible manera: "Lo anterior en reconocimiento de que gracias a su intervención, frente a la Dirección Nacional del Sena, fui escogido entre la terna seleccionada en el concurso de meritocracia".

Mentiras verdaderas

Junio 14, 2008

El gobierno está haciendo un gran trabajo para desviar la atención de los aspectos sustanciales de la "yidispolítica", pero su exitosa batalla de opinión puede terminar afectándolo judicialmente. Esta semana, logró que se perdiera de vista la compra-venta de votos parlamentarios para la aprobación de la reelección, las noticias se centraron en las llamadas de Yidis Medina al hijo del presidente.

Según el mandatario, esas comunicaciones prueban que la excongresista estaba "chantajeando" a su familia. De acuerdo con la versión oficial, en esas llamadas la exrepresentante le dijo al hijo del presidente que "necesitaba hablar con su papá, porque iba a pasar algo muy grave". El propio jefe de Estado reconoce que "ahí no hay ningún delito", pero afirma que por el contexto de lo que ahora está sucediendo, se puede concluir que se trataba de un chantaje.

Después de un largo rifirrafe de comunicados quedó claro que Yidis Medina mintió al negar que fuera suyo el teléfono móvil desde el cual fue llamado dos veces Tomás Uribe el 24 de julio del año pasado. La primera llamada duró ocho segundos y la segunda, menos de un minuto y medio. ¿Comprueba esto el chantaje? No por sí solo, pero la mentira de Yidis sobre el teléfono muestra su deseo de ocultar esas llamadas y golpea considerablemente su credibilidad.

Ahora bien, la existencia de un eventual chantaje no anula el cohecho. Cuando el gobierno asegura que venía siendo chantajeado por Yidis Medina y que no lo denunció, está aceptando que, frente a ella, estaba en una situación que lo volvía chantajeable.

Es difícil entender cómo un presidente capaz de llamar a un allegado suyo, en malos pasos, para gritarle "Estoy muy berraco con usted y si lo veo le voy a dar en la cara, marica", capaz de ordenar en un acto público la detención de un funcionario aparentemente corrupto, sin que mediara orden judicial, y capaz de denunciar penalmente al presidente de la Corte Suprema de Justicia, decida ahora, ante un chantaje a su propio hijo, simplemente recomendarle que no le pase más al teléfono a esa señora.

Según el comunicado número 134 de la Casa de Nariño, el presidente procedió con idéntica mansedumbre ante sus funcionarios: "Cuando supe que la señora Yidis Medina chantajeaba a compañeros de gobierno y también a mi familia, dije a unos y otros que no le pasaran al teléfono, que ella hiciera lo que quisiera porque el gobierno nada tenía que ocultar".

Lo más curioso del caso es que los funcionarios parecen haber ignorado la orden del jefe de Estado. El secretario general de la Presidencia, Bernardo Moreno, fue incluso más allá y la invitó al palacio presidencial el pasado 17 de febrero. Siete meses después de las llamadas al hijo del presidente, de las cuales estaba advertido, de acuerdo con los comunicados oficiales.

Según le dijo Bernardo Moreno a la Procuraduría, en esa reunión efectuada en la Casa de Nariño y ante una subalterna suya, le pidió a Yidis Medina que no publicara un libro sobre la reelección. El secretario general de la Presidencia aseguró: "Le manifesté que eso no sería bueno para el gobierno y, contrario a lo que la señora Yidis viene manifestando, me pidió delante de un testigo, quien es mi asistente, unos contratos en Ecopetrol para una empresa de unos amigos de ella a cambio de no publicar nada". La declaración es reveladora porque, a diferencia de las llamadas a Tomás, donde el presunto chantaje es una interpretación, en la petición de contratos por silencio se configura una clara extorsión.

Los funcionarios están obligados a denunciar inmediatamente cualquier conducta delictiva de la que tengan conocimiento. La omisión de denuncia de un funcionario, de acuerdo con el Código Penal, es más grave en unos delitos entre los cuales está la extorsión. Sin embargo, nada se puso en conocimiento de la justicia. La primera reacción del gobierno se produjo meses después, por un comunicado, y no por una denuncia penal, emitido dos días antes del destape de Yidis Medina.

El dilema del procurador

Junio 21, 2008

El señor ministro de Protección Social, Diego Palacio, tiene el legítimo derecho a defenderse de los señalamientos que pesan sobre él por el presunto cohecho cometido durante el trámite de la reforma constitucional que permitió la primera reelección del presidente Uribe. Lo que no puede hacer, sin infringir la ley, es usar recursos y funcionarios del Estado para enfrentar las investigaciones.

Como sujeto procesal, el ministro tampoco puede hacer públicas piezas reservadas del expediente para interferir las investigaciones y desprestigiar a la principal testigo en su contra. La ley señala que debe hacer valer su versión, únicamente dentro de los procesos.

Quien debe responder por los delitos y faltas es el ciudadano Diego Palacio y no el Ministerio de Protección Social. Por eso, es necesario que él asuma las gestiones de su defensa como persona natural, en lugar de cargarles esos costos a los contribuyentes. Además, en el terreno judicial y disciplinario, no es equitativo que el ministro utilice la preponderancia que le da su cargo para desviar la atención pública de lo sustancial a lo accesorio. Todo lo anterior no es solo un mandato legal, sino un elemental principio de delicadeza.

Sin embargo, desde cuando empezó el destape de la "yidispolítica", el ministro ha cruzado permanentemente la línea que debe separar su defensa personal de la misión constitucional del despacho a su cargo. Desde las dependencias del Ministerio de Protección Social se han enviado solicitudes para acopiar materiales que el doctor Palacio considera útiles para su defensa o para desacreditar los testimonios en su contra. Los requerimientos son enviados en papelería oficial, marcada con el escudo nacional y firmada por altos funcionarios del Ministerio. Cuando uno de los destinatarios preguntó cuál era la razón de la petición, ya que a primera vista no observaba que estuviera relacionada con la labor del Ministerio, la única respuesta fue el silencio.

Las irregularidades no paran en el aprovechamiento de su cargo. El ministro además se ha valido de su condición de sujeto procesal en una investigación disciplinaria para acceder a una declaración reservada y hacerla pública en los aspectos que, ese día, le resultaban convenientes. El pasado 12 de junio, en una conferencia de prensa citada en la Casa de Nariño, el ministro confesó que deliberadamente iba a violar la reserva del expediente: "Fui hoy a la Procuraduría General de la Nación a solicitar copia de la diligencia de versión libre de Yidis Medina…", dijo el funcionario, inmediatamente antes de divulgar, de manera parcial, el documento para demostrar que Medina mintió sobre la propiedad del teléfono celular usado para llamar al hijo del presidente. Se cuidó, eso sí, de mantener inéditas las partes de la declaración que lo perjudicaban.

Los ejemplos podrían seguir. En algún momento saldrá a la luz pública todo lo que han hecho instituciones como el DAS y el Inpec para favorecer a algunos implicados en el proceso y perjudicar a otros.

El Código Disciplinario le da facultades a la Procuraduría para suspender a un funcionario investigado, cuya permanencia en el cargo posibilite la interferencia en las investigaciones. Las pruebas están a la vista, pero el Ministerio Público no ha tomado, hasta ahora, ninguna acción al respecto. Es ahí donde surgen las suspicacias: ¿estará el procurador Maya debatiéndose entre el cumplimiento de las normas y su aspiración a una nueva reelección? Porque si suspende al ministro Palacio, probablemente no tendrá el apoyo de la bancada del gobierno, mayoritaria en el Congreso. Y si no lo suspende, es posible que lo elijan para un tercer período, pero quedará irremediablemente convertido en otro funcionario de bolsillo del gobierno.

Teodolinduras

Septiembre 20, 2008

Si estuvieran juzgando a Teodolindo Avendaño por mentiroso, lo tendrían que condenar a cadena perpetua. Los embustes del exrepresentante a la Cámara han sido tantos, tan variados y tan graciosos, que podrían ser el argumento de una buena comedia. Pasen y diviértanse.

Teodolindo tiene la costumbre de poner como testigos de sus actuaciones a personas que ya no pueden declarar. Por ejemplo, afirma que el fallecido congresista Roberto Camacho fue quien le presentó a Luis Camilo O'Meara, hoy notario 67, en un almuerzo en el Club de Ejecutivos de Bogotá. Aseguraba que ese había sido el único contacto que había tenido con el notario que le efectuó millonarias consignaciones.

Sin embargo, en un allanamiento a su casa de Caicedonia, la Corte Suprema encontró una libreta de apuntes de Teodolindo con la información completa de O'Meara. Ante lo cual el ingenioso excongresista reconoció un segundo encuentro. Explicó que habían coincidido en un aeropuerto y que el notario le había dado su dirección, su teléfono y se había puesto a sus órdenes. Todo podía resultar creíble, menos un detalle en las anotaciones, que no se le escapó a la interrogadora: "¿Y por qué anotó la cédula don Teodolindo?". "Bueno… No sé, me la dio él de todas maneras y mira esto y lo otro y esas cosas", intentó responder Avendaño, "me dijo a tus órdenes allá totalmente y todas esas cosas, doctora… ¿Sí? No sé por qué me dio la cédula y yo la anoté".

El registro de llamadas entrantes y salientes del celular de Teodolindo muestra numerosas comunicaciones suyas con el notario O'Meara, quien, dicho sea de paso, también ha hablado con el presidente de la República. En la libreta de notas de Teodolindo consta que sostuvo numerosas citas con el notario y con altos funcionarios del gobierno. Allí se pueden leer notas como "Palacio", "MinProtección Social", "Llamar Dr. Juan David", "Doctor Angarita contrato adicional Dra. Vania Constanza Castro Varona en Inco".

Sostiene Teodolindo que jamás buscó prebendas para su familia, y en especial para la esposa de su hijo. En efecto, la Corte encontró que Teodolindo Junior está casado con Alba Noemí Cobos y que esta no había tenido contratos con Invías o Inco, como sospechaban. No obstante, la investigación demostró que el hijo de Teodolindo no convive con su esposa sino con Vania Castro Barona, la misma persona que figura en las notas. Ella ha tenido contratos con el Inco y con el Ministerio de Protección Social.

Otro capítulo cómico en el expediente tiene que ver con el pagaré que firmaron el notario Luis Camilo O'Meara y Jorge Luis Escalante, en garantía del pago a Teodolindo por la Notaría 67. Escalante sostenía que le había firmado un pagaré en blanco a Yidis Medina, "en febrero, marzo o abril de 2005", y que ella lo había llenado con esos datos para perjudicar al gobierno y a Teodolindo. Lo revelador es que la compañía Legis, que imprimió el documento, certificó que en abril de 2005 el pagaré correspondiente a esa serie aún no había salido a la venta.

Para justificar su conveniente ausencia en la votación de la reelección, Teodolindo argumentó que había viajado a Cali para ayudar a un hijo suyo que manejando un carro prestado se había chocado con otro automóvil. También dijo que allí se había reunido con el conductor del carro al que su hijo estrelló y con el papá del afectado. No obstante, el hombre declaró que nunca ha visto a Avendaño y su padre tampoco, por la simple razón de que el señor murió 27 años antes del accidente.

La enumeración de teodolinduras podría seguir. En este proceso no hace falta la confesión. Hay abundantes documentos para probar las mentiras de Teodolindo, su relación de esa época con el alto gobierno y el millonario pago, en efectivo, que recibió por su ausencia en la votación de la reelección.

Sin menospreciar la capacidad del vicefiscal, en este caso le va a costar más trabajo ignorar las pruebas que están a la vista de todos.

La nuera que sí era

Abril 4, 2009

El desplome de otra mentira de Teodolindo Avendaño podría ser la prueba decisiva sobre el papel del ministro de Protección en la aprobación de la primera reelección. El excongresista sostuvo por largo tiempo que jamás buscó prebendas del Estado para su familia, y especialmente para la esposa de su hijo Teodolindo, como contraprestación por su ausencia en aquella votación definitiva.

Las pesquisas iniciales parecían darle la razón. Ni su hijo Gilberto, ni Teodolindo Junior, ni la esposa de este último, Alba Noemí Cobos, han tenido puestos o contratos con el Estado. El resultado de la verificación sorprendió a los investigadores porque casi nunca han podido coger a Teodolindo en una verdad.

Sin embargo, la pesquisa los llevó a una información reveladora. Para la época de los hechos, Teodolindo, el mayor de los hijos del congresista acusado, ya había roto su relación con su primera esposa, Alba Noemí. Su nueva compañera era la abogada Vania Constanza Castro Varona. Ese nombre aparecía escrito por Teodolindo padre en su libreta de apuntes del año 2006 bajo una curiosa anotación: "Dr. Angarita. Contrato Adicional Dra. Vania Constanza Castro Varona en Inco".

La Corte Suprema encontró que cuatro meses después de la providencial ausencia de su suegro en la votación, la doctora Vania empezó a recibir contratos del Ministerio de Protección Social.

Hace apenas unos días, ante la Corte Suprema, la nuera que sí era reconoció que obtuvo esos contratos —el último de los cuales terminó el martes de la semana pasada—, sin hacer gestión alguna. Vania Castro contó que en octubre del año 2004 recibió una sorpresiva llamada telefónica. Al otro lado de la línea estaba el doctor Carlos Arturo Gómez Agudelo, un alto funcionario del Ministerio de Protección Social. Él es el coordinador del grupo que maneja el pasivo de Puertos de Colombia. Llamaba a la nuera de Teodolindo para proponerle que se convirtiera en representante jurídica de la nación en decenas de pleitos laborales relacionados con Colpuertos.

Vania narró ante los magistrados: "El doctor Carlos Arturo Gómez me llama, porque quien le da el dato de nuestra oficina es mi suegro. Me comentó en ese momento: 'Mire, yo soy amigo del representante Teodolindo Avendaño, y me dijo que necesitaba una abogada en Cali y me preguntó que si a ustedes les interesa el contrato'".

Ante la declaración, el abogado Gómez —paisano del ministro Diego Palacio y antiguo director seccional del DAS en Quindío, Caldas, Sucre, La Guajira y el Magdalena Medio— habló en varias emisoras para entregar su versión sobre los contratos. Explicó que por casualidad se había encontrado con Teodolindo padre en un aeropuerto y que también casualmente le contó que estaba buscando un abogado en Cali. Teodolindo recordó que su nuera era abogada y la recomendó. "No hay impedimento legal y la doctora cuenta con todos los requisitos", pensó Gómez al contratar a Vania para manejar entre setenta y ochenta procesos de Colpuertos.

Por casualidad también, el ministro Diego Palacio se encerró con Teodolindo Avendaño el 2 de junio de 2004, en vísperas de la votación de la reelección. Palacio asegura que, justo en esa fecha, se le ocurrió ir a visitar al pequeño político de Caicedonia para hablar de la situación hospitalaria de su región. Les debieron quedar algunos temas pendientes, porque los investigadores tienen registros de llamadas de Teodolindo al despacho ministerial los días 7, 14 y 16 de julio de 2004. También debe ser casual que César Guzmán, el asesor de Yidis Medina, recibiera contratos en Etesa, una empresa del Ministerio de Protección, y que Sandra Patricia Domínguez, la primera notaria de Yidis en Barrancabermeja, sea hoy la jefe de control interno de Caprecom, otra entidad adscrita a ese ministerio.

Parece que fue ayer

Agosto 22, 2009

A Yidis y a Teodolindo también les decían que no iban a tener problemas. Gracias a ellos, modestos suplentes, la reforma que permitió la primera reelección presidencial fue aprobada en la Comisión Primera de la Cámara, la única instancia en la que el "articulito" estuvo realmente en riesgo.

Ese último fin de semana de mayo de 2004, unos días antes de la crucial decisión, Yidis Medina aseguró en una declaración que seguía indecisa sobre la reelección y pendiente de "concertar con el gobierno planes para el desarrollo de Barrancabermeja y la zona del Magdalena Medio".

Teodolindo Avendaño, de quien casi nadie había oído más allá de Caicedonia, estaba en lo mismo. El único periodista que se molestó en ir a buscarlo ese domingo, recibió una sonriente respuesta del ocasional parlamentario. Definiéndose indeciso frente a un nuevo período presidencial, declaró: "Vamos a ver lo que pasa la semana entrante en la Comisión Primera de la Cámara".

De esos dos ilustres desconocidos dependía, en ese momento, el futuro del hombre más poderoso de Colombia. Unas semanas antes de lo que parecía un golpe de buena suerte, eran un par de "don nadies" que calentaban sofás en las antesalas de funcionarios de tercer orden implorando un favorcito, llevando la hojita de vida, pidiendo la "citica" para el alcalde. Súbitamente ellos, ninguneados caciques de media petaca, se habían convertido en el eje de la política nacional. Eran invitados frecuentes a la Casa de Nariño, se sentaban en mesas exquisitamente servidas, hablaban con el presidente de la República. Ya no hacían antesala, por el contrario, los ministros del despacho les pedían cita.

"Cómo está de linda, doctora". "Hacía rato no oía algo tan inteligente, doctor". "Una ambulancia no más, eso no tiene problema". "Mire que eso es hacer patria, hijita". "Los compromisos serán cumplidos". Esos compromisos eran puestos, contratos de obras públicas y notarías. Por unos buenos días, en los corredores del Capitolio ellos fueron el paradigma de la gestión parlamentaria. Sus logros burocráticos y presupuestales eran la comidilla de todas las conversaciones. Quizás el único cuarto de hora comparable lo había tenido un lagarto de Córdoba a quien el azar había convertido en investigador de un presidente emproblemado.

Sin embargo, el éxito es casi siempre desmemoriado. Pocos recuerdan en la cumbre a quien entregó esos cinco centavos que hicieron el peso. El olvido es más fuerte aun cuando existe un pasado pecaminoso. Los imprescindibles aliados de unos meses atrás empezaron a convertirse en presencia incómoda en los escenarios del poder. "Qué pena, doctora, que si lo llama más tardecito, que está muy ocupado". "Hubiera llegado cinco minutos antes lo habría encontrado". "Poco a poco, sin afanes". "Tal vez el mes entrante".

De plazo en plazo, y de excusa en excusa —ya en los últimos pagos de esas conciencias compradas a crédito— se vino a descubrir cómo había sido el negocio. El beneficiario quedó reelegido, los compradores gozando de las mieles del poder y los comprados en la cárcel.

En los círculos palaciegos a nadie le preocupa ya la suerte de Teodolindo, que pasará ocho años preso pagando el intercambio de favores. A Yidis sí la tienen en cuenta, pero para mal. Hacen todo lo posible por cobrarle el atrevimiento de haber contado lo que pasó. La "doctora querida", la "hijita que hacía patria", hoy es presentada como la mayor criminal de la historia.

Mientras tanto, otra vez en vísperas de una votación definitiva, se repite la estrategia. Los nombres son otros, pero los métodos son iguales. Los hoy halagados por el poder mañana serán desechados, olvidados y abandonados a su suerte. Sobre ellos caerán las culpas, el triunfo será de otros.

Las mentiritas de Sabas

Septiembre 11, 2010

El aún embajador Sabas Pretelt de la Vega está haciéndose más daño que bien con su defensa. De las buenas maneras que lo han caracterizado queda poco. Esta semana, en su lugar, oímos a un hombre déspota y grosero descalificando a los periodistas que lo entrevistaban. Haciéndose el que no oía para evadir las preguntas sobre la decisión de la fiscalía que confirmó su llamamiento a juicio por cohecho, mientras repetía inexactitudes sobre su caso.

La entrevista con la W Radio fue una larga colección de mentiras del doctor Pretelt. La primera y más grande fue autocalificarse como víctima en un proceso en el que le han sobrado las garantías, incluso para dilatar la actuación de la justicia. Él y sus abogados se han empeñado en reclamar su fuero ministerial y el consecuente derecho a ser investigado por el fiscal general, pero omiten la explicación completa de su situación.

El caso de Pretelt pasó al despacho del vicefiscal porque el anterior fiscal general, Mario Iguarán, estaba impedido por haber sido subalterno suyo como viceministro de justicia. Ese vicefiscal era Guillermo Mendoza, hoy fiscal encargado. El exministro alega que como el fiscal es el mismo Mendoza, y no tiene el impedimento de su antecesor, debe asumir el caso como fiscal general. Olvida mencionar que la ley prevé de manera explícita lo que debe hacerse en una circunstancia como la suya. El Código de Procedimiento Penal establece que "en ningún caso se recuperará la competencia por desaparición de la causal de impedimento". La norma tiene su explicación. Si se aplicara de otra manera, el proceso pasaría de un despacho a otro, favoreciendo la impunidad por vencimiento de términos, por eso prohíbe que la competencia vuelva al despacho inicial con un contundente "en ningún caso".

En medio de su desesperada defensa, el doctor Pretelt no solo incurre en imprecisiones jurídicas sino en distorsiones de los hechos. Por ejemplo, ha asegurado que nada tuvo que ver Yidis Medina con el nombramiento de Sandra Domínguez como notaria Segunda de Barrancabermeja. El exministro asegura que él no estuvo al frente del proceso de nombramiento de la señora Domínguez y que fue un amigo de la futura notaria quien radicó la hoja de vida en la Supernotariado. Tristemente para él, la fiscalía estableció que, para ese momento, Sandra Domínguez no tenía ningún conducto de acceso al gobierno y al ministro, diferente a la congresista.

Por lo demás, existe un pagaré en blanco firmado por Sandra Domínguez y entregado por Yidis Medina a la justicia. La pregunta es: ¿si no le debiera su nombramiento a Yidis, por qué la señora Domínguez firmó y entregó semejante documento? El silencio de la exnotaria Domínguez se valorizó tanto que después de salir del despacho, en medio de graves cuestionamientos, fue nombrada Jefe de Control Interno de Caprecom, entidad dependiente del Ministerio de Protección Social. La sucesora de Domínguez fue María Lucelly Valencia. Según el embajador Pretelt, en ese nombramiento tampoco influyeron ni la aprobación de la reelección, ni Yidis Medina. Sin embargo, en el expediente aparece un documento llamado "Compromiso entre las partes", en el que la notaria se obliga a "colaborarle políticamente a la doctora Yidis Medina con la ubicación de personal calificado y no calificado en la Notaría Segunda de Barrancabermeja". Concluye la notaria elocuentemente: "Lo anterior en reconocimiento a que gracias a su intervención frente al Gobierno Nacional, fui nombrada notaria segunda de Barrancabermeja". En el expediente también hay pruebas de la participación de Sabas Pretelt en el nombramiento de Luis Camilo O'Meara en la Notaría 67 de Bogotá, la misma notaría vendida por Teodolindo Avendaño.

El exministro sostiene que él es solo un chivo expiatorio, pero no ha aclarado de cuáles culpas ajenas.

Instantáneas

Enero 22, 2011

Pocos días después de que se conociera la confesión de Yidis Medina, apareció un curioso personaje. Se trata de un fotógrafo de Barrancabermeja llamado Jesús Antonio Villamizar.

Vestido de amarillo pollito y con una cámara al cuello, Villamizar atendió en Bucaramanga a los corresponsales de los medios nacionales y a la prensa local. Aseguró ante los micrófonos que la excongresista —ya en ese momento detenida y clasificada como enemiga del gobierno de la época—, lo había amenazado de muerte. Sostenía Villamizar que ella no lo había hecho directamente, sino por interpuesta persona, para impedir que él entregara fotografías que había tomado en las que supuestamente Yidis Medina estaba acompañada por guerrilleros.

Villamizar no tenía las fotos que podían probar su versión. Solamente la historia. Aseguraba que había destruido las tres únicas imágenes, por un terrible temor. Sin embargo, logró superar ese temor para denunciar públicamente las amenazas. También aseguró que la detenida Yidis estaba buscando con desesperación imágenes del entonces mandatario con paramilitares, que según él tampoco existían, pero que de existir seguramente estarían en el archivo del inquieto reportero gráfico barranqueño.

A casi nadie le pareció curioso que fuera el DAS regional el que estuviera citando a la prensa para que oyera las declaraciones de un particular. Una función que no le correspondía y que se veía mal porque el DAS —que depende del presidente de la República— era la entidad que invitaba a difundir afirmaciones para desacreditar a la testigo en un proceso contra el mismo presidente.

Para despejar la inquietud, ese mayo de 2008 le pedí una declaración a María del Pilar Hurtado a través de la oficina de prensa del DAS. Unas horas después me comunicaron que la directora no hablaría en cámara, pero su vocero me autorizó la publicación de un párrafo, teóricamente elaborado por ella, en el que intentaba explicar el papel del departamento en la difusión de las declaraciones del fotógrafo: "El DAS llamó a los medios de comunicación por petición del señor Jesús Antonio Villamizar porque, como organismo de seguridad del Estado, está en la obligación de dar a conocer al país denuncias tan graves que lo único que buscaban era enlodar la honra y el buen nombre del señor presidente de la República (sic)". El galimatías no explicaba nada y, en mi modesta opinión, estaba por debajo de las capacidades de redacción de la abogada Hurtado. El tema se habría quedado ahí si no fuera porque la última vez que pude ver a la exdirectora del DAS, ella me aseguró que el fotógrafo de marras había recibido pago con cargo a gastos reservados. El señor Jesús Antonio Villamizar, a quien tuve oportunidad de ver hace unos meses, me dijo que nunca recibió dinero y de paso me ofreció su concurso para conseguir unas fotos interesantes, gentil ofrecimiento que decliné.

Estaba ya por olvidarme del señor Villamizar y de sus pruebas fotográficas que jamás aparecen, cuando resurgió la semana pasada durante una conversación que sostuve con un interno en la cárcel de Palogordo, en Santander. Orlando Moncada Zapata, alias "Tasmania", asegura que Jesús Antonio Villamizar estuvo en la cárcel de Itagüí por recomendación de alias "Julián Bolívar". Allí, según Tasmania, el fotógrafo se reunió con Juan Carlos Sierra, alias "el Tuso", y recibió instrucciones para desacreditar a Yidis Medina y así debilitar su testimonio. También asegura Tasmania que desde Itagüí se han orquestado varios montajes, como el que él mismo protagonizó contra la Corte Suprema de Justicia. Esa cárcel, según él, es una especie de fábrica nacional de montajes.

El mundo es un pañuelo. Hace unos días, Julián Bolívar salió de la penitenciaría para declarar que Yidis Medina en el pasado le había pedido ayuda no a la guerrilla, como decían antes, sino a los paramilitares. Mientras tanto, políticos del Magdalena Medio la emprendían en testimonios contra el magistrado investigador de la parapolítica, víctima del montaje en el que usaron a Tasmania.

"El Tuerto", Ramón y Yidis

Febrero 19, 2011

Decenas de veces he hablado con el abogado Ramón Ballesteros. Durante años sostuvimos una relación de periodista y fuente. Lo conocí cuando él era miembro de la Dirección Nacional Liberal y me pareció una persona amable y ponderada en sus opiniones. Un tiempo después lo volví a encontrar, cuando asumió la defensa de Yidis Medina.

Hasta ese momento, la excongresista y el abogado no tenían mayores contactos. Ella nunca lo mencionó. Ni en el año 2004 cuando grabó su confesión frente a un camarógrafo y dos reporteros de *Noticias Uno*, ni en 2008 cuando rompió el pacto de sigilo que había impuesto y se abrió paso la publicación de la entrevista. Claro, los dos son de Santander. Sin embargo, mientras Ballesteros era liberal de línea serpista, Yidis fue conservadora uribista hasta el día que se hizo público que había vendido su voto para reformar la Constitución y permitir la reelección de Álvaro Uribe.

Nueve meses antes, el 19 de agosto de 2007, Yidis Medina denunció públicamente que el entonces senador Luis Alberto Gil, conocido como "el Tuerto", tenía fuertes vínculos con paramilitares del Magdalena Medio. En declaración ella aseguró que Gil, presidente del partido Convergencia Ciudadana, operaba políticamente de la mano de las llamadas autodefensas y que, gracias a ese apoyo, personajes como "Jorge 40" y "la Gata" hacían sentir su influencia en Santander.

Gil guardó silencio ante las acusaciones. Argumentó que estaba enfermo y no tenía fuerzas ni ánimos para salir a controvertir las afirmaciones de la excongresista. Sin embargo, apenas cuatro días después, llegó el contragolpe. Un hombre de Gil llamado Álvaro Alférez fue el encargado de cobrar la afrenta. En un programa local de televisión conducido por Alférez —que luego se convirtió en congresista por las listas de Gil— tuvo lugar el desquite.

A propósito de nada, el presentador y militante de Convergencia Ciudadana invitó al exsecretario de Hacienda de Barrancabermeja Ricardo Sequea, quien sugirió que Yidis Medina había ordenado su secuestro y ejecución en diciembre del año 2000.

Las cuentas televisivas entre Yidis y "el Tuerto" quedaron empatadas, pero no las judiciales. La Corte empezó la investigación por parapolítica contra Luis Alberto Gil, pero no hubo denuncia penal contra Yidis por secuestro. La insinuación de Sequea solo se convirtió en afirmación y denuncia nueve meses después, cuando se hizo pública la venta del voto de Yidis a favor de la reelección.

Luis Alberto Gil y Yidis Medina han sido, pues, enemigos irreconciliables; por eso causó perplejidad la noticia, hace dos años, de que Ramón Ballesteros, abogado de Yidis, se encargaría de la defensa de Gil. El desconcierto también fue grande en Santander y las directivas de *Vanguardia Liberal* decidieron suspender una columna que Ballesteros escribía para el diario. En la primera oportunidad que tuve, le pregunté a Ramón si no le parecía incompatible ser apoderado de esos dos clientes. Me respondió que todo el mundo tenía derecho a la defensa.

Traigo a colación estos recuerdos a propósito de la detención del abogado Ballesteros, grabado mientras le ofrecía un soborno a un testigo para que declarara a favor de Luis Alberto Gil y en contra del magistrado investigador de la parapolítica Iván Velásquez. La contundencia del video y la confesión del abogado no dejan lugar a dudas. Humanamente me estremeció ver el momento de la captura, pero la evidencia no permite discusiones. Lo que me parece increíble es que ahora —con el propósito imposible de borrar la compra de la reelección, ya probada judicialmente— algunos quieran extender a Yidis Medina la culpa de una maniobra que solo beneficiaba a su archienemigo.

El detallito

Enero 7, 2012

La yidispolítica, que lleva años esperando alguna decisión judicial en los casos de los exministros Sabas Pretelt y Diego Palacio, tuvo la semana pasada un desarrollo inesperado. Bernardo Moreno, el exsecretario general de la Presidencia, detenido dentro del proceso por las "chuzadas", deberá responder por la compra de un congresista que en 2004 votó en contra de la reelección de Uribe.

La historia tiene más elementos cómicos que trágicos. Tony Jozame, un pequeño político de Caldas, formado en la escuela clientelista de Víctor Renán Barco, era por aquella época presidente de la Comisión Primera de la Cámara de Representantes. La misma célula legislativa en la que alcanzaron la fama Yidis Medina y Teodolindo Avendaño. Allí se daba el definitivo paso inicial para cambiar la Constitución —como quería el gobierno— para que el presidente y sus amigos se quedaran cuatro años más en el poder.

Aunque Jozame era claramente uribista, unas semanas antes empezó a decir, por ahí, que el proyecto no lo convencía. Primero fue en los pasillos, después en emisoras chiquitas, como para que solo se enterara alguien con gran oído. Un buen día, su anunciada oposición apareció en letras de molde en los periódicos de Bogotá. La ingenuidad, que es siempre una linda virtud, llevó a varios a pensar que el politicastro caldense se estaba convirtiendo en estadista. Claro, sostenían algunos, le preocupa el equilibrio institucional. Cómo no, argumentaban otros, él no quiere conferirle tanto poder a un solo hombre. Otros más escépticos pensaron que a Jozame no le habían dado aún lo que quería.

Cuando llegó el día definitivo —el mismo día en que Yidis Medina cambió su negativa por el apoyo a Uribe y Teodolindo se ausentó después de haber anunciado que votaría en contra—, Jozame tuvo dos actitudes que parecían contradictorias. Por un lado, con la ayuda de funcionarios públicos evitó el trámite de una recusación fundada contra Yidis, lo que le permitió a ella votar y al entonces jefe de Estado conformar la ansiada mayoría. Al mismo tiempo, Tony Jozame votó en contra de la iniciativa que por lo demás ya no necesitaba su apoyo para seguir el trámite en el Congreso.

El cuarto de hora de Jozame pasó y no fueron pocos los que creyeron que había sido una especie de "Rodrigo Rivera" del proceso, cuando ese nombre significaba otras cosas. Los flashes de los fotógrafos pararon, el periodo de Tony en la presidencia de la comisión terminó, pidió una licencia para dejar a su suplente sesionando y desapareció sin mucha pena ni gloria. Su lugar lo ocupó Leonardo Antonio Arboleda Patiño, un sencillo exalcalde de Viterbo y miembro ayudado de UTL, una de esas personas que en Bogotá definen con el nombre de un saurio. Cuando nadie lo esperaba, un milagro sucedió. El apacible Leonardo se rebeló, decidió contradecir abiertamente la posición de su jefe político Tony Jozame y votar afirmativamente la reelección.

El prodigio no acabó ahí. El gobierno, que solía odiar con todas las fuerzas a los que habían osado oponerse a la reelección presidencial, terminó premiando al antes rebelde Tony Jozame. Cuando terminó su periodo legislativo, fue designado viceministro de Vivienda y Desarrollo Territorial por el entonces ministro de Ambiente Juan Lozano. La generosa mano del ejecutivo no lo desamparó tampoco cuando salió del viceministerio. Tony Jozame fue nombrado, poco después, embajador en Brasil.

Las malas lenguas empezaron a sospechar cuando en el listado entregado por el exsuperintendente Cuello Baute apareció Jozame como uno de los beneficiados con las notarías de la reelección.

Ahora se viene a saber que Bernardo Moreno ordenó que un ahijado de Tony Jozame fuera nombrado director de la ESAP en Caldas. Quien debía hacer el nombramiento no cumplió la orden y en consecuencia le pidieron la renuncia. Todo aparentemente para pagarle su papel y el voto de su suplente.

Un detalle minúsculo en medio del festín burocrático y de contratos con el que pagaron la permanencia del gobierno. Sin embargo, ese pequeño descuido puede abrirle el camino a la justicia, que hasta ahora ha sido severa con los sobornados, pero lenta y perezosa con los sobornadores.

De dudosa ortografía

Septiembre 8, 2012

La sentencia de Yidis Medina a 32 años de prisión por secuestro es una afrenta simultánea al derecho y al castellano. El escrito de condena es un texto incoherente que deja ver la animadversión por la procesada y la terrible ortografía del juez. Las 83 páginas de la decisión están plagadas de errores como "agrozo modo", cuando quiere decir *grosso modo*, y "espedida", en remplazo de expedida. Sin embargo, el texto chapucero es lo de menos. Lo realmente grave es que todo indica que el juez de dudosa ortografía es un ahijado político de uno de los que se fue a la cárcel por el testimonio de Yidis.

Se llama Jairo Enrique Serrano Acevedo y antes de ser juez había sido registrador municipal de Barrancabermeja. A ese cargo llegó como cuota política de Iván Díaz Mateus. Díaz fue condenado a seis años de cárcel por la Corte Suprema de Justicia por el delito de concusión. Gracias al testimonio de Yidis Medina, la justicia en decisión inapelable probó la participación de Díaz Mateus en la compraventa de votos parlamentarios para aprobar la reelección de Álvaro Uribe.

Díaz Mateus es sobrino de Néstor Díaz Saavedra, quien llegó a director de la DIAN justamente bajo el gobierno Uribe. También es el esposo de la representante a la Cámara Lina María Barrera, elegida con los votos de su marido cuando estaba preso. Y digo "estaba" porque hace rato salió en libertad gracias a una rebaja de la sentencia por horas de trabajo social acumuladas. Su ahijado, Jairo Serrano, el juez que condenó a Yidis Medina, no tiene un récord muy destacado en los concursos oficiales. En los archivos consta que Serrano fracasó por bajo puntaje en las pruebas para ser juez administrativo de Bucaramanga y en el concurso de méritos para notarios. Como juez penal tampoco parece muy competente.

El secuestro por el que condenó a Yidis sucedió el 21 de diciembre del año 2000 y duró menos de 24 horas. Un grupo de guerrilleros del ELN privó injustamente de su libertad a la propia Yidis Medina, a Ricardo Sequea Cristancho, a Luis Francisco Guarín y a Juan Carlos Carvajal Torres. De todos ellos, solo hay prueba fehaciente de que Juan Carlos Carvajal presentó la denuncia en la misma fecha del fugaz secuestro. Tres años más tarde, en septiembre de 2003, la justicia decidió suspender la actuación por no haber podido identificar a los autores del plagio. Con el paso del tiempo, todas las víctimas se habían olvidado judicialmente del tema, pero este revivió al instante cuando Yidis Medina declaró públicamente que el senador Luis Alberto Gil tenía vínculos con los paramilitares del Magdalena Medio.

Esa declaración de Yidis fue conocida el 19 de agosto de 2007. Cuatro días después estalló la bomba en un programa de la televisión local de Bucaramanga conducido por Álvaro Alférez: Ricardo Sequea fue invitado para sugerir que detrás del olvidado y efímero secuestro estaba Yidis Medina. El 4 de septiembre de 2007, Sequea pidió reabrir el proceso y —cosas curiosas que pasan en Colombia— el archivado expediente empezó a andar a toda máquina justo nueve meses después, en abril de 2008, cuando publiqué la grabación en la que Yidis Medina cuenta cómo le compraron su voto a favor de la reelección.

Hace unos días, *Noticias Uno* encontró otro video revelador. Uno de los supuestos secuestrados por Yidis, el político Luis Francisco Guarín, también del grupo de Gil, aparece bailando animadamente con su secuestradora en 2004, es decir, cuatro años después del plagio. O es una manifestación de un síndrome de Estocolmo, que en un momento baila y en otro denuncia, o es una prueba más de que este caso es un montaje.

Yidis no es una santa, de hecho vendió su voto para reelegir a Uribe, pero no creo que sea una secuestradora.

Conversaciones privadas en oídos de otros

La primera vez que tuve certeza de las chuzadas fue en diciembre del año 2004. Un fiscal, que antes de serlo había sido agente del cuerpo técnico de investigaciones del Proceso 8 000 y por esa época había conocido como fuente, me llamó y me pidió que fuera a su despacho inmediatamente y sin guardaespaldas, dijo que era un asunto de extrema confidencialidad.

Una vez en su despacho, me contó que en el curso de una investigación —que nada tenía que ver con interceptaciones— se había encontrado con una evidencia que indicaba que había varias personas a las cuales les habían interceptado sus comunicaciones y que yo estaba en la lista. Me dejó oír tres grabaciones: dos eran charlas mías con María Cristina, mi esposa, y la tercera con Telésforo Pedraza, representante de la Cámara y miembro de la Comisión Primera. Las conversaciones con María Cristina eran sobre asuntos muy domésticos, nada importante: yo iba de camino y ella me pedía que comprara algo que faltaba en la casa, o temas de forma del noticiero, nada realmente periodístico. La otra era de unos seis meses antes, en junio de ese año, durante la votación de la reforma constitucional que aprobaba la reelección, y el tema eran los votos a favor y en contra en la Comisión Primera, la misma donde empezó la historia de la yidispolítica.

Yo tenía ya una trayectoria larga de desencuentros con el entonces presidente de la República, Álvaro Uribe Vélez, y lo primero que hice cuando volví a mi oficina fue escribir un derecho de petición que decía: "Señor presidente, he sabido por fuentes que me merecen credibilidad —no mencioné las grabaciones— que mis líneas telefónicas, es decir las de mi trabajo y posiblemente las de mi familia, están siendo interceptadas. Quiero saber si usted dio la orden de hacerlo y qué organismos de seguridad están haciendo esas grabaciones".

La respuesta vino inicialmente por una llamada telefónica del secretario general de la Presidencia, Bernardo Moreno, en la que me dijo que "el Presidente de la República no ha dado ninguna orden de interceptar sus comunicaciones, usted puede estar seguro de eso. Y queremos decirle que, si usted quiere, podemos hacer una verificación del estado de sus comunicaciones para garantizar que no hay interceptación. Usted puede escoger quién lo hace, si el Ejército, el DAS o la Policía". Yo escogí a la Policía.

Días después, algunas personas de Inteligencia Técnica de la Policía me visitaron en mi casa y oficina. En cada lugar tomaron mediciones electrónicas de las líneas, estudiaron mi celular y concluyeron que no había nada intervenido. Así pasó el asunto hasta que, años más tarde, en 2007, *Semana* publicó una lista de personas con las comunicaciones interceptadas. En esa lista estaba mi nombre.

En el curso del escándalo ocurrieron varias situaciones reveladoras. Entre estas, una conferencia de prensa que dio el presidente en la Casa de Nariño. Durante esa época yo vivía en California y vi la transmisión por internet. En ese momento me di cuenta de que el presidente reconocía las interceptaciones cuando aseguraba que algunas conversaciones sobre el TLC que habían sostenido el entonces senador Gustavo Petro y Piedad Córdoba con representantes demócratas del Congreso de los Estados Unidos y miembros del Sindicato de Trabajadores de Acero solo podían hacerle daño a Colombia y a sus posibilidades comerciales. Entonces, Félix de Bedout y Darío Fernando Patiño le preguntaron, cada uno a su manera, que por qué él sabía lo que esta gente hablaba en privado.

A lo que él contestó: "Mire, pregúntele al director del DAS. Aquí le hacen es inteligencia al gobierno. La oposición exhibe unos documentos oficiales a los cuales no tiene alcance [...]. Lo que pasa es que esas personas proceden muy evidentemente, no se cuidan tanto como creen cuidarse y además facilitan inferencias".

Poco después empezarían las investigaciones judiciales sobre todos estos temas. A mi manera de ver, estas investigaciones aparecieron más con la intención de cerrarlas con prontitud que de averiguar la verdad. Sin embargo, en medio de todo ocurrió un hecho bastante importante.

Una alta funcionaria del DAS, Martha Leal, directora de Operaciones de Inteligencia, declaró ante la justicia que varias personas estaban siendo seguidas de manera ilegal y con cargo a gastos reservados del DAS. Entre esas personas nombró a varios magistrados de la Corte Suprema de Justicia, al magistrado investigador de la parapolítica Iván Velásquez, a Piedad Córdoba, a Gustavo Petro y a mí. Cuando empezó a desenrollarse este ovillo, el capitán Fernando Tavares, director de Inteligencia, reveló la existencia de una reunión en el Metropolitan Club, de Bogotá, a la que habían asistido Bernardo Moreno, secretario general de la Presidencia; María del Pilar Hurtado, jefe del DAS, y él. En ese desayuno, Bernardo Moreno le había dicho a María del Pilar Hurtado que los objetivos prioritarios del Presidente de la República eran la Corte Suprema de Justicia, la senadora Piedad Córdoba, el senador Gustavo Petro y el periodista Daniel Coronell.

Desde cuando se inició el proceso decidí no declararme víctima para poder seguir investigando periodísticamente, entre otras cosas porque creo que así tengo más libertad para dar a conocer detalles, como en efecto lo he venido haciendo hasta ahora. Algunos han tenido que ver con los demás involucrados y otros directamente conmigo. Uno de esos detalles fue la orden de interceptación de teléfonos de un funcionario de la Procuraduría. Cuando revisé los documentos del DAS, descubrí que a un funcionario equis de la Procuraduría le interceptaron una serie de teléfonos, y entre esos estaba mi celular. Poco después, también un funcionario del DAS, Fabio Duarte Traslaviña, contó que dos agentes de la institución me habían seguido a mí y a mi esposa reiteradamente, buscando establecer cuáles eran mis fuentes de información, por un lado, y, por el otro, encontrar material para desprestigiarme. Así de claro.

Ese señor, Fabio Duarte Traslaviña, era coordinador de Operaciones de Inteligencia, o sea, era el eslabón entre los agentes que ejecutaban las órdenes y el mando operacional del DAS. Él señaló, por ejemplo, que los gastos reservados habían sido aprobados por Jaime Andrés Polanco, quien llegó a ser subdirector del DAS. De igual forma dijo que habían contratado a un fotógrafo para que desprestigiara a Yidis Medina, y que le habían pagado con cargo a gastos reservados. Todo esto encajaba con informaciones que había recibido por otras fuentes, que aseguraban que dos detectives del DAS, David Marín y Andrés Sánchez, nos habían seguido a María Cristina y a mí. También me enteré de que hubo seguimientos a la familia de María Cristina y a la mía, así como rastreos financieros para determinar el origen de nuestras cuentas.

Esas fueron las chuzadas desde mi punto de vista. Y estos episodios se cruzaron de manera importante con el caso "Job" —la entrada a la Casa de Nariño de este narcotraficante y paramilitar— y lo que ellos venían haciendo como operación de desprestigio a la Corte. Se cruzó también con el caso de "Tasmania", y terminó cruzándose también con la yidispolítica, porque esta persecución se activó, más o menos, en la época en la que se estaba decidiendo la votación de la reelección presidencial y se hizo más intensa luego del 2008, cuando publiqué el testimonio de Yidis Medina en el que contaba cómo le cobraron su voto.

Lo cierto es que todo empezó a activarse a raíz del fenómeno del destape parapolítico y de la persecución contra el investigador de la parapolítica Iván Velásquez. Gustavo Petro —que fue un senador brillante, aunque haya resultado un alcalde tan medio-cre— hizo denuncias muy importantes de las relaciones entre paramilitares y políticos, y si uno compara los cronogramas de las chuzadas con las denuncias de Petro, las denuncias periodísticas y lo que hizo la Corte, uno se encuentra con una relación paralela. Cuanto más avanzaban las investigaciones y más se acercaban a los círculos poderosos del país —entre otros el primo del presi-dente, Mario Uribe—, más se activaban las chuzadas. El benefi-ciario de esos delitos era el Presidente y no es difícil concluir quién estaba interesado en que estas chuzadas se efectuaran.

Ahora están condenados María del Pilar Hurtado, Bernardo Moreno, Martha Leal, el capitán Fernando Tavares, el capitán Jorge Lagos y otros funcionarios del DAS. Sin embargo, la investi-gación no ha tenido el valor de escalar. Pareciera que una serie de subalternos del entonces presidente de la República se hubieran confabulado por voluntad propia, sin recibir orden alguna. Cada vez que hay una condena, Uribe la presenta como una perse-cución en su contra, y parece que eso hubiera tenido un efecto intimidatorio, porque no ha habido ningún avance para encontrar la mente maestra detrás de esta operación.

El mejor ataque es la defensa

Abril 21, 2007

Al presidente Álvaro Uribe le hizo más daño su propia defensa que el debate del senador Gustavo Petro. La alocución con preguntas resultó fatal para los intereses del mandatario. Falló la forma: como producto televisivo tuvo mal empaque y pobre desarrollo. Falló el contenido: el jefe de Estado no pudo organizar sus respuestas, se vio inseguro y evasivo. Y lo peor de todo: el presidente Uribe terminó confesando, en vivo y con la televisión encadenada, que usa los organismos de inteligencia del Estado para espiar a la oposición.

Del problema de forma tal vez fue culpable la falta de tiempo. Es difícil convertir una decisión emocional, tomada unas horas antes por el presidente, en un programa de televisión. Quizá fue falta de experiencia de los realizadores, pero lo cierto es que el escenario jugó contra Uribe desde el primer minuto de la transmisión.

El salón de conferencias de la Casa de Nariño está programado para ofrecer ruedas de prensa, pero no para transmitirlas en vivo. La iluminación está dirigida básicamente al podio que usan el presidente o el funcionario designado como vocero, y no hacia el auditorio donde están los periodistas, porque no es lo que usualmente se muestra en televisión. Para suplir la carencia debieron montar algunas luces extras para la alocución, probablemente de afán, con tan poca fortuna que mostraron saturada la imagen de los entrevistadores y, aun peor, cegaron al presidente.

Uribe salió al aire como sale un toro al ruedo, encandilado por el contraste de luz entre los toriles y la arena. Perdió muy rápido el contacto visual con la audiencia. Parecía no saber dónde estaba su cámara. Fatigado por la cantidad de luz frontal, tuvo que desviar frecuentemente la mirada. Un simple detalle de forma que, sin ser responsabilidad suya, marcó su exposición y lo hizo ver poco sincero. Ese sería ya un problema serio, pero no fue el mayor. Empeñado en recalcar la pretendida maldad de quienes lo critican, el presidente no logró absolver satisfactoriamente las denuncias que lo involucran. Cada respuesta fue una inmensa vuelta de evasivas, muchas veces, sin destino final.

Por ejemplo, tres días después del debate en el Congreso, no ha sido posible que el presidente diga quién es el dueño actual de la hacienda Guacharacas. Esa finca en donde fue asesinado su padre y en la que, según testimonios rendidos a la justicia, han operado grupos paramilitares, sigue figurando en el registro público como propiedad de los Uribe Vélez. El presidente dice que no ha vuelto desde 1979, y que su familia hace mucho tiempo no va, que ya la vendieron, pero no cuenta a quién se la vendieron, ni por qué los títulos continúan a nombre de ellos.

Sobre la fotografía que muestra a su hermano Santiago con el narcotraficante Fabio Ochoa, tampoco hay explicación. La imagen fue tomada meses después del asesinato del ministro Rodrigo Lara Bonilla y de la operación Tranquilandia, dos hechos por los cuales eran señalados los Ochoa desde esa época. La respuesta simplemente es que Santiago es buen hijo, buen hermano y buen esposo, y que la foto no fue tomada clandestinamente. Es decir, que como su hermano no tiene problema en juntarse con los Ochoa, no hay nada qué explicar.

Sin duda, lo más grave fue que el presidente reconociera que usa la inteligencia del Estado para espiar a sus críticos: "Yo tengo pruebas, que no las voy a revelar, son de inteligencia militar y policial, de alguna de las personas que han ido a Estados Unidos, que dicen: ya nos tiramos el tratado acusando a ese tal por cual de Uribe".

Por esa misma conducta —espiar a la oposición— cayó Richard Nixon. Al día siguiente, el director del DAS, buscando adornar la salida en falso, dijo que ellos no chuzan teléfonos de opositores ni de periodistas. "Eso sería inteligencia dura", dijo Andrés Peñate. Señaló que prefieren usar "inteligencia blanda" para oír lo que comentan por ahí.

El presidente ya lo había dicho: "Esas personas proceden muy evidentemente, no se cuidan tanto como creen cuidarse". Lo terrible no es que los opositores no sepan cuidarse, sino que, en una democracia, tengan que cuidarse.

Mano firme, oído grande

Mayo 19, 2007

En medio de tantos escándalos, de las muchas informaciones ciertas, de las que no lo son y de las que hay que recibir con beneficio de inventario, ya hay dos verdades incontrovertibles. La primera: que una parte de los paramilitares sigue delinquiendo desde la llamada cárcel de máxima seguridad de Itagüí. La segunda: la confirmación de que organismos de inteligencia del Estado espían a la oposición y a los periodistas.

Esas dos verdades, que el gobierno quisiera ignorar, son las mismas que lo meterán en problemas en las próximas semanas. Seguramente no en Colombia, donde la única consecuencia será que la popularidad del presidente llegue al 110 por ciento. Más bien en el exterior, donde evidencias como estas empiezan a confirmar las sospechas sobre el verdadero alcance del proceso de paz con los paramilitares y sobre las reales garantías a la prensa y a la oposición.

Las grabaciones comprueban que en Itagüí se fijan precios de embarques de cocaína, se ordenan operaciones masivas de extorsión, se siguen controlando pueblos y se reportan torturas y asesinatos. Esta peligrosa mezcla de Catedral y Caguán sería ya suficientemente grave, pero es que además —según la antigua directora de la cárcel—, los presos hacen lo que quieren por las relaciones que mantienen con el alto gobierno. "Llaman al director general o, si no, al comisionado de paz o, si no, al ministro y, si no, al presidente", le aseguró la antigua directora a otra funcionaria del Inpec.

El gobierno reaccionó con rapidez y energía ante las comprometedoras grabaciones, pero no para evitar que los delitos se sigan cometiendo, sino para establecer quién está oyendo a los delincuentes. Desde la óptica del gobierno, lo malo no es lo que está pasando en la cárcel, sino que un organismo de inteligencia lo grabe, se lo dé a conocer a un medio de comunicación y, por esa vía, al país. Desde la publicación de *Semana*, todo se ha orientado a descubrir al responsable de las grabaciones y no a castigar a quienes han seguido delinquiendo desde la cárcel. Mientras doce generales de la policía pasaban al retiro, el ministro del Interior acudía sumiso a Itagüí después de aclarar que nada les pasaría a los huéspedes porque las grabaciones eran ilegales. Al final de su reunión con los paramilitares, el ministro Holguín anunció —como gran cosa— que uno de los reclusos accedía a someterse a un cotejo de voces.

La mano firme del gobierno con los mandos de la policía contrastó con el corazón grande frente a los paramilitares. Carreras de treinta y más años de servicio terminaron de un plumazo, pero alias "Mosco", alias "Goyo" y alias "el Flaco", entre otros, siguen a sus anchas en Itagüí.

Sin embargo, la rabieta tuvo su lado bueno. Lo que algunos habíamos pedido que se investigara desde hace tres años, se aclaró en una noche de domingo. La exótica investigación relámpago terminó mostrando que agentes de inteligencia del Estado han venido escuchando las conversaciones de periodistas, dirigentes de la oposición e incluso algunos miembros del gobierno.

El presidente y sus ministros han declarado que no dieron la orden de efectuar esas interceptaciones, pero los agentes de inteligencia no graban para satisfacer su voyerismo, como pretendió explicarlo el imaginativo asesor José Obdulio Gaviria.

Tres semanas antes de estos hechos, el propio jefe de Estado confesó que recibía informaciones de inteligencia sobre las actividades de líderes de la oposición. Esta fue su respuesta textual a la pregunta de Darío Fernando Patiño sobre las evidencias que tenía de una campaña contra el TLC: "Yo tengo pruebas que no las voy a revelar, son de inteligencia militar y policiva, de algunas de las personas que han ido a Estados Unidos, que dicen: ya nos tiramos el tratado acusando a este tal por cual del Uribe".

Inteligencia militar y policiva, dijo el presidente. El que tenga ojos para ver, que vea, porque los que tienen oídos seguirán oyendo.

Inteligencia superior

Octubre 25, 2008

El gobierno se está enredando en sus espuelas. Frente al escándalo por seguimientos a dirigentes de la oposición, el presidente Uribe se declaró víctima de sus propios agentes. "Es prácticamente una trampa al gobierno", aseguró el mandatario en su primera reacción pública a los documentos que prueban que desde el DAS —el departamento de inteligencia que depende de la Presidencia— salió la orden de buscar información contra el senador Gustavo Petro y contra el Polo Democrático.

Resulta sorprendente que el gobierno quiera culpar de las acciones de sus funcionarios a sus contradictores políticos.

La declaración del presidente indica que al gobierno le preocupan más las huellas que quedaron que la existencia de investigaciones irregulares: "¿A quién se le ocurre, a una gente con experiencia en inteligencia, mandar una circular para investigar un partido político? ¿Es torpeza o maldad? ¿Qué hay detrás de eso? Ánimo de hacerle daño al gobierno. ¿Quién sabe qué propósito político de hacerle daño al gobierno hay ahí?", preguntó el jefe de Estado para ahorrarse la respuesta.

También aseguró que su administración no investiga a nadie por su credo. Sin embargo, un sencillo ejercicio de memoria demuestra lo contrario.

En repetidas ocasiones el gobierno ha puesto los organismos de inteligencia del Estado al servicio de funcionarios y políticos investigados y en contra de investigadores judiciales y detractores legítimos. El primer caso, confesado en vivo y en directo, se conoció a raíz de una conferencia de prensa que dio el presidente Uribe para contrarrestar el debate de Gustavo Petro sobre la parapolítica en Antioquia. Esa noche, 19 de abril de 2007, el mandatario aseguró que, a través de las denuncias, los opositores querían atacar el TLC.

Ante el reconocimiento del mandatario, el periodista Félix de Bedout repreguntó: "Usted dijo que eran pruebas de inteligencia militar. ¿Se está haciendo seguimiento de inteligencia militar a la oposición?". Consciente ya de su aseveración, el presidente intentó recomponer su respuesta: "Mire, pregúntele al director del DAS. Aquí le hacen es inteligencia al gobierno. La oposición exhibe unos documentos oficiales a los cuales no tiene alcance [...]. Lo que pasa es que esas personas proceden muy evidentemente, no se cuidan tanto como creen cuidarse y además facilitan inferencias".

Un año después, cuando Yidis Medina reveló que le habían comprado su voto a favor de la reelección, la inteligencia del Estado trabajó para desprestigiarla. El DAS, que no tiene entre sus funciones citar ruedas de prensa para que hablen particulares, invitó a todos los periodistas de medios locales y nacionales en Bucaramanga para que difundieran los señalamientos de un fotógrafo de Barrancabermeja contra la excongresista.

Cuando, a través del jefe de prensa, le pregunté a la directora del DAS por qué el departamento estaba ejecutando esa tarea ajena a su labor misional, la respuesta fue: "Porque, como organismo de seguridad del Estado, está en la obligación de dar a conocer al país denuncias tan graves que lo único que buscaban era enlodar la honra y el buen nombre del señor presidente de la República".

Hay otros ejemplos. El caso "Tasmania", las cartas del paramilitar Francisco Villalba, escritas realmente por Chucho Sarria, y la reunión de los emisarios de "Don Berna" con altos funcionarios de la Presidencia y una representante del DAS, muestran que esta administración cree que torpedear las investigaciones contra el gobierno y sus aliados es una forma de garantizar la seguridad del Estado.

Aló, presidente

Febrero 28, 2009

Las interceptaciones telefónicas a magistrados de la Corte Suprema de Justicia, dirigentes políticos y periodistas, son consecuencia directa de la criminalización a la que el presidente Uribe ha sometido a sus críticos y contradictores. Con el ánimo de descalificar cualquier posición contraria, el mandatario ha apelado frecuentemente al recurso de tachar de delincuentes a quienes discrepan de él.

César Julio Valencia, magistrado de la sala civil y expresidente de la Corte Suprema de Justicia, fue tachado de mentiroso y calumniador por un comunicado de la Casa de Nariño. La andanada presidencial tuvo lugar cuando el magistrado afirmó, en entrevista con Cecilia Orozco, que el presidente había mencionado en una comunicación a su primo Mario Uribe, vinculado horas antes por la Corte al proceso de la parapolítica.

El tono presidencial contra el magistrado siguió subiendo y se convirtió en un litigio judicial en la uribista Comisión de Acusaciones de la Cámara, donde el jefe de Estado quiso también descalificar entre gritos a Ramiro Bejarano, abogado defensor de Valencia y columnista de *El Espectador*: "El magistrado Valencia Copete me manda un periodista y jefe de la oposición, nostálgico de las Farc y amigo del terrorismo".

Similares y peores ataques ha desatado el presidente contra el magistrado auxiliar de la Corte Suprema, Iván Velásquez, coordinador de la investigación por la parapolítica. El presidente Uribe lo ha acusado de manejar un cartel de testigos para implicarlo a él y a allegados políticos suyos en relaciones con paramilitares. Para hacerlo se basó en una carta del paramilitar José Orlando Moncada Zapata, alias "Tasmania", en la que afirmaba que el magistrado Velásquez le había ofrecido beneficios para declarar en contra del presidente.

Unos meses después, "Tasmania" se retractó de la carta ante la Fiscalía y declaró que todo era un montaje contra el magistrado promovido por el abogado de Juan Carlos Sierra, alias "el Tuso". Moncada y Ernesto Báez, uno de sus vecinos de celda, aseguraron que en la maniobra participaron Santiago Uribe, el hermano del presidente, y su primo Mario.

El gobierno jamás se retractó, por el contrario, un tiempo después recibió por los sótanos de Palacio a dos enviados de alias "Don Berna" para seguir buscando la manera de desacreditar a la Corte.

En medio del debate por estos hechos, el presidente decidió distraer a la opinión arremetiendo contra el Partido Liberal. El expresidente César Gaviria fue señalado como el promotor de Los Pepes en la guerra contra Pablo Escobar. La polémica terminó rápidamente cuando Gaviria recordó el actual paradero de algunos de esos Pepes.

También el jefe de Estado la tomó contra un legislador liberal con un curioso comunicado de dos líneas: "El senador Juan Fernando Cristo debe decir con claridad si entregó o no dineros a campañas políticas para las elecciones parlamentarias de 1991. Él sabe por qué se le pregunta". Los señalamientos se quedaron sin piso porque la persona que citaba el mandatario como testigo contra Cristo declaró que los hechos jamás tuvieron lugar.

A Gustavo Petro lo llamó "terrorista vestido de civil", queriendo socavar sus denuncias sobre relaciones entre políticos y paramilitares. Dentro de esa estrategia de criminalización del contradictor también ha hecho graves acusaciones, no demostradas, contra Carlos Gaviria y Piedad Córdoba.

La coincidencia, que no puede pasar inadvertida, es que todas estas personas, y otras que han sido blanco de los ataques públicos del presidente Uribe, están en la lista de "chuzados" ilegalmente por el DAS.

Esto no significa necesariamente que el presidente de la República haya dado la instrucción de efectuar esos seguimientos sin orden judicial. Pero alguien pudo haber interpretado los señalamientos del mandatario como una autorización tácita para proceder contra ellos.

Casuali-DAS

Junio 13, 2009

Una serie de inexplicables coincidencias muestra que el DAS venía consultando insistentemente información de inteligencia sobre el expresidente César Gaviria en los días previos al asesinato de su hermana y el mismo jueves 27 de abril de 2006, horas antes de que un grupo de sicarios acabara con la vida de Liliana Gaviria Trujillo.

El informe que el CTI le presentó al fiscal encargado de investigar los seguimientos ilegales del DAS revela sorprendentes casualidades.

El día 6 de abril de 2006, el sistema de información de inteligencia Sifdas —una base de datos secreta y de acceso estrictamente restringido— fue consultado por José de Jesús Gutiérrez Villalba, adscrito a la dirección general de inteligencia del DAS, buscando información confidencial sobre el director del Partido Liberal. Eso fue un jueves, el lunes siguiente, 10 de abril, el mismo detective buscó más datos acerca de César Gaviria.

El 27 de abril de 2006, el encargado de la consulta fue otro funcionario. Julio Hernán Gallego, también a órdenes de la dirección de inteligencia, accedió al Sifdas, de nuevo buscando información sobre el expresidente. La noche de ese día, Liliana Gaviria fue asesinada cerca de Dosquebradas, Risaralda, junto con su escolta, el agente de la policía José Fernando Vélez.

Hasta el momento cinco hombres, presuntos miembros de la columna Teófilo Forero de las Farc, han sido condenados por el doble crimen. Sin embargo, valdría la pena preguntarles a los detectives Gutiérrez y Gallego por orden de quién y por qué razón buscaban información sobre César Gaviria justamente en esas fechas.

El 17 de enero de 2006, Juan Manuel Santos, por entonces jefe del Partido de la U, aseguró, sin fundamento, que el precandidato liberal Rafael Pardo tenía acuerdos ocultos con las Farc. Ahora el informe del CTI revela que, dos semanas antes, detectives del DAS trataban afanosamente de encontrar algo sobre Rafael Pardo. María Patricia Marroquín Ciendua, dependiente de la dirección de inteligencia, consultó el Sifdas el 29 de diciembre de 2005 buscando informes sobre "Pardo Rueda, Rafael". Dos días antes había hecho lo mismo Édgar Armando Prada, hoy jubilado del DAS.

Una vez estalló el escándalo —y el presidente se retractó a regañadientes de la acusación—, hubo una nueva averiguación. El 11 de febrero de 2006, la subdirección de análisis del DAS, a través de la funcionaria Gladys Andrea Gómez, volvió a acceder a los archivos confidenciales que el DAS lleva sobre el exministro de Defensa.

Otro blanco de estas consultas ha sido el magistrado de la Corte Suprema, César Julio Valencia. El miércoles 23 de mayo de 2007, el detective Luis Edwin Medina husmeaba sus datos. Al día siguiente, Valencia reportó que se venían multiplicando las amenazas contra los investigadores de la parapolítica. En las llamadas intimidatorias a los magistrados auxiliares les notificaban que conocían sus desplazamientos, los de sus cónyuges e hijos. El 7 de noviembre de 2007, en una ceremonia de conmemoración del salvaje asalto al Palacio de Justicia, Valencia, actuando como presidente de la Corte, condenó la acción criminal del M-19 y al mismo tiempo señaló que la reacción militar había sido "imprudente y demencial". Ese mismo día reanudaron las pesquisas sobre él. El detective Jonathan Villa, hoy asignado a la seccional del Valle, atendió el encargo que continuaron Juan Evangelista Quijano y Margarita Bruzón.

En enero de 2008, el magistrado contó en una entrevista a la periodista Cecilia Orozco que el presidente en una llamada le había mencionado a su primo Mario Uribe, procesado por la parapolítica. Por esa razón, el viernes 25 de enero, el jefe de Estado presentó una denuncia penal contra Valencia. El lunes siguiente, la agente Consuelo Rodríguez Díaz rastreaba los datos del alto juez en el Sifdas.

Es posible que sean casualidades, pero, sin duda, son muchas.

Trabajando para el jefe

Marzo 13, 2010

Millonarios recursos del Estado se han gastado en hacer seguimientos ilegales a personas honorables que no son del gusto del presidente de la República. El principal investigador de la parapolítica, un magistrado de la Sala Civil de la Corte Suprema de Justicia y su abogado, que es un reconocido jurista y columnista de opinión, han sido blancos de seguimientos por parte del DAS. Esas pesquisas no están basadas en ninguna orden judicial, solo en el deseo del gobierno de buscar elementos para desprestigiarlos.

Las pruebas fueron encontradas por la Dirección de Investigaciones Especiales de la Procuraduría, en el computador de Martha Leal, antigua subdirectora de Operaciones de Inteligencia del DAS.

Los documentos electrónicos indican que el magistrado auxiliar de la Corte Suprema, Iván Velásquez, fue seguido durante sus investigaciones por la parapolítica, incluyendo la del primo del presidente, Mario Uribe. En los reportes archivados, el DAS registra en detalle las diligencias adelantadas por el magistrado investigador dentro de sus funciones judiciales y, por lo tanto, reservadas. Uno de esos reportes advierte que en 2008 el magistrado recibía información de varios paramilitares, entre ellos "Ernesto Báez" y Carlos Mario Jiménez, alias "Macaco". Al final incluye una frase reveladora: "Alias 'Macaco' desea colaborar con el gobierno".

Unos pocos meses después de este reporte, el investigador de la parapolítica fue víctima de un montaje, hoy ya desvirtuado por decisión judicial. Para ensuciarlo usaron una carta de un paramilitar conocido como "Tasmania". La misiva fue recogida por el DAS, casualmente por Martha Leal actuando por orden de su jefe María del Pilar Hurtado, quien a su vez recibió el encargo del secretario general de la Presidencia, Bernardo Moreno.

El investigador terminó investigado. Pasaron meses antes de que los propios paramilitares involucrados confesaran que todo era un montaje, según ellos conocido por "los señores".

Según declararon "Tasmania" y "Báez", los llamados "señores" eran el hermano del presidente, Santiago Uribe Vélez, el senador Mario Uribe, el abogado Sergio González (vecino de finca de Santiago, y de oficina de Mario) y el extraditado Juan Carlos Sierra, alias "el Tuso" (quien hizo negocios y estuvo emparentado con Mario Uribe).

El mismo día que el senador Mario Uribe fue vinculado formalmente al caso de la parapolítica, el jefe de Estado llamó al entonces presidente de la Corte Suprema de Justicia, César Julio Valencia. Le habló del caso de "Tasmania" y el magistrado asegura que también le mencionó tangencialmente a su primo Mario Uribe. Así lo afirmó en entrevista con *El Espectador*. Por esa declaración, el presidente Uribe inició un proceso judicial por injuria y calumnia contra el magistrado Valencia, quien se ha sostenido en su palabra. Para que lo defendieran reunió a tres de los mejores abogados del país, entre ellos Ramiro Bejarano, quien con firmeza ha enfrentado la arrogante actitud del mandatario en las audiencias.

Ante la ley, son dos partes iguales. Con los mismos derechos, obligaciones y posibilidades. Sin embargo, algo muy distinto ha sucedido en la práctica. El DAS, que depende del presidente de la República, ha rastreado ilegalmente a César Julio Valencia y a Ramiro Bejarano. En el computador de la exdirectiva del DAS hay varios documentos que lo comprueban. Uno de ellos es un correo electrónico de Martha Leal enviado a la dirección de correo del DAS de María del Pilar Hurtado. Bajo el asunto "Su solicitud", Leal afirma: "Doctora, con relación a su requerimiento me permito informarle que el señor Ramiro Bejarano Guzmán registra en catastro un inmueble [...]. Así mismo, el señor Valencia Copete César Julio [...] registra en catastro un inmueble [...]".

¿Qué motivo tendría el DAS para reseñar las propiedades de quienes son contraparte del mandatario en un litigio? Una pregunta que se quedará sin respuesta. A menos que para el presidente ganar ese pleito, a cualquier precio, sea un asunto de seguridad nacional.

Empresa criminal

Abril 17, 2010

Juan Gossaín reveló esta semana en RCN una serie de documentos que prueban parte de las actividades delictivas desarrolladas desde el DAS. Los papeles fueron encontrados por la Fiscalía en el allanamiento al Departamento Administrativo de Seguridad. Tienen escudos oficiales y se titulan "Guerra Política" bajo un encabezamiento que señala que fueron elaborados por la Dirección General de Inteligencia, concretamente por la Subdirección de Operaciones, y que sus propósitos son: "Defender la democracia y la nación" y "Crear conciencia sobre las consecuencias de un sistema comunista". Para cumplir esos objetivos, el DAS puso en marcha varias operaciones, tres de ellas bajo los nombres clave: "Amazonas", "Transmilenio" y "Bahía".

Contemplan tres clases de acciones: desprestigio, sabotaje y presión. Para desacreditar a los opositores, el DAS sugiere el uso medios de comunicación, encuestas y chats. También plantea distribuir en la calles panfletos, volantes, afiches y libros. Adicionalmente crear páginas web, comunicados, denuncias y montajes. La estrategia debe ser complementada con operaciones de "sabotaje", para lo cual el DAS recomienda el terrorismo: explosivo, incendiario, de servicios públicos y tecnológico. Y en el campo de la presión, el organismo de seguridad estatal sugiere apelar a "amenazas y chantaje".

Según los papeles de junio de 2005, el objetivo general de la "Operación Amazonas" consiste en "promover acciones en beneficio del Estado para las elecciones del año 2006". Es claro que para quienes hicieron el informe, "Estado" quiere decir el gobierno Uribe. Sus blancos son "partidos políticos opositores al Estado" y la Corte Constitucional, que en ese momento estudiaba la exequibilidad de la primera reelección.

Para acabar con los opositores del "Estado", el DAS plantea desacreditar al "Frente Social y Político", el movimiento que llevó al Senado a Carlos Gaviria y con ese fin ordena "generar vínculos con ONT Farc". Sobre la senadora Piedad Córdoba, del Partido Liberal, plantea "generar vínculos con las Autodefensas Unidas de Colombia". Horacio Serpa debe ser vinculado con el ELN. El Polo Democrático y sus dirigentes, Gustavo Petro, Antonio Navarro, Wilson Borja y Samuel Moreno, según el documento, deben ser relacionados con las Farc, el narcotráfico, escándalos financieros e incluso frente a uno de ellos recomienda "generar infidelidad sentimental". También ordena apelar al desprestigio, la presión y el sabotaje contra los entonces magistrados de la Corte Constitucional Jaime Córdoba, Humberto Sierra, Jaime Araújo, Clara Inés Vargas y Alfredo Beltrán.

En un subcapítulo llamado "Operación Imprenta", se propone impedir la edición de libros inconvenientes para el "Estado". Para ello dispone sabotear camiones de distribución y recurrir a amenazas y "guerra jurídica".

La "Operación Arauca" tiene como blanco al CCAJAR, que coincide con la sigla del Colectivo de Abogados José Alvear Restrepo, y plantea vincularlo al ELN plantando una evidencia falsa durante una diligencia judicial. La acción, de acuerdo con el papel del DAS, consiste en hacer aparecer un "intercambio de mensaje con cabecilla ELN, el cual será encontrado durante allanamiento".

Entre los blancos del DAS también figuran organismos internacionales. La "Operación Europa" plantea desprestigiar a través de comunicados, denuncias en página web y guerra jurídica a la Comisión de Derechos Humanos del Gobierno Europeo y a la Oficina de la Alta Comisionada de Derechos Humanos de la ONU. Para eso ordenaron crear páginas falsas de internet, entre otras, a nombre de la "Corporación Verdad y Justicia" y el "Servicio Colombiano de Información y Estadística para la prevención del Conflicto".

Todo se adelantó con fondos públicos, como parte de una "Guerra Política", sobre la cual el gobierno Uribe niega cualquier responsabilidad.

Lo que me dijo María del Pilar

Noviembre 20, 2010

Hace unas semanas recibí por BlackBerry un mensaje inesperado. Era la exdirectora del DAS, María del Pilar Hurtado: "Daniel. Quiero tomarme un cafecito con Ud. ¿Me invita?". Pasaron varios minutos antes de que me animara a contestar. Ya para la fecha de esa comunicación, Martha Leal, exdirectora de Operaciones, y Fernando Tabares, exdirector de Inteligencia del DAS, habían confesado que mi familia y yo fuimos blanco de seguimientos ilegales por orden del gobierno. Por eso la solicitud resultaba tan extraña. Sin embargo, hice de tripas corazón y tecleé: "El sábado a las 12 en *Noticias UNO*".

Ella me explicó que no quería dar una entrevista por consejo de su abogado y agregó: "Pero sí quisiera hablar de esto con sumercé". Algo debió notar en el tono de mis respuestas porque agregó: "Está molesto conmigo, ¿cierto?". Cuando se lo confirmé, replicó: "Lo entiendo. Por eso quiero hablar con usted. Sobre todo por lo que usted me ha brindado creyendo en mí. Gracias por oírme a pesar de lo que está pensando".

El sábado siguiente, María del Pilar llegó a mi oficina. La oí sin interrumpirla por cerca de dos horas. Aseguró muchas cosas, unas cuantas eran ciertas, otras no, y todas mostraban la desesperación de una persona que se sentía abandonada.

Recuerdo perfectamente que hizo dos afirmaciones que me llamaron la atención. La primera surgió cuando le pregunté por la creación de una compañía con su apoderado, Jaime Cabrera. El 29 de diciembre pasado, ellos registraron una empresa llamada Cabrera & Hurtado Asociados SAS. Ella respondió que ante su situación económica le había pedido ayuda al entonces presidente Álvaro Uribe y este le dio instrucciones a su secretario jurídico para "llenarla de contratos", según sus palabras. Me aseguró que Edmundo del Castillo se había saltado la orden presidencial y que, por tal razón, las únicas entidades que le habían dado los prometidos contratos eran la Superintendencia de Servicios Públicos y la Unidad de Parques Nacionales de Colombia. Y eso, según ella, porque las directoras eran amigas suyas.

También afirmó que había tenido una tensa conversación telefónica con Álvaro Uribe cuando él señaló que al "pobre Bernardo" lo querían enredar con el tema de las chuzadas. María del Pilar asegura que le reclamó a su exjefe que por qué él pensaba en todos menos en ella, a lo cual Uribe respondió que ya era hora de que pensara en pedir asilo político. Interrumpí la narración de María del Pilar y le pregunté si era Uribe directamente la persona que había sugerido la figura del asilo, y ella me lo confirmó y añadió que si escogía esa opción, esperaba que el exmandatario la ayudara con sus contactos a obtener ese asilo, así como Bernardo Moreno había contado con el apoyo del Partido Popular, de José María Aznar, y de varias organizaciones de la derecha ibérica para explorar esa posibilidad en España.

Cuando terminó, le pregunté por qué no consideraba la posibilidad de contarle a la justicia todo lo que sabía del DAS, y ella aseguró que ya lo había contado todo. Le insistí en que podía decir de dónde habían venido las órdenes y guardó silencio.

Unos días después supe que el exministro Óscar Iván Zuluaga le había hecho una larga visita a María del Pilar en la oficina de la calle 77, que figura como dirección oficial de Cabrera y Hurtado Asociados.

El pasado fin de semana, una fuente me confirmó que ella estaba en Panamá. Recordé inmediatamente el tema del asilo y le escribí preguntándole por la razón de su viaje. Me contestó: "Atendiendo un cliente e intentando pescar otros dos. Lo noto muy dateado. Daniel, ¿me tiene chuzada?".

También recordé la estrecha amistad de Uribe con el presidente panameño, Ricardo Martinelli, así como los negocios y las frecuentes visitas a ese país de los hijos del expresidente.

Varios cabos sueltos

Febrero 5, 2011

Fabio Duarte Traslaviña conoce varias piezas que le faltan al rompecabezas del DAS. Hace algunas semanas le narró detalladamente a la Fiscalía cómo el Departamento Administrativo de Seguridad fue convirtiéndose en una policía política para espiar a magistrados, políticos y periodistas. También dijo que estas operaciones se cumplían "para complacer requerimientos del presidente de la República".

Duarte, antiguo coordinador de Operaciones de Inteligencia, era el eslabón entre los agentes que ejecutaban las órdenes y los mandos del DAS. Por eso, además de conocer casi todo lo que hicieron, sabe cuánto pagaron para ejecutar seguimientos ilegales y operaciones de desprestigio contra los investigadores de la parapolítica, políticos de oposición, posibles testigos contra el mandatario y periodistas críticos.

Según su declaración, el actual subdirector del DAS, Jaime Andrés Polanco, estuvo al tanto de varios de estos planes. Uno de ellos incluyó el gasto de gruesas sumas de cuentas reservadas para comprar una factura de un hotel mexicano donde se alojó la entonces senadora Piedad Córdoba en junio de 2007. El documento le fue entregado a Nancy Patricia Gutiérrez para que lo usara en un debate contra Córdoba en el Senado. Hasta ahora nadie ha respondido por qué los gastos reservados —que por muy reservados que sean siguen siendo dineros públicos— fueron usados en una operación de desprestigio político.

Si lo que el DAS compró probaba un delito o una falta, la obligación legal de los funcionarios era denunciarlo ante las autoridades competentes. Si, por el contrario, el papel no constituía evidencia judicial o disciplinaria, no podía ser entregado a una legisladora del oficialismo para que hiciera uso político favorable al gobierno. Es decir, los implicados del DAS no solo habrían incurrido en la ejecución de seguimientos sin orden judicial, sino también en peculado y desviación de fondos públicos con propósitos políticos.

Duarte Traslaviña también reveló que después de la apertura de la investigación contra el entonces senador Mario Uribe, cuatro detectives fueron comisionados para buscar presuntos vínculos de magistrados con narcotraficantes. La pesquisa no dio resultados y entonces la atención se concentró en Iván Velásquez, el magistrado auxiliar e investigador de la parapolítica. Grabaciones del doctor Velásquez y de otros miembros de la Corte Suprema de

Justicia, registradas en nueve discos compactos, fueron entregadas por María del Pilar Hurtado para que fueran transcritas, según la versión entregada por el excoordinador de Operaciones.

El detective Duarte confirmó que las informaciones sensibles eran enviadas a la Casa de Nariño, particularmente al entonces secretario general, Bernardo Moreno, a través de un sistema de valija secreta. Esa descripción coincide perfectamente con la suministrada a la justicia por Gustavo Sierra, otro mando del DAS que decidió confesar.

En la declaración también son mencionados, en el contexto de varias operaciones de desprestigio contra opositores y críticos, el abogado Sergio González, el mismo de la carta de "Tasmania", y el fotógrafo de Barrancabermeja, Jesús Villamizar, quien habría recibido veinte millones de pesos de gastos reservados por servir "apoyando información del DAS en relación con Yidis Medina".

El excoordinador de Operaciones del DAS asegura en su testimonio que mi esposa y yo fuimos seguidos por dos hombres del DAS llamados David Marín y Andrés Sánchez. Ellos reportaban directamente a la directora de Operaciones de Inteligencia, Martha Leal.

Fabio Duarte Traslaviña sabe muchas más cosas y tiene documentos para probarlas. Ojalá la justicia proteja a este testigo esencial para la investigación.

Panamá por cárcel

Mayo 28, 2011

Hace unos días, María del Pilar Hurtado compró un carro. Ahora puede distraer su soledad manejando por la cinta costera de la ciudad de Panamá. De Punta Paitilla al Marañón, ida y vuelta, transitando los nuevos límites de su existencia y tal vez pensando en lo que ya nunca será.

De la promisoria abogada que escaló importantes peldaños de la vida pública solo queda el recuerdo. Ahora es una fugitiva. Más allá de las fronteras panameñas, María del Pilar puede ser arrestada en cualquier parte. La orden de captura internacional estará en cada aeropuerto y puesto fronterizo del mundo.

El gobierno de Ricardo Martinelli ha dicho que no será extraditada. Sin embargo, ya hay voces internas que preguntan si una administración —con tantos temas por resolver— debe pagar el costo de mantener un asilo territorial por un asunto que nada tiene que ver con delitos políticos. No han encontrado un solo respaldo en la comunidad internacional a la decisión de asilo.

María del Pilar, pieza minúscula en un tablero de grandes intereses, podría perder su cuestionado amparo en un abrir y cerrar de ojos. Quizás ahora la exdirectora del DAS empiece a percatarse del contraste entre la vida que lleva y la que se dan quienes pelechan gracias a su silencio.

La sonrisa de satisfacción de Bernardo Moreno en la conclusión de la audiencia que le dictó a ella orden de captura y lo dejó totalmente libre a él muestra cuánto valoran su suerte en ese círculo. Otro de sus examigos, Edmundo del Castillo, goza de libertad y fortuna mientras crecen las evidencias de sus negocios con los Nule. Él y su hermano, heredero de sus jugosos contratos, pueden verse cuando quieran y regocijarse en la impunidad nacional.

En cambio, María del Pilar está irremediablemente lejos de la gente que quiere. De su padre enfermo, de su mamá y de algunas amigas que le han quedado. No todos se acuerdan de haberla conocido. Pocos rememoran, por ejemplo, su paso por la administración de Enrique Peñalosa en Bogotá.

La última vez que la vi fue en septiembre del año pasado en mi oficina de Bogotá. Nuestra relación, que había sido buena a pesar de nuestras obvias diferencias, se había afectado porque ya algunos miembros del DAS habían confesado que mi familia y yo habíamos sido objeto de seguimientos ilegales, incluso durante el periodo en el que ella era la directora del organismo de inteligencia.

Antes de eso nos habíamos visto numerosas veces y en varios sitios: en el Club El Nogal, donde ella sobrevivió al salvaje atentado terrorista de las Farc que mató a 36 personas; en un restaurante de la carrera quinta donde a ella le gustaba desayunar, en fin. En esas reuniones aprendí a conocerla, a entenderla un poco y a tenerle algo de afecto, sentimiento que sobrevive a pesar de todo.

Fue ella quien me contó, en esa última reunión de septiembre, que la idea de buscar asilo había sido de Álvaro Uribe en los estertores de su gobierno. Me dijo también que Uribe prometió llenarla de contratos para que se sostuviera. Que para ello había constituido con su abogado Jaime Cabrera la firma Cabrera & Hurtado Asociados, pero que su antiguo amigo, Edmundo del Castillo, había burlado la orden presidencial y por ello apenas había recibido dos contratos. Esa reunión parece haber desencadenado reacciones: una extensa visita que le hizo el exministro Óscar Iván Zuluaga y un asilo que empezó dos meses después.

Muchas cosas han pasado desde entonces y, de verdad, me gustaría sentarme otra vez a conversar con María del Pilar como en los días del interesante año pasado.

La fugitiva que nadie busca

Enero 10, 2015

El gobierno Santos no quiere traer a María del Pilar Hurtado de vuelta a Colombia. La negligencia en los trámites de la orden de captura internacional ha permitido que la exdirectora del DAS permanezca fuera del país. Hay pruebas de que la circular roja pidiendo su captura no se enredó en la Interpol, como han querido presentarlo, sino en la presentación que hizo el gobierno del caso.

El abogado Guillermo Pérez Casas, que representa a algunas de las víctimas de las chuzadas y seguimientos ilegales del DAS, recopiló con paciencia las pruebas que contradicen la versión del gobierno. Hasta ahora, la información difundida en Colombia asegura que la Interpol negó la expedición de la circular roja contra la exdirectora del DAS por considerar que se trataba de un caso de persecución política. El abogado Pérez no se conformó con esa versión sino que fue a la fuente original.

En una carta a la Interpol preguntó por las razones de la negativa. La respuesta del organismo policial internacional señala que su decisión está basada exclusivamente en la información enviada por la Oficina Central Nacional de Interpol en Colombia. Desde hace algún tiempo, esa oficina está a cargo de la Policía Nacional. Antes dependía del DAS y en virtud de ello, la propia María del Pilar Hurtado fue miembro del Comité Ejecutivo de Interpol como delegada titular por las Américas hasta el año 2011. Curiosamente, los mejores sabuesos del mundo jamás excluyeron del cuadro directivo a María del Pilar a pesar de que renunció a la dirección del DAS desde 2008 y, lo que es peor, en 2010 escapó a Panamá para evadir la acción de la justicia. Es decir, de acuerdo con las publicaciones oficiales de Interpol, tuvieron una prófuga entre sus directivas.

Pero volvamos al tema de la responsabilidad de la Policía. La Oficina Central Nacional de Interpol es hoy un despacho de la Policía Nacional y reglamentariamente le corresponde hacer esas peticiones. Como debe basarlas en requerimientos judiciales públicos, las peticiones deberían ser públicas también. Sin embargo, en este caso no es así. La Policía de Colombia se sacó de la manga una leguleyada para no entregar copia de la comunicación que le envió a Interpol. Alega el reglamento de tratamiento de datos de la Policía internacional.

Si la solicitud judicial es pública y si la intervención de la oficina de Interpol en Colombia (es decir, de la Policía Nacional) se limita al reenvío, ¿por qué no se puede conocer la carta remisoria?

¿Incluye esa carta alguna afirmación que sugiera la existencia de una persecución política contra la señora Hurtado?

Como si faltaran elementos para el misterio, el reglamento de tratamiento de datos de la Interpol —que invoca la Policía— determina que la propia Oficina Nacional puede establecer el grado de confidencialidad de las informaciones. En pocas palabras, la Policía no muestra la solicitud de circular roja simplemente porque no quiere.

El abogado Pérez, como representante de algunas de las víctimas, legítimamente se pregunta por las razones del secretismo sobre una comunicación de mero trámite. También le llama la atención la aparente resignación del gobierno colombiano ante la negativa.

Una vez conocida, el gobierno no ha solicitado la revisión de la determinación de la Secretaría General de Interpol. Como si la decisión fuera inapelable. Tampoco ha hecho mayor esfuerzo para que Panamá la entregue. El tema no estuvo siquiera en la agenda del encuentro de los presidentes de los dos países. El gobierno de Colombia tenía informaciones sobre la estadía de María del Pilar Hurtado inicialmente en el barrio La Alameda de Ciudad de Panamá. También supo cuándo se mudó al corregimiento de San Francisco y es posible que conozca su actual ubicación.

Lo inexplicable es que, más allá de las declaraciones, no haya hecho nada para traerla.

P.D.: Hace años le comuniqué a la Fiscalía que renunciaba a ser reconocido como víctima en el caso de las chuzadas para seguir investigando el tema periodísticamente sin las limitaciones propias de los sujetos procesales.

El dilema

Febrero 21, 2015

Callar y quedarse con toda la culpa o contar de dónde venían las órdenes y quiénes conocían la operación. María del Pilar Hurtado cumplió 51 años en noviembre y tiene que resolver en estos días el mayor dilema de su vida. La solución no es sencilla y la exdirectora del DAS ha estado entregando señales contradictorias a quienes han podido hablar con ella.

Por un lado ha dicho que quiere "aliviar el alma" y "terminar con esta película". Sin embargo, también dice que le preocupa el sostenimiento de sus padres mayores y dependientes de ella. Esa vulnerabilidad la puede convertir en presa fácil de los que por sí mismos, o por interpuesta persona, quieren comprar su silencio. Desde que empezó a salir a flote lo que sucedió en el DAS, María del Pilar Hurtado sabe que ella es el eslabón más débil de la cadena. Quienes fueron sus subalternos —muchos de los cuales ya están condenados— señalaron cuál fue el papel de la directora en la trama siniestra. La justicia tiene testimonios y pruebas documentales que muestran cómo se hicieron los seguimientos ilegales a magistrados de la Corte Suprema de Justicia, políticos de la oposición y periodistas.

También está claro cómo el DAS usó delincuentes en operaciones de desprestigio contra los blancos políticos del entonces presidente. Las informaciones falsas, o deliberadamente distorsionadas, fueron filtradas de manera calculada para destruir la imagen pública de quienes se atrevieron a contradecir la determinación de quedarse en Palacio de un hombre enfermo de poder.

El expediente muestra también cómo se usó la partida de gastos reservados, por ejemplo, para comprar a un fotógrafo que hizo parte de una puesta en escena chapucera contra Yidis Medina.

Los resultados de las grabaciones clandestinas de las sesiones de la Corte Suprema de Justicia llegaron a María del Pilar Hurtado, y ella las hizo llegar al único jefe que tiene el director del DAS: el presidente de la República. El argumento de que ella no conocía el procedimiento que usaba su director de Fuentes Humanas para obtener esa información no parece ni suficiente, ni creíble.

Sin embargo, los problemas de la exdirectora del DAS no vienen únicamente de abajo. María del Pilar lleva años lidiando con el desprecio de quienes fueron sus pares y, sobre todo, el desdén de su antiguo jefe. El respaldo ha sido desganado e intermitente, apenas el necesario para mantenerla lejos.

La última vez que la vi, en julio de 2010, María del Pilar me aseguró que el entonces presidente le había prometido "llenarla de contratos". Para eso, ella constituyó con su abogado y amigo Jaime Cabrera una compañía que al final solo recibió dos contratos del gobierno. Es cierto que Álvaro Uribe gestionó su asilo en Panamá, pero después de eso la ayuda no fue del tamaño prometido. Por lo menos eso es lo que le ha dicho María del Pilar a algunos de sus conocidos.

Mientras estuvo en Panamá respiraron aliviados quienes se valieron de la información ilegal conseguida por el DAS. En los mismos testimonios aparecen los nombres, entre otros, de José Obdulio Gaviria, César Mauricio Velásquez y Edmundo del Castillo, a quienes nada les ha sucedido. Han seguido prosperando a la sombra del jefe.

Por un instante, María del Pilar Hurtado tiene en sus manos la decisión de liberarse contando la verdad o de seguir presa del silencio que tanto ampara a quienes la desprecian.

¿Y los otros?

Abril 4, 2015

Ni actuó sola, ni lo hizo por su propia cuenta. María del Pilar Hurtado, encontrada culpable por la Corte Suprema de Justicia, no puede convertirse en el chivo expiatorio de los abusos ordenados desde la Casa de Nariño. La justicia tiene la obligación de establecer lo que pasó en el DAS antes de su llegada a la dirección en agosto 30 de 2007 y después de su partida el 23 de octubre de 2008.

Por lo demás, los mismos testimonios que han servido como evidencia para condenarla a ella, muestran la participación de otros funcionarios y contratistas de la Presidencia de la República en la recepción de información obtenida ilegalmente y en el uso tergiversado de ella en campañas de descrédito contra jueces, opositores y periodistas. Entre los mencionados por los testigos están José Obdulio Gaviria, César Mauricio Velásquez y Edmundo del Castillo.

La directora de operaciones de inteligencia del DAS, Martha Leal, aseguró ante la justicia que el secretario jurídico de la Presidencia inició los contactos con el capo Diego Fernando Murillo Bejarano, alias "Don Berna", para desacreditar al investigador de la parapolítica: "Una noche que subí al despacho de la doctora María del Pilar para entregar unos documentos, ella se encontraba de salida y estaba preocupada e insegura de asistir a una reunión. Yo le pregunté de qué se trataba y ella me comentó que el doctor Edmundo del Castillo la había llamado para que asistiera a una reunión que se iba a llevar a cabo en el apartamento del exgobernador del Cauca, Juan José Chaux, hasta donde tengo entendido ubicado en el norte de Bogotá, y al que, al parecer, iban a asistir Diego Álvarez y alias 'Job'. Yo le dije a la doctora María del Pilar en ese momento que a mí no me parecía que ella debería de asistir a ese lugar, mucho menos pensando en el cargo que ella ostentaba como directora del DAS. Mi preocupación era que su presencia iba a ser altamente notoria y tenía el temor de que Diego Álvarez grabara esa reunión".

En esa reunión, que antecedió a la de la "Casa de Nari", Edmundo del Castillo se comprometió a entregar equipos de grabación de inteligencia al abogado de "Berna" para tender una celada al magistrado auxiliar Iván Velásquez, principal investigador de la parapolítica. El seguimiento ilegal contra el magistrado Velásquez no paró con la salida de María del Pilar Hurtado de la dirección del DAS. Había un informante dentro del esquema de protección del funcionario judicial que siguió suministrando información al gobierno después del retiro de Hurtado de la dirección del DAS.

El capitán Fernando Tabares, quien fuera director de inteligencia, declaró sobre esa operación ilegal: "Es importante también aclarar que no solamente la doctora María del Pilar conoció y llevó a la Casa de Nariño información suministrada por esta fuente, sino que también los doctores Joaquín Polo y Felipe Muñoz conocieron de esta fuente y llevaron información suministrada por esta fuente a la Casa de Nariño".

Con relación a una operación de desprestigio de la Corte Suprema de Justicia, Tabares afirma que los partícipes de la reunión fueron varios: "Allí se encontraban presentes el doctor Bernardo Moreno, el doctor Jorge Mario Eastman, los funcionarios del DAS que ya mencioné, el doctor José Obdulio Gaviria, que entraba y salía constantemente, y había como dos o tres personas que no participaron de esa reunión pero que estaban en un rincón de la oficina".

El capitán Jorge Lagos, director de contrainteligencia, estuvo en otra reunión con altos funcionarios de Palacio con el mismo propósito: "El doctor César Mauricio Velásquez llamó al doctor José Obdulio Gaviria, a los pocos minutos llegó, nos sentamos a una mesa dentro de la oficina del doctor Velásquez, le hice los mismos comentarios dados al doctor César Mauricio y el doctor José Obdulio me pidió copia tanto del logo como del listado de las personas que habían viajado. Me retiré de la oficina del doctor César Mauricio, y me comentó que cualquier situación al respecto lo mantuviera informado".

Las condenas a María del Pilar Hurtado y Moreno no son el punto final de este caso.

El que le vendió el alma al diablo

E sta historia empezó cuando la justicia hizo un allanamiento a la casa del congresista Alirio Villamizar, a quien
las autoridades venían siguiendo por diferentes casos de
corrupción, entre estos la repartición de notarías que había rea-
lizado el gobierno a cambio de votos favorables en el proyecto
de reelección presidencial del año 2005. Otra vez la yidispolítica.
Pero no solo la yidispolítica. En este allanamiento, la comisión de
investigadores de la Corte Suprema de Justicia encontró en su casa
de Bucaramanga una gran cantidad de efectivo —730 millones
de pesos y 13 000 dólares— que provenía de pagos de notarios
y funcionarios públicos regionales que habían sido nombrados
por cuenta de su influencia, así como la contabilidad de todas
esas mordidas.

Sin embargo, lo más interesante de ese allanamiento fue un
documento que encontraron en la caja fuerte en el que se aprobaba un subsidio de Agro Ingreso Seguro. El documento estaba
a nombre de Danny Alirio Villamizar, hijo del senador, y era por
la suma de 496 millones de pesos.

Esto ocurrió un sábado. Ese mismo día empezamos a hacer
preguntas. La primera se la hicimos a Andrés Felipe Arias, que
acababa de renunciar como ministro de Agricultura y empezaba
su campaña como candidato presidencial por el Partido Conservador. La pregunta se la hicimos por medio de Arnulfo Méndez,
que en ese entonces cubría la información judicial para *Noticias
UNO*. Queríamos saber cuál era la razón para haberle concedido

un subsidio al hijo de un senador. Andrés Felipe Arias, que siempre ha sido una persona muy inteligente y muy hábil políticamente, dijo que él no estaba en condiciones de negarle un subsidio a nadie, siempre y cuando cumpliera con los requisitos. Que si se lo pedía Daniel Coronell, él tenía que darle el subsidio de Agro Ingreso Seguro a Daniel Coronell.

Fue entonces que empezamos a seguir la historia. Para comenzar, fuimos hasta la tierra donde decían haber instalado el sistema de riego que se hizo acreedor al Agro Ingreso Seguro, la finca Villa de San José, en Sabana de Torres, cerca de Girón. Allá nos encontramos con varias situaciones muy particulares. En primer lugar, los campesinos de la zona no identificaban al señor Danny Alirio Villamizar —que no era una persona con tradición agrícola sino un muchacho que había estudiado en el exterior—, sino al senador Alirio Villamizar, como el dueño de esos terrenos y como la persona que había accedido a los subsidios del gobierno.

Paralelamente, nos encontramos con que en una reforma al Estatuto Tributario —una de las leyes más importantes del país— el senador Alirio Villamizar había incluido la exención fiscal que permitía que las personas que recibieran Agro Ingreso Seguro no pagaran impuesto sobre la renta por estos recursos. Mejor dicho, por medio suyo, de un mico que metió, su hijo había recibido un subsidio libre de impuestos.

Por ese lado estábamos adelantando nuestra indagación cuando, simultáneamente, la revista *Cambio* dio a conocer el fenómeno mayor. Luego de una investigación muy completa, ellos sacaron a flote todo el tema de Agro Ingreso Seguro que tenía que ver con la partición de la tierra: una sola finca había sido partida para presentar cada pedazo como un predio diferente y así recibir varios subsidios. Y ahí estalló el escándalo, que incluyó el subsidio que estaba a nombre de una reina de belleza y el de María Mercedes Sardi Holguín, entre otros.

La última semana de septiembre de 2009, la revista *Cambio* reveló una lista de personajes beneficiados por el Gobierno en forma de subsidios no reembolsables. Entre todas las revelaciones hubo una columna en especial que es bastante ilustrativa de la corruptela política alrededor de subsidios para ricos, está titulada "De qué vives". En ese texto se mostraban los lazos familiares de los Vives-Lacouture, Lacouture-Dangond, Dangond-Lacouture, Vives-Vives y Vives-Echavarría. Era una serie de apellidos que se repetían infinitamente y que estaban, además, concentrados en una sola porción de tierra: en la zona bananera y en otras zonas del Magdalena.

Casualmente, poco tiempo antes había llegado a la redacción de *Noticias UNO*, entre las muchas cosas que llegan por correo, el libro que uno de los patriarcas de la familia Vives de Santa Marta había publicado. En este reconstruía su árbol genealógico: mostraba con detalles cada uno de los troncos y dejaba claro quiénes eran los primos, los hermanos, cuál era la relación de parentesco. Sobrepusimos el mapa de las entregas de los subsidios con el mapa del árbol genealógico de la familia y resultó facilísimo darse cuenta quién era quién y quién había recibido qué. Nos encontramos con que unos primos muy ilustres se habían llevado una tajada grandísima del presupuesto de Agro Ingreso Seguro. Era obvio que personas muy pudientes se estaban subsidiando a nombre de los campesinos pobres, los mismos que aparecían en la publicidad del programa de gobierno como los principales favorecidos. En este punto, la dimensión del engaño, la rosca detrás de los manejos, se reveló de una manera tragicómica.

En el transcurso de la investigación se derivaron una gran cantidad de situaciones nuevas. Por ejemplo, que Agro Ingreso Seguro había auxiliado a varias personas que fueron donantes de la campaña de reelección de Uribe, a otros que saldrían favorecidos del referendo que en ese momento estaba en proceso para un tercer periodo de Uribe y otros más que eran dueños de tierras y cercanos a Uribe por una u otra razón.

Ahora es fácil hablar de esto, pero en ese momento fue un trabajo de investigación complejo: las piezas debían encajar para dejar clara la manera perfectamente ideada en la que se llevó a cabo este plan del gobierno para asistir desde el Ministerio de Agricultura a ciertos sectores políticos y a ciertos terratenientes. Los rastros estaban muy bien borrados en la mayoría de los casos. Había verdaderas telarañas de sociedades para ocultar a los beneficiarios reales de esos subsidios. Destapamos sociedades —una a una— para descubrir las afinidades y, a partir de esas afinidades, poder contar a dónde había ido el dinero.

Pero además de Agro Ingreso Seguro y el caso del sistema de regadío, que fue el más reconocido, hubo otros subsidios cambiarios, de ese mismo programa, a floricultores y otro tipo de personajes, pero siempre tuvieron el patrón de amparar a unos grupos políticos y unos poderosos empresarios que, además, eran muy afines a Uribe y, en consecuencia, financiadores de la campaña de Andrés Felipe Arias.

¿Y qué papel jugó el personaje de Andrés Felipe Arias en todo esto?

Arias es hijo de un médico de Medellín. Un profesional reconocido y una persona sin mayores recursos económicos que hizo grandes esfuerzos para brindarle la mejor educación a su hijo. Según tengo entendido, ese hijo era un motivo de orgullo por sus reconocimientos académicos y profesionales, que lo llevaron a cargos de alta responsabilidad pública siendo muy joven.

Luego empezó a vivir una metamorfosis en la forma en que se veía, la manera en que hablaba y en cómo empezó a concebir el mundo. Quiso, y lo logró, volverse una copia de Uribe. Arias es paisa, pero de Medellín, un paisa urbano. Había estudiado en un colegio de élite. A causa de la exposición que tuvo ante el presidente Uribe empezó a copiar los ademanes rurales de este, que por cierto también son exagerados, no hay sino que comparar al Uribe de los ochenta con el de finales de los noventa. En algún momento Arias se pasó a vivir en un personaje que era la imitación chiquita de Uribe: se peinaba como Uribe, movía los ojos como Uribe, se ponía los anteojos como Uribe. No por nada se ganó el apodo de "Uribito". Los valores que tenía los substituyó rápidamente por los del poder. Era fácil notarlo en el tono de la voz, en su manera de tratar a la gente. Por ejemplo, cuando empezaron la campaña "No al despeje", Andrés Felipe Arias empezó a presentarse en público con una personalidad más dura, hablaba de manera tosca, con una camiseta que decía "No al despeje". Es como si otra alma hubiera entrado en su cuerpo.

Cuando estalló el escándalo de Agro Ingreso Seguro, Andrés Felipe Arias daba explicaciones que no dejaban nada claro, que eran más evasivas que cualquier cosa. Luego fue aumentando su agresividad y era más común que contestara con improperios contra los periodistas que lo investigaban que con una respuesta contundente. Las ofensas estaban dirigidas especialmente a mí. Sin embargo, llegó un momento en que este joven estaba tan absolutamente enfermo de poder que hizo todo lo que estuvo a su alcance para silenciar a la prensa.

Uno de esos intentos fue una demanda en mi contra que tenía por objeto detener las publicaciones. El proceso hizo que termináramos él y yo, junto con su abogado, Jaime Granados, sentados en una fiscalía ubicada por el sector de Paloquemao. El despacho del fiscal del caso era diminuto y ahí estábamos sentados los dos, en sillas plásticas contiguas, hombro a hombro, con el abogado de él de pie, en una diligencia de conciliación. Ambos dijimos que no teníamos ningún interés en conciliar. Al terminar la diligencia, Arias me propuso que nos tomáramos un café pronto y yo le dije que sí.

Un tiempo después me llamó José Félix Lafaurie, el presidente de Fedegan, a decirme que él quería facilitar que nos encontráramos. Así fue como terminamos sentados en el club El Nogal, donde hablamos de varios temas que están contados en una columna que se llama "Un café con Andrés Felipe".

Hoy en día Andrés Felipe Arias se encuentra en Estados Unidos, haciendo negocios de finca raíz. Nadie lo está buscando, no ha tenido una circular roja ni una petición de extradición. Tampoco le han dado asilo en ese país. No creo que sea una persona que se arrepienta por lo que ha hecho. Tal vez crea que lo que pasó con él fue una injusticia. Quién sabe. Lo que sí es claro para mí es que su carrera y su futuro, que podrían haber sido brillantes, terminaron oscurecidos por su sed de poder. Por haber vendido el alma al diablo.

El padre de la plata

Agosto 29, 2009

El gobierno nacional le regaló 496 millones de pesos al hijo del senador Alirio Villamizar. La plata fue girada a través del programa Agro Ingreso Seguro, un plan del Ministerio de Agricultura, cuyo titular era en ese momento Andrés Felipe Arias. Lo mejor de todo es que el beneficiario, el abogado Danny Alirio Villamizar Meneses, pudo recibir la plata totalmente libre de impuestos gracias a una ley de la que es autor su padre.

El subsidio no reembolsable (es decir unos fondos que no tiene que devolverle al Estado) se lo ganó Danny Alirio —en franca lid, según el exministro Arias— por una suma de $496 400 000, apenas $3 600 000 por debajo del límite máximo de quinientos millones establecido para la primera entrega de Agro Ingreso Seguro del año 2008.

Un año antes de este triunfo de Danny Alirio, su padre, el senador Villamizar, trabajaba denodadamente en el Congreso de la República como coordinador de ponentes de la reforma al Estatuto Tributario.

En una de esas agotadoras sesiones, y de manera súbita, apareció un artículo nuevo en el proyecto de Ley. Fue llamado transitoriamente el 57-1 y establecía que quienes llegasen a recibir ayudas de Agro Ingreso Seguro no tendrían que pagar impuesto de renta o ganancia ocasional por esa plata.

En medio de los alegres pupitrazos que caracterizan el final de las legislaturas, y sin que se percataran los habitualmente diligentes expertos en temas fiscales del Gobierno Nacional que son enemigos acérrimos de las exenciones, la nueva ley fue aprobada con un llamativo apéndice:

"ARTÍCULO 58. Adicionase el artículo Estatuto Tributario (sic) con el siguiente artículo: Artículo 57-1. Ingresos no constitutivos de renta o ganancia ocasional. Son ingresos no constitutivos de renta o ganancia ocasional los subsidios y ayudas otorgadas por el Gobierno Nacional en el programa Agro Ingreso Seguro (AIS) y los provenientes del incentivo al almacenamiento y el incentivo a la capitalización rural previstos en la Ley 101 de 1993 y las normas que lo modifican o adicionan".

La pésima redacción es indicio claro de que el artículo fue aprobado a las volandas. A pesar de sus errores gramaticales, sus incoherencias normativas y sus consecuencias tributarias, se convirtió en ley de la República.

Curiosamente, y a diferencia de Danny Alirio, el articulito parece no tener padre. En el momento de cerrar esta columna había resultado imposible establecer, en los archivos del Congreso, la autoría de semejante iniciativa. Sin embargo, el senador Villamizar ya ha dado muestras de que sabe guardar sus recuerdos.

En la página web en la que se promueve el legislador aparece una ventana llamada "Trabajo Legislativo". Allí, bajo el título "Coordinador Ponente del Estatuto Tributario", el propio Villamizar se jacta de haber logrado que: "Los beneficios obtenidos en el futuro por el programa de Gobierno Agro Ingreso Seguro no sean considerados como ingresos constitutivos de renta, ni ganancia ocasional". Lo que no dice es que por cuenta de su iniciativa su hijo recibió los fondos públicos libres de polvo y paja.

Habitantes de la zona de Santander, donde está la finca beneficiada por Agro Ingreso Seguro, programa creado para apoyar a los trabajadores del campo, tienen la extraña idea de que el dueño de esa tierra es el senador y no el hijo.

Como sea, el día que Andrés Felipe Arias renunció al Ministerio de Agricultura para anunciar que sería candidato muleto en la carrera presidencial, a su espalda, y posando para la foto, estaba el senador Alirio Villamizar.

Juan Camilo Salazar, director de Agro Ingreso Seguro cuando el necesitado Danny se ganó el subsidio, admite haberse reunido, por separado y para temas diferentes, con el senador Villamizar y con su hijo. Ese funcionario hoy es el viceministro de Agricultura.

Familias en acción

Septiembre 26, 2009

Lo más grave de las denuncias de la revista *Cambio* sobre el manejo que el gobierno le viene dando al programa Agro Ingreso Seguro no es que algunos ricos reciban subsidios con la plata de todos los colombianos, eso es apenas otra expresión del modelo económico imperante que tiene amigos y detractores, y sobre el cual cabe la discusión.

Lo imposible de explicar consiste en que miembros de unas pocas familias —algunos de ellos donantes de las campañas del presidente Uribe— resulten favorecidos con las mayores tajadas de estos millonarios subsidios no retornables, teóricamente asignados en virtud de una aséptica fórmula matemática. Un buen ejemplo es el de los Dangond y los Lacouture.

Silvestre Dangond Lacouture, a través de la empresa Palmas Oleaginosas del Casacará, hizo aportes para las campañas de

Álvaro Uribe en 2002 y 2006. Un año después de girar la más reciente contribución, por cinco millones, su empresa palmera se presentó a la convocatoria de Agro Ingreso Seguro y ganó $447 297 788, plata de los contribuyentes, para instalar sistemas de drenaje y riego en sus tierras. La empresa y su representante no tienen que devolverle ni un centavo al Estado. Eso es lo que en el lenguaje gubernamental se llama incentivo.

Otras personas que disfrutan de los ilustres apellidos Dangond y Lacouture, en distinto orden y con diversas combinaciones, también han recibido subsidios no reembolsables.

Alfredo Lacouture Dangond, donante de la primera campaña presidencial de Álvaro Uribe, resultó favorecido en el año 2008 por dos Agro Ingreso Seguro. El primero por $457 820 574 y el segundo por $416 792 212. Algún talento especial deben tener estas familias para solicitar subsidios porque, ese mismo año, su hijo, Alfredo Luis Lacouture Pinedo, se ganó otros dos subsidios no reembolsables que suman casi novecientos millones de pesos, mientras que la mamá, Isabel Mónica Pinedo de Lacouture, consiguió otro por 399 millones. A la hermanita, Victoria Eugenia Lacouture Pinedo, le tocaron 353 millones.

Muy competitivas han resultado también las ofertas de otros parientes: los hermanos Vives Lacouture. Roberto Eusebio Vives Lacouture hizo moñona y obtuvo para sus empresas dos subsidios que suman 920 millones. María Teresa Vives Lacouture consiguió 348 millones para la suya. Patricia Vives Lacouture 465 millones. Silvia Rosa Campo Vives, casada con Juan Vives Lacouture, ganó 438 millones. Inés Margarita Vives Lacouture logró más de 770 millones de pesos. Álvaro Luis Vives Lacouture obtuvo para su empresa, Banapalma, 419 millones, y Eduardo Vives Lacouture 429 millones para la suya.

José Francisco Vives Lacouture, doble primo de los anteriores, logró el mismo año 552 millones. José Francisco es uno de los aportantes de la Asociación Colombia Primero, la ventanilla siniestra que armaron los promotores del referendo reeleccionista para evadir los topes legales de financiación y presentar donaciones como parte de un préstamo.

También han recibido estos subsidios, entre otros, Victoria Arteaga Lacouture, María Gracia Morales Lacouture y Alberto Mario Lacouture.

Una historia similar les podría contar acerca de unos Dávila de Santa Marta, varios de ellos emparentados con los ya enumerados, y también grandes usufructuarios de Agro Ingreso Seguro y de otros programas gubernamentales. Debe ser por eso que el ministro de Agricultura ha señalado, sin inmutarse, que el propósito del programa es beneficiar a las familias. Ciertamente no ha dicho a cuáles.

Como si fuera poco, y gracias al hoy detenido senador Alirio Villamizar, padre de otro favorecido, los ganadores no pagan impuestos sobre estos dineros. No tendría sentido que Colombia les quitara, mezquinamente, una parte de lo que acaba de regalarles.

El pastorcito

Octubre 3, 2009

El gobierno Uribe, que ha sobrevivido sin inmutarse a numerosos escándalos de corrupción, puede terminar enredado por cuenta de la defensa que ha querido hacer el ministro de Agricultura del tema Agro Ingreso Seguro. Andrés Fernández ha mostrado arrogancia, escaso conocimiento sobre las ejecutorias de su propio despacho y, lo que es más grave, ha faltado a la verdad frente a hechos que se pueden comprobar con documentos públicos.

Resulta casi cómico ver al ministro diciendo frente a la prensa: "Ni los Dávila Abondano, ni las otras familias, revisando nosotros las campañas, han aportado un solo peso a la campaña del presidente Uribe; ni la de 2002, ni la de 2006".

Pues bien, señor ministro, los documentos de la campaña de Uribe 2002, en manos de las autoridades electorales, demuestran lo contrario. La cabeza del grupo Daabon (Dávila Abondano), el señor Alberto Francisco Dávila Diazgranados, figura entre los aportantes a la campaña de su jefe.

Como si fuera poco, dos empresas del grupo Daabon, llamadas C. I. La Samaria y C. I. Tequendama, entregaron contribuciones de quince millones de pesos, cada una, para la llamada Asociación Colombia Primero, manejada por los mismos promotores del referendo reeleccionista para evadir los topes legales de financiación. Muchos otros beneficiarios de la plata regalada por Agro Ingreso Seguro contribuyeron a las campañas de Álvaro Uribe, entre otros, Silvestre Dangond Lacouture, a través de Palmas Oleaginosas de Casacará, y Harold Abadía Campo, familiar del actual gobernador del Valle.

Pero, quizás, el caso más elocuente sea el de Alfredo Lacouture Dangond, aportante de la campaña de Uribe en 2002 y padre de la funcionaria María Claudia Lacouture Pinedo, gerente de Imagen País, que maneja la campaña gubernamental "Colombia es Pasión". El señor Lacouture Dangond, junto con su esposa Isabel Mónica Pinedo y tres de sus hijos (Alfredo Luis, Victoria Eugenia y Alberto Mario), han recibido más de tres mil millones de pesos en subsidios no reembolsables.

No es la única familia de funcionario que ha pelechado con los programas del Ministerio de Agricultura.

El ministro Fernández quiso ser habilidoso cuando reveló, reclamándolo como una actitud de transparencia, que el director de la Dian, Néstor Díaz, y el presidente del Fondo Nacional del Ahorro (FNA), Hernando Carvalho, habían recibido un ICR (que consiste en que el Estado paga una parte de un crédito adeudado por los beneficiarios) como accionistas de una sociedad que armaron para sembrar palma africana. Sin embargo, el beneficio con plata pública no fue tan casual como quiso presentarlo el ministro.

La compañía en la que tienen intereses el director de la Dian y el presidente del FNA fue creada con el propósito de obtener dinero de los programas estatales. En la escritura de constitución, protocolizada en febrero de 2007 en una notaría del modesto barrio Las Ferias de Bogotá, aparece como primer punto de la cláusula que define el objeto de la sociedad lo siguiente: "Podrá acceder y solicitar incentivos agrícolas tales como: ICR, CIF y/o incentivos y mecanismos financieros que modifiquen, complementen, mejoren o sustituyan los anteriores". Curiosamente, los transparentes funcionarios no aparecen con nombre propio en la junta directiva de la compañía. En contraste con los demás socios, que figuran con nombres y apellidos completos, en donde debería ir la esposa de Hernando Carvalho, la escritura solo dice "Representante legal de Abago S. A.". En el espacio en el que debería aparecer el nombre de Néstor Díaz Saavedra, director de la Dian y quien aprobó con su firma la creación de la empresa, dice apenas "Representante Legal Díaz Familia y compañía S. en C.". Seguramente, la modestia los llevó a omitir sus nombres en el órgano de dirección de la compañía beneficiada.

En la rueda de prensa de marras, el ministro Fernández afirmó que no quería pasar por mentiroso. Por eso lo invito a que corrija lo que dijo, o a que demuestre que son falsos los documentos que sustentan esta columna.

Otras zonas francas

Noviembre 7, 2009

Dos de los beneficiados con los millonarios recursos de Agro Ingreso Seguro son, además, dueños de zonas francas concedidas por el gobierno. El grupo Daabon, de la familia Dávila Abondano de Santa Marta, y el señor Jaime Henríquez Gallo, exsenador y próspero bananero de Urabá, han recibido autorización para poner en marcha sus centros con régimen especial de impuestos.

Los dueños de zona franca, a diferencia de los demás contribuyentes, no pagan el 33 por ciento de impuesto sobre la renta, sino el 15 por ciento. Están, además, exentos del pago del IVA para todos los bienes, insumos y materias primas que compren en Colombia. Tampoco pagan tributos aduaneros ni IVA, sobre los bienes que compren en el exterior y que se queden en la zona franca. Toda la plata que los afortunados poseedores de una zona franca dejan de pagarle al país los enriquece.

Los señores Dávila Abondano, financiadores de la elección del presidente y del referendo que busca su tercer período, obtuvieron no una, sino dos zonas francas. Una de ellas es la Zona Franca de las Américas, aprobada por la Dian previo visto bueno de cinco ministros del gobierno Uribe en el año 2008.

Como si fuera poco, en marzo de este año, el propio presidente de la República —acompañado, entre otros altos funcionarios, por Andrés Felipe Arias— acudió a inaugurar una instalación industrial de otra zona franca de los Dávila Abondano. Se trata de la planta de biodiesel y glicerina de su empresa Biocombustibles Sostenibles del Caribe S. A., propiedad del grupo Daabon en asocio con Palmeras de la Costa S. A. El biocombustible que produzcan, en ese privilegiado territorio, tendrá todas las ventajas fiscales, aduaneras y cambiarias, además gozará de los llamados pactos de estabilidad de veinte años. Más allá de su bonito nombre, estabilidad aquí significa que en dos décadas ningún gobierno podrá pensar en regresarlos a la normalidad tributaria.

Con plata de los colombianos, estos mismos señores instalan sistemas de riego y drenaje en sus fincas. Por ejemplo, en Riohacha, La Guajira, la totalidad de los recursos de AIS ($2 634 703 151) fue recibida por el grupo Daabon. Para reclamar esos dineros públicos se identificaron de diferentes maneras: C. I. La Samaria S. A., que recibió más de 463 millones; C. I. Tequendama S. A., con casi 480 millones; Ecobio Colombia Ltda., que obtuvo 409 millones; Guillermo Barrios del Duca —gerente de Alianzas Estratégicas de Daabon y director del boletín del grupo llamado Agro-alianzas—, a cuyo nombre lograron 469 millones; Jesús Carreño Granados —jefe de contabilidad de Daabon—, feliz ganador de un subsidio no reembolsable por casi 415 millones, y Luis Miguel Vergara —gerente del Fondo de Empleados de Daabon—, titular de otro regalo por cerca de 400 millones.

Cuando el señor Alberto Francisco Dávila, cabeza del grupo Daabon, visitó la Casa de Nariño, fue recibido por el presidente de la República acompañado por los ministros de las carteras de su interés.

La historia de Daabon y de las fortunas consolidadas y aumentadas por decisiones políticas podría seguir, y seguramente seguirá, pero no quiero dejar ir estas últimas líneas sin mencionar a los señores Guillermo y Jaime Henríquez Gallo. Ellos, a través de su empresa Agrícola Santa María S. A., recibieron quinientos millones de pesos no reembolsables para riego, además de un crédito a tasa preferencial de DTF menos dos puntos.

Estos mismos apellidos han sido mencionados por el jefe paramilitar Freddy Rendón Herrera, alias "el Alemán", como financiadores del paramilitarismo en Urabá.

Jaime Henríquez Gallo, antiguo compañero de Congreso del presidente Uribe, recibió del gobierno la autorización para poner en marcha la nueva Zona Franca de Urabá.

Caritas felices

Noviembre 21, 2009

El miércoles pasado, el diario *El Espectador* traía en su portada a cuatro hombres sonrientes. Cuatro gestos risueños, y casi burlones, que sirven de colofón a un escándalo que estremeció al país durante varias semanas. Ellos celebraban la no aprobación de la moción de censura al ministro de Agricultura por los hechos de Agro Ingreso Seguro. Se regocijaban en la impunidad política que siguió al regalo de millonarios recursos del Estado a aportantes de las campañas de Álvaro Uribe, a miembros de rancias castas políticas, e incluso a personas al margen de la ley.

La foto muestra a Juan David Ortega, actual asesor de la campaña de Andrés Felipe Arias; al propio Arias, precandidato conservador y coautor de la cuestionada política agraria de este gobierno; a un alborozado periodista llamado José Fernando Porras, y al salvado ministro, Andrés Fernández. La simple revisión de las hazañas de los protagonistas muestra elocuentemente las razones que tienen para reírse.

Juan David Ortega afronta un proceso penal y otro disciplinario por la compra de los votos parlamentarios para la primera reelección. Tres congresistas ya han sido condenados por estos hechos probados judicialmente. Sin embargo, en el caso de Ortega, la justicia ha ido a paso de tortuga. Ortega fue asesor de la Secretaría General de la Presidencia y después secretario general del Ministerio de Agricultura de Arias. Un documento en Excel que resume la asignación de cuotas durante el trámite de la primera reelección tiene la firma electrónica de "juanortega" y procede de un programa Office registrado a nombre de "Presidencia de la República". En el proceso contra Teodolindo Avendaño, Ortega se negó a responder las preguntas de la Corte Suprema, alegando su derecho a no autoincriminarse.

El segundo en la foto es Andrés Felipe Arias, un hombre muy inteligente y con una formación académica excepcional, cuyo paso por el gobierno lo catapultó políticamente, pero le ensució el alma para siempre. Allí aprendió a imitar, y por consiguiente a mentir, tanto en los hechos como en sus interpretaciones. Con cinismo,

Arias señaló que la no aprobación de la moción de censura a su sucesor era un gesto de apoyo del país a su rapaz política. Arias trató de presentar como un éxito de Agro Ingreso Seguro el resultado esperado de la influencia presidencial sobre su bancada. El exministro se equivoca, pese a la mala memoria nacional, el tema de AIS lo seguirá por el resto de su vida.

El tercero de los sonrientes se llama José Fernando Porras, y hace unos años era conocido con el remoquete del "Indio Morocongo". Es el director del noticiero popular de *La Voz* de Bogotá, y no tiene inconveniente en combinar la reportería con la promoción frontal de Andrés Felipe Arias. Hace unos días apareció en YouTube un video con esta introducción: "José Fernando Porras, el periodista popular de Bogotá, reunió a más de doscientas personas para que escucharan la propuesta de Andrés Felipe Arias". Tristemente para el país, Porras no es el único periodista, ni el más importante, dedicado a la propaganda o a lavar la cara de los funcionarios envueltos en escándalos.

El último de los personajes es también el más mediocre. Andrés Fernández llegó al ministerio por el único mérito de haber sido compañero de pupitre de Andrés Felipe Arias. En su defensa, calificada por algunos áulicos como brillante, Fernández no fue capaz siquiera de responder a los cuestionamientos de los citantes. Apeló a la táctica de atribuirles a sus contradictores cosas que no habían dicho y explicar esas ante la imposibilidad de contestar las que sí dijeron. Pero ni para eso dio la talla por sí mismo. Largos fragmentos de su discurso fueron tomados y leídos, o repetidos de memoria, de una cartilla editada y distribuida días antes por su antiguo jefe, Andrés Felipe Arias.

La prueba en video de la copialina no deja duda sobre la identidad del ventrílocuo del salvado. Todo esto es lo que el sonriente Arias define como la nueva política.

Cantinflarias

Diciembre 19, 2009

El disparatado discurso del inmortal Mario Moreno "Cantinflas" está reviviendo en Colombia por cuenta de un candidato presidencial de repuesto. Andrés Felipe Arias, quien para asemejarse a su modelo fue capaz de ruralizar su acento, adquirido en el exclusivo Columbus School de Medellín, ha incurrido en los últimos días en tantos despropósitos que ya es difícil saber cuándo está hablando en serio.

La última de sus salidas fue anunciar que —en un hipotético mandato suyo— impulsará un indulto para los militares procesados por las desapariciones y torturas de civiles en el Palacio de Justicia. Sin embargo, pocos días después, y con las revelaciones de la llamada Comisión de la Verdad, vio la oportunidad para sacarse un clavo con su contendora en la carrera conservadora y ya no le pareció que lo sucedido allá fuera tan perdonable. Por lo menos no para su adversaria política.

Arias pidió que Noemí Sanín fuera investigada por la censura de información que como ministra de Comunicaciones impuso durante la toma del Palacio. El hombre que encontraba necesario el perdón para los que "nos defendieron", sin sonrojarse sostiene ahora que su contradictora lleva "por siempre esas vidas en su conciencia".

"Porque yo como digo una cosa digo la otra, jovenazo".

Para completar su cantinflada, Arias pide que la antigua censuradora sea procesada por la risible Veeduría Ética del Conservatismo. Sin embargo, 72 horas antes celebraba como un triunfo que el presidente de su partido le hubiera ordenado a la misma instancia que cesara las investigaciones contra él por el escándalo de Agro Ingreso Seguro.

"¿No que no, chato?".

Justamente ese escándalo les dio la mejor ocasión a las ocurrentes afirmaciones del candidato muleto. Mientras las investigaciones periodísticas ponían en evidencia que buena parte de los recursos se había quedado en manos de financiadores de las campañas políticas de Uribe, en numerosos miembros de unas cuantas familias de terratenientes y aun en personas con deudas con la justicia, Andrés Felipe Arias alegaba que el programa había sido construido "con paredes de cristal". Enfrentado a las protuberantes evidencias, empezó a reclamar como mérito suyo el descuido de algunos beneficiarios de los millonarios recursos de AIS.

El caso más vistoso fue el de la mamá de alias "Gordo Lindo", a quien le aprobaron dineros de AIS a pesar de que años antes había sido señalada por la Presidencia de la República como testaferro de su hijo. La mujer aparece en los listados oficiales como beneficiaria del programa, pero no llegó a cobrar los dineros porque presentó extemporáneamente un papel. A pesar de que esa es la única razón, Arias alega en su defensa que "nunca-nunca-nunca" se le entregó la plata porque el gobierno se la negó.

La premeditación de Andrés Felipe Arias en AIS fue tan evidente que en una entrevista publicada por la revista *Caras*, en febrero de 2007, dos años antes de que estallara el escándalo, ante la pregunta "¿Cuándo ha dado papaya?", respondió: "Cuando he querido dar subsidios y ayudas a quienes no lo necesitan".

Pues bien, ahora entre los aportantes de su campaña están varios beneficiarios de esos subsidios no reembolsables de AIS, entre otros el grupo Mayagüez.

"Ahí está el detalle, mi cuate".

Por último, para esquivar una pregunta de Gustavo Gómez en *Semana*, Arias aseguró que a Juan David Ortega, el jefe político de su campaña, solo "lo han llamado a los procesos de la yidispolítica como un testigo más". Esa afirmación es falsa. En las páginas 104 y 105 de la sentencia de la Corte Suprema de Justicia que condena a Teodolindo Avendaño, los magistrados ordenan compulsar copias a la Fiscalía para que investigue penalmente a Juan David Ortega por su posible participación en la entrega de prebendas a los congresistas que aprobaron la primera reelección.

"Órale, hay momentos en la vida que son verdaderamente momentáneos".

El mal camino

Febrero 6, 2010

La campaña de Andrés Felipe Arias está apelando a tretas para burlar las normas electorales. Poderosos beneficiarios de AIS, y de otras ejecutorias del exministro, están moviendo la financiación de su precandidatura. La ley electoral establece que este tipo de campañas solo puede recibir aportes de personas naturales y hasta un tope determinado.

La campaña de Arias está, en unos casos, fraccionando aportes remitidos por empresas en cheques de varias personas naturales. En otros, y al mejor estilo del referendo reeleccionista, triangulando donaciones a través de una fundación creada para el efecto, o utilizando un fondo especial del Partido Conservador. Por último, han recurrido a una empresa para pagar los honorarios de un asesor del candidato, sin registrar ese aporte mensual en la contabilidad de la campaña.

Y no es que los directivos de Arias desconozcan esas obligaciones legales. La gerente de la campaña, Beatriz Uribe Botero, advirtió a todos los encargados en una circular que "Los aportes deben recibirse únicamente de personas naturales. La ley NO permite recibir aportes de personas jurídicas".

A pesar de la oportuna admonición, la propia gerente admitió cheques de donación enviados por una compañía a la que le habían pedido ayuda. El Grupo Mayagüez, a través de su directora jurídica, Claudia Martínez Valecilla, le envió dos cheques de personas naturales con los formularios de donación diligenciados. Vale recordar que Mayagüez, que no tiene por objeto social recibir aportes para campañas políticas, obtuvo casi tres mil millones de pesos como beneficios de AIS mientras Arias era ministro. Los cheques remitidos a la campaña por la jurídica de Mayagüez están en cabeza de dos aportantes que, en formulario adjunto, declaran que hacen la donación en nombre propio. Uno de ellos es Jaime Correa Holguín.

Él es hermano de Álvaro Correa Holguín, antiguo presidente y miembro de la junta directiva de Mayagüez. Además de los AIS de Mayagüez, Álvaro Correa Holguín y su hijo Álvaro José Correa Borrero recibieron más de setecientos millones de pesos de AIS para sus empresas familiares Inversiones Alvalena y La Juliana S. A. Otros favorecidos con AIS, entre ellos los Dávila de Santa Marta y los Henríquez Gallo de Urabá, son aportantes de la campaña de Arias.

Copiando la estratagema de Luis Guillermo Giraldo, los amigos de Arias crearon hace unos meses una fundación paralela con directivos comunes y un nombre paradójico: Colombia Cambió. Su representante legal es Sandra Gaitán, la directora administrativa de la campaña de Arias. A nombre de esa corporación vienen recaudando aportes que desde luego no aparecen en los libros de la campaña.

Como si fuera poco, la misma Sandra Gaitán agradece a empresarios, a nombre de Andrés Felipe Arias, la ayuda a su causa mediante donaciones en el Fondo Nacional Económico que maneja el Partido Conservador. Eso sí, advierte a los benefactores que no pueden mencionar al candidato en las actas de autorización de aporte.

Juan David Ortega, vinculado a las investigaciones por yidispolítica y AIS, trabaja tiempo completo para la campaña de Arias y cada mes recibe honorarios por algo más de catorce millones de pesos. Se los paga una firma llamada Grupo Proyectar Latinoamérica, socia de la Bolsa Nacional Agropecuaria, donde el Ministerio de Agricultura es accionista mayoritario. Desde luego tampoco el aporte para el pago de Ortega aparece en la contabilidad.

Quizás Andrés Felipe Arias, a quien esta semana le negaron el ansiado guiño principal, aún esté a tiempo para considerar que hay cosas más importantes que el poder.

Agro aporte seguro

Febrero 13, 2010

El exministro de agricultura, Andrés Felipe Arias, sostiene que una fundación llamada Corporación Colombia Cambió nada tiene que ver con él, ni con su causa. Sin embargo, entre los fundadores y directivos de esa corporación aparecen cuatro destacados miembros de su campaña. Además, hay una evidencia que demuestra que la gerente nacional de la campaña de Arias, Beatriz Uribe Botero, ha usado a Colombia Cambió para buscar donaciones de empresas, aportes que están expresamente prohibidos por la ley para ese tipo de procesos. En la lista de esos aportantes paralelos hay varios beneficiarios de AIS.

Una corporación similar fue usada por los promotores del referendo reeleccionista para burlar el tope máximo de 334 millones de pesos para la recolección de firmas y recibir cerca de dos mil millones por la conveniente puerta de atrás de la fundación. Por esa razón, hay una decisión en contra de los miembros de ese comité en el Consejo Nacional Electoral y en la Fiscalía avanza, lentamente, un proceso contra ellos por fraude procesal.

Hace cinco meses fue creada Colombia Cambió. El acta de constitución asegura que el jueves 17 de septiembre, a las nueve de la mañana, se juntaron cuatro personas para establecer una fundación autorizada, entre otras cosas, para recibir donaciones y otorgar préstamos.

De los cuatro fundadores, tres son directivos de la campaña de Arias: Tulio Arbeláez, quien además es miembro de la junta de la Bolsa Nacional Agropecuaria donde actúa como suplente nada menos que del actual viceministro de Agricultura; Sonia Lucía Navia de Mosquera, al mismo tiempo presidenta de la junta nacional de Fedepapa, y Sandra Gaitán Ñungo, directora administrativa de la campaña, gestora de donaciones trianguladas a través del Partido Conservador y, adicionalmente, desde ese día representante legal de Colombia Cambió. Como si faltaran indicios del paralelismo, los fundadores nombraron ese mismo día como veedor de la corporación Colombia Cambió a César Serrano Morales, a quien Andrés Felipe Arias presenta como su coordinador de día de elecciones.

La gerente nacional de la campaña ha recorrido algunos medios negando cualquier irregularidad. Así lo afirmó, por ejemplo, en una entrevista regalada por Fernando Londoño, también cuadro de la campaña de Arias y condenado a 27 años de inhabilidad por apropiarse ilegalmente de unas acciones al hacerse pasar por trabajador de Invercolsa. Allí la gerente sostuvo, sin sonrojarse, que no ha recibido aportes de ninguna empresa y que "jamás, jamás, hemos gestionado apoyo ante empresas que se hayan beneficiado del programa Agro Ingreso Seguro o de cualquier otro programa del gobierno". Pues bien, la gerente miente y aquí está la prueba.

Cinco días después de la constitución de Colombia Cambió, Beatriz Uribe envió un correo electrónico a algunos miembros y simpatizantes de la campaña en el que escribió: "Favor tomar nota de los donantes de cada una de nosotras para mover lo de la Corporación Colombia Cambió". Inmediatamente recibió la respuesta de Emma Lucía Berón, gerente de la campaña en el Valle, en donde asegura que varias compañías tienen ya la documentación de Colombia Cambió y están listas para hacer sus generosas donaciones. Entre estos aportantes, Emma menciona a Riopaila, MAC, Manuelita, Mayagüez, Fanalca y Pollos Bucanero. Beatriz Uribe y Emma Berón no son miembros, a ningún título, de la corporación Colombia Cambió, ¿por qué, entonces, dos gerentes de Arias piden aportes para una fundación que no está relacionada ni con ellas ni con la campaña?

Por lo demás, los donantes son empresas. Riopaila, Manuelita, Mayagüez y El Bucanero, además, fueron favorecidos con millonarios recursos públicos de AIS. Establecido esto, solo resta determinar si Andrés Felipe Arias sabía. O si la gerente y los más importantes cuadros de su campaña tienen armado un complot para financiarlo a sus espaldas.

Operación tapadera

Febrero 20, 2010

El viernes 12 de febrero, cuatro días después de la primera columna que revelaba la existencia de una fundación paralela para financiar la campaña de Andrés Felipe Arias, alguien inició los trámites ante la Cámara de Comercio para liquidar esa fundación. La diligencia está llena de llamativas curiosidades que deberían ser revisadas por las autoridades.

La semana anterior les conté que, a pesar de que Andrés Felipe Arias y su gerente nacional Beatriz Uribe niegan cualquier conexión de esa campaña con la corporación Colombia Cambió, existen correos electrónicos que comprueban que la señora Uribe y la gerente regional del Valle, Emma Lucía Berón, hicieron gestiones para recaudar donaciones entre empresas. Entre ellas varias beneficiarias de AIS.

La información publicada por *Semana* empezó a circular el domingo 7 de febrero. Cinco días después, una persona, que no es identificable en el registro mercantil, acudió a las oficinas de la Cámara de Comercio de Bogotá para radicar un acta donde los fundadores acuerdan la liquidación de Colombia Cambió. Habitualmente, quien hace esta gestión llena un formulario con su nombre, su dirección electrónica y su teléfono. Sin embargo, en los archivos de la Cámara esa información aparece en blanco.

La persona desconocida pagó en efectivo $95 700. Curiosamente, la diligencia se efectuó por fuera de las horas de atención al público. La Cámara de Comercio atiende de ocho de la mañana a cinco de la tarde. Ese día no hubo horarios extendidos en ninguna de sus sedes, pero en el recibo del impuesto de la transacción la hora marcada por el computador es las 17:41:52.

El documento registrado es el acta de una reunión celebrada el martes 22 de diciembre de 2009 a las cuatro de la tarde. A ella, según el papel, acudieron todos los fundadores de la corporación Colombia Cambió: Tulio Enrique Arbeláez, cuadro de la campaña de Arias y miembro de la junta de la Bolsa Nacional Agropecuaria; Sonia Lucía Navia, presidente de la junta nacional de Fedepapa y también cuadro de la campaña de Arias; Sandra Gaitán Ñungo, directora administrativa de la campaña política de Arias y representante legal de la agónica Colombia Cambió, y un señor llamado Manuel de la Ossa.

La Corporación Colombia Cambió solo tuvo tres meses de vida y dos actas: la número uno creándola y la número dos liquidándola. No aparece ningún documento que autorice a Beatriz Uribe o a Emma Berón para recaudar dineros a su nombre. La señora Sonia Navia, quien actuó como secretaria de la reunión de disolución de Colombia Cambió, explicó por qué tomaron la decisión de acabarla: "Ya que los cuatro creemos en las propuestas de un candidato resolvimos, para que no se tomara como que existía un nexo, cerrar la corporación (sic)". Dijo también que Sandra Gaitán Ñungo, como representante legal, es quien debe explicar por qué se demoró hasta febrero, y después de los cuestionamientos públicos para registrar el acta.

Andrés Felipe Arias ha dicho que su campaña no ha recibido préstamos ni donaciones de Colombia Cambió. Sin embargo, hay una prueba irrefutable de que recibió préstamos de dos de los fundadores de la efímera corporación y de Beatriz Uribe, gerente de su campaña y gestora de donaciones para la fundación paralela.

En la planilla de recaudos de la campaña hay un cuadro que relaciona los préstamos. Allí aparecen tres efectuados por Beatriz Uribe que suman 42 millones de pesos, dos de Tulio Arbeláez que totalizan $6 500 000 y uno de Sonia Navia por $9 600 000. A la fecha de ese corte, esos y otros préstamos llegaban a 371 millones de pesos. Colombia Cambió recaudó donaciones entre empresas, y sus fundadores y gestora de aportes le han prestado plata a la campaña de Andrés Felipe Arias.

Para colmo de casualidades, los trámites de liquidación de la corporación Colombia Cambió ante la Cámara de Comercio empezaron la misma semana en la que Procuraduría, Fiscalía y Consejo Nacional Electoral anunciaron que investigarían a la campaña y al candidato.

El nuevo Santofimio

Marzo 6, 2010

Esa deslumbrante inteligencia y su habilidad oratoria convirtieron al joven Santofimio en una gran promesa para el futuro de Colombia. Muy pronto se hizo ministro de Justicia y presidente de la Cámara de Representantes. Su talento político resultaba evidente, pero también su anhelo por conseguir poder rápidamente. Los escándalos empezaron a rondarlo y las explicaciones a quedarse cortas, mientras que, durante las investigaciones, desaparecían misteriosamente pruebas contra él.

Tenía 35 años cuando fue apresado por primera vez como resultado de una operación con dineros públicos en la que usó el nombre de su esposa de entonces. Los microfilmes de un banco que probaban el ilícito se esfumaron. Santofimio salió de la cárcel con un fallo de preclusión y, quién lo creyera, fortalecido políticamente. Se convirtió en uno de los grandes electores de Colombia y a pesar de su pasado, o tal vez gracias a él, fue dos veces candidato a la Presidencia y, otras dos, reo. Condenado en el proceso 8 000, hoy, a sus 68 años, espera que la Corte Suprema defina en casación si tuvo o no responsabilidad en el asesinato de Luis Carlos Galán.

Evoco la historia de este antimodelo porque Andrés Felipe Arias empieza a transitar el mismo camino, aunque por faltas muy diferentes a las de Santofimio. Negación de evidencias, intentos de borrar el rastro y otras actitudes semejantes han caracterizado su reacción a las denuncias por la financiación de su campaña.

La corporación Colombia Cambió, cuya relación con su campaña política ha negado Arias, recogió en escasos tres meses de vida más de 580 millones de pesos, como lo prueba un documento, hasta ahora inédito, que registra los movimientos contables de esa fundación paralela. No era pues un simple ejercicio académico, como dijo una de sus fundadoras, sino una operación masiva para recibir dineros por la puerta de atrás, al mejor estilo del fallido referendo reeleccionista. De acuerdo con la firma electrónica del Excel, la autora del documento contable es Katia Flórez.

El nombre de Katia Flórez ya había sido mencionado en este asunto. Sandra Gaitán Ñungo, directora administrativa de la campaña de Arias, le escribió un mensaje electrónico a un donante indicándole que su aporte debería girarlo a la Corporación Colombia Cambió y enviarlo a Katia Flórez, a la Carrera 5A # 35 - 15 de Bogotá. Durante su efímera existencia, Colombia Cambió pagó gastos tan llamativos como una cuenta de restaurante por $425 453 141.

Aún no sabemos dónde están los millonarios recaudos que no alcanzó a gastar Colombia Cambió en sus tres meses de vida. Esta es una pregunta interesante para hacerle al veedor de esa corporación, que resultó ser César Serrano Morales, casualmente el padre de la esposa de Andrés Felipe Arias y, según comunicaciones oficiales de la campaña, coordinador del día de elecciones, una jornada en la que suelen efectuarse cuantiosos gastos en efectivo.

No se sabe tampoco por qué, si nada tenían que ver con esa corporación, la gerente nacional y la gerente del Valle de la campaña de Arias recaudaban fondos para Colombia Cambió entre varias empresas, algunas de las cuales han sido beneficiarias de AIS.

A propósito de eso, Riopaila-Castilla, una de las empresas mencionadas como seguro aportante por las gerentes, figura por error del gobierno en los listados oficiales de beneficiarios de AIS, pero no recibió plata de ese programa específico. Lo que sí recibió fueron más de trescientos millones de pesos a través de dos de sus compañías por Incentivos de Capitalización Rural, otorgados cuando Andrés Felipe Arias era ministro de Agricultura.

Una verdad innegable, como es innegable que el trámite en la Cámara de Comercio para liquidar la corporación Colombia Cambió empezó cinco días después de que aquí fuera denunciada su existencia. O que el eslogan "Colombia cambió" sea parte de la propaganda de Arias. Muchas casualidades, teniendo en cuenta que el candidato niega cualquier relación de esa fundación con su campaña.

El "startazo" MAC

Abril 24, 2010

Luis Ernesto Mejía ayudó a financiar, por la puerta de atrás, la campaña del archirrival de su actual compañera de fórmula Noemí Sanín. De hecho, algunos documentos provenientes de una empresa de Mejía son ahora pruebas en el Consejo Nacional

Electoral de la financiación irregular de la fallida campaña de Andrés Felipe Arias.

Arias ha negado repetidamente cualquier relación entre una fundación llamada Corporación Colombia Cambió y las finanzas de su campaña. Según él, es pura casualidad que varios directivos de su campaña, y su propio suegro, César Serrano, estén vinculados a Colombia Cambió.

Las razones de tan insistente negativa son dos. Primero, la ley prohíbe que las campañas reciban donaciones a través de fundaciones paralelas. (En parte este es el problema penal que afrontan los promotores del referendo reeleccionista). Y, segundo, también por mandato legal está vedado a las campañas recibir aportes de empresas; los fondos deben provenir exclusivamente de personas naturales. Sin embargo, los miembros del Consejo Nacional Electoral tendrán que analizar en los próximos días unos papeles que demuestran, inequívocamente, que la corporación Colombia Cambió sí recibía aportes para la campaña de Arias y que esos aportes provenían de empresas y no de particulares.

La enorme paradoja consiste en que en medio de los giros del carrusel de la política, la prueba reina contra Arias terminó saliendo de los archivos de la empresa bandera del vicepresidente de Noemí Sanín.

El 21 de septiembre pasado se reunió en Yumbo, Valle, la junta directiva de MAC S. A. El cuarto punto del orden del día de esa mañana consistió en una autorización especial a los representantes legales de la compañía. El acta establece lo siguiente: "Por unanimidad, la Junta Directiva de MAC […] aprueba conceder autorización al Presidente y Representante Legal […] para que en nombre y representación de la sociedad efectúe donación a favor de la CORPORACION COLOMBIA CAMBIÓ destinada a apoyar al Candidato a la Presidencia de la República de Colombia DR. ANDRÉS FELIPE ARIAS en la consulta popular interna del Partido Conservador Colombiano".

Queda claro que Colombia Cambió sí recaudaba dineros para la campaña de Arias y que a través de ella recibían donaciones provenientes de empresas.

Para completar las pruebas procedentes de los donantes, hay otra que viene de la campaña de Arias y que muestra cuál era el destino de esa plata. La gerente de la campaña de Arias en el Valle del Cauca, Emma Lucía Berón, envió a las directivas de MAC un correo electrónico indicándoles que "De Valle todos con Arias se encargarán de recoger personalmente los cheques", es decir, las donaciones que estaban pidiendo para Colombia Cambió.

De la violación de la ley electoral son responsables, tanto el candidato y los encargados de su campaña, como la empresa donante y sus directivos. El ahora compañero de fórmula de Noemí Sanín, Luis Ernesto Mejía, difícilmente podrá decir que desconocía la decisión de su empresa. En el acta que autoriza la donación consta que Mejía asistió a esa reunión: "Como invitados estuvieron presentes la señora María Fernanda Mejía Castro, Presidente de MAC S. A., y el señor Luis Ernesto Mejía Castro".

Entre las pruebas que tiene el Consejo Nacional Electoral también hay un cheque girado desde la cuenta empresarial de MAC a la corporación Colombia Cambió. Una de las firmas del cheque es la de María Fernanda Mejía, quien además de presidir la compañía fabricante de baterías es la hermana del ahora compañero de fórmula de Noemí Sanín.

Veremos si las explicaciones del doctor Luis Ernesto Mejía resultan mejores que las de Andrés Felipe Arias.

Flor de un día

Octubre 16, 2010

El periodista Norbey Quevedo reveló la semana pasada en *El Espectador* que el Banco Agrario tiene problemas para recuperar millonarias sumas prestadas a algunos floricultores. La situación se complicó, además, porque en muchos casos el fiador es el propio Estado a través del Fondo Agropecuario de Garantías. Es decir, el Estado terminó debiéndose a sí mismo más de veinticinco mil millones de pesos por cuenta de unos incumplidos.

La W Radio ha seguido el caso y ha encontrado aspectos muy interesantes del asunto. Se han preguntado repetidamente si los beneficiados con los créditos (incluyendo a los morosos) han tenido algo que ver con la campaña política de Andrés Felipe Arias. No ha sido sencillo que les entreguen la información detallada en el Consejo Nacional Electoral.

Sin embargo, el persistente Yamit Palacio encontró una pista de oro. Se trata de una circular del director regional de Asocolflores en Antioquia, Marcos Alberto Ossa, titulada "Donación para la campaña del Dr. Andrés Felipe Arias", en la que advierte que, para cumplir las normas, los cheques deben ser girados por personas naturales, pero deja muy en claro, en el punto ocho del documento, que esas donaciones vendrán de empresas y grupos: "Los aportes se harán por Empresa o por Grupo, y dependerán de su categoría: Categoría A: \$5 000 000; Categoría B: \$2 000 000; Categoría C: \$1 000 000". La circular prueba que existió una instrucción gremial de la asociación de floricultores para hacer donaciones a la campaña del exministro Arias, bajo cuya administración empezaron a recibir cuantiosas prerrogativas. Además de los créditos del Banco Agrario, muchos floricultores resultaron favorecidos con AIS por coberturas cambiarias e Incentivos Sanitarios para Flores y Follajes, entre otras millonarias ayudas.

Pero, además, existe una prueba contundente de que varios de los otrora favorecidos por la administración de Andrés Felipe Arias se convirtieron en donantes de su campaña presidencial. Se trata de la planilla de recaudos de la campaña de Arias. El documento muestra que el gestor de 43 donaciones para esa fecha era Aso-colflores. Esos aportes de floricultores, que incluyen al presidente de la agremiación, Augusto Solano, suman casi 114 millones de pesos. También son donantes otros beneficiarios de AIS, pero por hoy concentrémonos en los floricultores y especialmente en los morosos del BanAgrario.

El grupo Falcon Farms recibió más de doce mil millones de pesos desembolsados por el banco estatal, pero hace unos días fue autorizado para acogerse al régimen de insolvencia. Es decir, la platica se perdió. En 2008, el Estado le había regalado otros 240 millones como Agro Ingreso Seguro por coberturas cambiarias. Al año siguiente recibió 371 millones por incentivo sanitario. La planilla de recaudos de la campaña de Arias muestra que el mayor accionista individual de Falcon Farms, el señor Jaime Mauricio Restrepo Arango, le donó diez millones de pesos a la campaña de Arias en un cheque de su cuenta personal del BBVA. El agradecido señor Restrepo también controla Flores La Virginia, que le debe otros 1460 millones de pesos al Banco Agrario.

También es donante de la campaña de Arias, con cheque de un millón de pesos del HSBC, el señor Arturo Harker Borda, quien, a través de sociedades familiares y participación propia, controla el cuarenta por ciento de Tinzuque S.A. Sus socios son compañías panameñas cuyos accionistas están protegidos por el velo societario de ese país. Tinzuque le debe casi cinco mil millones al Banco Agrario. El señor Harker Borda tiene intereses también en Flores Tikiya S.A., que le adeuda otros 1500 millones de pesos a BanAgrario, y en Flores Chusacá, que debe algo más de mil millones de pesos.

Muchos floricultores usaron apropiadamente las ayudas del Estado, salvaron sus empresas y el empleo de miles de trabajadores. Sin embargo, otros empiezan a protagonizar llamativas quiebras. Lo que queda claro, por encima de cualquier duda, es que los mayores morosos de los créditos de BanAgrario aportaron a través de accionistas y directivos a la campaña de Andrés Felipe Arias.

¿No que no?

Noviembre 13, 2010

Esta semana, la actual ministra de Ambiente y antigua gerente de la campaña política de Andrés Felipe Arias reconoció varios hechos relacionados con la financiación de esa causa, publicados en esta columna. Por escrito, y de viva voz, Beatriz Uribe Botero admitió que mientras se desempeñaba como gerente de la campaña, gestionaba recursos para una fundación paralela llamada Corporación Colombia Cambió. También aceptó que accionistas y directivos de empresas beneficiadas por Agro Ingreso Seguro, y otros programas del Gobierno, fueron aportantes de la campaña del exministro de Agricultura.

La confesión tuvo lugar en un debate en el Senado citado por el acucioso senador Jorge Enrique Robledo. Lo llamativo es que en febrero de este año, cuando se hicieron públicas las denuncias, la negativa de Beatriz Uribe fue el comienzo de la airada reacción del entonces precandidato Andrés Felipe Arias y de algunos de sus seguidores, tan activos como exaltados en foros y en internet. Si se hubieran acogido a las palabras de la hoy ministra y antigua gerente, se habrían ahorrado muchas rabietas e innumerables mensajes.

Hace nueve meses el exministro Fernando Londoño, director de un espacio radial y a la vez asesor de la campaña de Arias, "entrevistó" a la doctora Beatriz Uribe para que explicará lo que había sucedido en la financiación. En esa ocasión ella sostuvo y dejó grabado lo siguiente: "Primero, reitero, no hemos recibido recursos de empresas. Segundo, jamás, jamás, hemos gestionado apoyos entre empresas que se hayan beneficiado del programa Agro Ingreso Seguro o de cualquier otro programa del gobierno". Sin embargo, varios documentos se encargaron de contradecirla.

En primer lugar, un correo suyo en el que daba una instrucción en estos términos: "Favor tomar nota de los donantes a cargo de cada una de nosotras para mover lo de la Corporación Colombia Cambió".

Esta semana, ya investida como ministra, Beatriz Uribe reconoció ante el Senado el alcance de su relación con Colombia Cambió: "No tuve vinculación formal con la Corporación Colombia Cambió, sin embargo, como voluntaria gestioné recursos para la misma". Lo curioso es que la distinguida voluntaria pedía plata para Colombia Cambió pero, de acuerdo con sus respuestas, no sabía cómo iba a gastar la fundación esas donaciones: "Como lo mencioné anteriormente, no estuve vinculada formalmente con la corporación, por tanto no conozco el detalle de la operación financiera de la misma".

Por fortuna ese vacío de información lo han venido supliendo los aportantes. Por ejemplo, la empresa MAC en un acta de su junta directiva deja constancia expresa de que la donación para la Corporación Colombia Cambió estaba realmente "destinada a apoyar al Candidato a la Presidencia de la República de Colombia Dr. Andrés Felipe Arias en la Consulta Popular Interna del Partido Conservador Colombiano". La antigua gerente admite que es ilegal recibir donaciones de personas jurídicas, pero, al mejor estilo de Luis Guillermo Giraldo, quizás piense que la prohibición desaparece si los recursos pasan por el puente de una fundación. Ante el Senado, la ministra también aceptó que numerosos floricultores, entre ellos los accionistas de las empresas Falcon Farms, Tinzuque S.A. y Floramérica estuvieron entre los donantes de Arias.

Una sesión de tres horas, un cuestionario de veinticinco preguntas y un senador diligente fueron suficientes para mostrar lo que el Consejo Nacional Electoral no ha podido, o no ha querido, ver en casi un año de investigaciones.

Ecosistema

Diciembre 11, 2010

Personas con procesos judiciales y disciplinarios pendientes están siendo nombradas o contratadas en el Ministerio de Ambiente. La ministra Beatriz Uribe está trasplantando a esa cartera a varios de los implicados en el caso AIS. Además, tiene devengando asignaciones oficiales a algunos involucrados en la financiación irregular de la campaña que ella dirigió.

Oskar Schroeder Muller, antiguo asesor del viceministerio de Agricultura, fue llamado por la Fiscalía a audiencia de imputación de cargos por los presuntos delitos de celebración indebida de contratos y peculado dentro del caso de AIS. No obstante, doña Beatriz lo nombró jefe de la Oficina Jurídica. Es decir, un sindicado es el abogado principal del Ministerio.

Juan David Castaño Alzate, exdirector de Desarrollo Rural y cobijado con pliego de cargos de la Procuraduría por hechos relacionados con AIS, fue contratado como asesor del despacho.

Como secretaria privada de la ministra fue nombrada Sandra Gaitán Ñungo. Ella era la directora administrativa de la campaña de Arias y al mismo tiempo ejercía como representante legal de la Corporación Colombia Cambió. La firma electrónica de Katia Elena Flórez aparece en la contabilidad de dicha corporación. A pesar de eso, o tal vez por eso, la ministra Beatriz Uribe recompensó a Katia Flórez con un contrato de la entidad.

Para que no quede duda de que el Ministerio de Ambiente se convirtió en un feudo burocrático y político, otros antiguos subalternos y allegados del exministro Andrés Felipe Arias han sido enganchados o contratados por la institución.

Diana Jimena Pereira, que era la directora de Política Sectorial del Ministerio de Agricultura, se convirtió hace poco en la nueva directora de Planeación de Minambiente. Carlos Alberto García, antiguo jefe de prensa de Agricultura, tiene un contrato para asesorar las comunicaciones de la ministra. También es contratista de Minambiente María Luisa López, antigua funcionaria de Minagricultura.

Como si le faltaran ingredientes a la receta, la señora ministra nombró como secretaria general a la protagonista de una interesante historia. Ella se llama Claudia Marcela Montealegre y hace un tiempo trabajaba en el Departamento Nacional de Planeación. Era la subdirectora de Control y Vigilancia de Regalías, es decir, la encargada de supervisar que la plata de las regalías no terminara en los bolsillos de los funcionarios. La revista *Cambio*, desaparecida después de destapar AIS, reveló el año pasado que en la casa de la hoy secretaria general de Minambiente estuvo de fiesta el alcalde de Chiriguaná, Cesar, entonces investigado por manejo irregular de regalías. El alcalde, Ramón Díaz, afirmó que llegó a la fiesta de sus controladores y vigilantes únicamente por acompañar a un sobrino que tocaba con el grupo vallenato. Agregó que no sabía que era la casa de la funcionaria. Sin embargo, ella le contó otra cosa a *Cambio*. Aseguró que el alcalde era muy querido y que pidió ir a su casa porque quería ver cómo era una fiesta de cachacos. Reconoció también que accedió, a pesar de que en el momento del ágape estaba al tanto de las denuncias por irregularidades del alcalde invitado.

Esos son algunos miembros del brillante equipo que acompaña a la ministra de Ambiente, pero temo que hay otros de los que muy pronto tendremos que hablar.

Una decisión contraevidente

Enero 29, 2011

El Consejo Nacional Electoral no es propiamente un tribunal. La Constitución lo estableció como un órgano de representación partidista. Los llamados magistrados, salvo excepciones, suelen ser políticos de medio pelo que no alcanzaron los votos para un cargo de elección y terminaron en el CNE como premio de consolación. Ese consejo ya no tiene representantes de la oposición. Todos sus integrantes son miembros de la coalición del gobierno. De La U hasta el PIN, pasando por la sombra de lo que fuera el Partido Liberal. Nada de eso sorprende, y confirma, más bien, la mediocridad de la institución. Sin embargo, la determinación de archivar la investigación a la campaña de Andrés Felipe Arias, a pesar de las pruebas conocidas, es realmente asombrosa.

Y lo es porque la llamada investigación muestra el pobre trabajo de recopilación testimonial y desconoce el alcance de documentos que hace meses están a la vista. En esta columna se probó documentalmente que, a pesar de la norma que prohíbe el aporte de personas jurídicas a este tipo de campañas, la empresa Mayagüez S. A. remitió a la campaña de Arias al menos dos cheques que salieron de personas vinculadas a accionistas de la poderosa compañía. La remitente Mayagüez recibió más de tres mil millones de pesos en beneficios de Agro Ingreso Seguro. Uno de los aportantes, Jaime Correa Holguín, es representante legal de una compañía accionista de Mayagüez. También es hermano del antiguo presidente y miembro de la junta del grupo Álvaro Correa, quien, junto con su hijo, Álvaro José, recibió adicionalmente, a través de sus empresas familiares Alvalena y la Juliana, otros 700 millones de pesos en AIS. El señor Correa no se explica por qué su aporte fue enviado a la campaña de Arias por Mayagüez: "Presumo que se nos dijo: 'Esas contribuciones se envían a la oficina de Mayagüez S. A'". El agudo investigador del CNE no preguntó de dónde presume el testigo que salió esa instrucción.

Tanto él como Roberto Hurtado, el firmante del otro cheque, aseguran que no conocen a Claudia Martínez, la directora jurídica de Mayagüez que envió sus aportes a la campaña. Pero al investigador no le sorprendió que ella respondiera que los había hecho "por solicitud que algunos accionistas personas naturales me hacen". O la solicitud se la hicieron unos desconocidos, o la jefe jurídica cumplía instrucciones de sus jefes cuando enviaba cheques a la campaña de Arias. Pero el que no quiere averiguar simplemente no pregunta.

El señor Roberto Hurtado acepta, además, que su cheque fue girado en realidad de una cuenta que pertenece a su hijo Juan Rafael Hurtado Yoda, representante de una empresa accionista de Mayagüez, registrado como el verdadero aportante de la campaña. El investigador del CNE no citó al donante real, se conformó con la versión del firmante del cheque.

Tampoco encontró nada qué decir sobre otros aportantes que entregaron dineros para financiar a Arias a través de una fundación constituida por directivos de la campaña y que, según su propia contabilidad movió más de 580 millones de pesos. Aunque el CNE solo encontró 360.

La relación entre campaña y fundación fue tan evidente que en el acta de MAC donde autorizan la donación quedó establecido. Sin embargo, el CNE, en una nueva jurisprudencia, si así puede llamarse, consagró que estos no eran aportes de campaña porque fueron recaudados por la fundación cuando la consulta popular conservadora estaba suspendida.

La nueva interpretación abre un interesante boquete jurídico para Luis Guillermo Giraldo, quien ha argumentado siempre que no hubo irregularidad en la financiación de la recolección de firmas del referendo reeleccionista porque las normas solo rigen para la campaña y esa campaña no había empezado oficialmente.

Piel de oveja

Abril 23, 2011

La decisión debió salir el miércoles de Semana Santa. La Fiscalía ha pedido que Juan David Ortega, exsecretario general del Ministerio de Agricultura, sea detenido mientras es procesado por su participación en AIS. Sin embargo, una hábil demora impidió la celebración de la audiencia.

Lo que pocos saben es que Ortega tiene información, no solo sobre AIS, sino también acerca de la compra de la primera reelección de Álvaro Uribe, del torcido trámite que le dieron en el Senado al debate por AIS y de la financiación de la campaña de Andrés Felipe Arias por parte de personas vinculadas a empresas beneficiadas con la plata regalada por el Estado.

Juan David Ortega es inteligente y avispado. Su poder ha crecido de la mano de su silencio y ha logrado convertirse en el clon del clon. Su meta es parecerse a Andrés Felipe Arias.

Ortega, con ensayada voz lastimera, aprovechó los días de Semana Santa para debutar en los medios presentándose como víctima de "la justicia politizada". El hábil maquinador de alianzas políticas se definió ante los televidentes como "un trabajador social de Bolivariana". La humildad de su declaración contrasta con el rol que ha desempeñado en varios momentos de su carrera.

Ortega es el autor de un documento Excel que muestra cómo la nómina diplomática sirvió para pagar votos de aprobación de la reelección. El documento es del año 2006, el mismo de la consumación de la reelección y del pago de varios favores relacionados con esta. Para ese momento, Juan David Ortega se desempeñaba como asesor del secretario general de la Presidencia, Bernardo Moreno. Allí aparece, por ejemplo, el siempre impune pago del voto del entonces representante de la Comisión Primera, Jaime Amín, quien en menos de cuatro días recibió una notaría en Barranquilla para su esposa, Claudia Margarita Betancur, y un consulado en Nueva York para su cuñado, Javier Ernesto Betancur.

A José Name Terán, por aquellos días jefe político de Amín, también le tocó lo suyo. Su hija Margarita Rosa fue nombrada en la Misión de Colombia ante Naciones Unidas. Allí se encontró con los retoños de Mario Uribe y Londoño Capurro. El documento deja incluso constancia de la preocupación para ubicar a un hijo de José Obdulio Gaviria en la Embajada en Italia, a donde llegó unos meses después.

El Excel fue elaborado en un computador de la Presidencia de la República y su autor es *juanortega*, de acuerdo con la firma electrónica. El mismo Juan David Ortega que se negó a responderle a la Corte Suprema de Justicia en el proceso por la compra del voto de Teodolindo Avendaño, alegando su derecho a no autoincriminarse.

La foto suya con Arias y el entonces ministro de Agricultura, Andrés Fernández, es un clásico. Se convirtió en el retrato de la impunidad política del tema AIS en un debate manejado por el hoy detenido Javier Cáceres y que tuvo como colofón la mediocre defensa copiada por Fernández.

Existe además evidencia incontrovertible de la participación de Juan David Ortega en la alineación de bancadas para ese debate. Ortega también tuvo un papel preponderante en la campaña de Arias, que recibió dinero de accionistas y ejecutivos de empresas beneficiadas por AIS.

Todo lo anterior ha sido expuesto públicamente sin que a Juan David Ortega le suceda nada. Tal vez tenga razón cuando habla de "justicia politizada".

La quiebra próspera

Octubre 15, 2011

Si un ciudadano corriente se atrasa en las hipoteca, pierde su casa. Si deja de pagar el arriendo, lo ponen en la calle. Si no cumple con las cuotas, le quitan el carro. En cambio, en Colombia, si unos multimillonarios incumplen las deudas con trabajadores, con proveedores y con el propio Estado, terminan pagándolas los contribuyentes mientras ellos se dan la gran vida.

Se llaman Andrés y Nicolás Nannetti y quizás sea bueno conocerlos considerando que con las retenciones a los sueldos y los impuestos, estamos ayudando a solventar a estos caballeros.

La historia empieza invocando a los más necesitados, quizás lo hayan oído. Nos venden la moto asegurando que se deben destinar recursos del Estado para proteger a las empresas generadoras de riqueza que generosamente prodigan miles de empleos.

El Grupo Nannetti, llamado también América Flor y Floramérica, fue un gigante de la floricultura que llegó a controlar al menos once compañías y cuyos activos llegaron a sumar cuatrocientos mil millones de pesos. Sus empresas recibieron numerosos y millonarios subsidios de AIS. Los señores Nannetti, que no han cumplido las obligaciones con sus trabajadores, pudieron en cambio donar una plata y prestarle otra a la campaña de Andrés Felipe Arias, de cuyo ministerio derivaron tantos beneficios. Y es que los favores no pararon en los dineros que les regalaron en forma de AIS, además les prestaron cerca de ochenta mil millones de pesos a través del Banco Agrario, sin que tuvieran que respaldar la deuda con garantías reales. Los Nannetti ofrecieron, como respaldo de la obligación, prendas sobre cultivos que hoy no existen y contratos de comercialización con etéreas sociedades de Panamá y Estados Unidos.

La determinación de crear estas curiosas líneas de crédito blando y sin garantías ciertas fue de la Comisión Nacional de Crédito Agropecuario, presidida por el señor ministro de Agricultura y cuya secretaría técnica corresponde a Finagro. Ese fondo de financiamiento público tiene puesto en la comisión con voz pero sin voto. Esta es quizás la única junta en el mundo donde el que pone la plata no tiene capacidad de decisión.

El dinero salió del Banco Agrario y el cumplimiento lo garantizó Finagro. La insólita operación tuvo como resultado que el Estado (BanAgrario), terminó entregándoles millonarias sumas a particulares (como las empresas de los Nannetti), sin otra garantía que la firma del propio Estado (Finagro), que terminó sirviendo de fiador obligado. Es decir, con plata de los contribuyentes se respalda la deuda de particulares con el Estado. Con cara o con sello pierden los colombianos.

Aunque el crédito era barato y en condiciones ventajosas, las compañías del Grupo Nannetti no cumplieron. A los trabajadores se les acumularon quincenas sin pagar, a los proveedores nunca les volvió a llegar un cheque y el Estado apenas recibió unos tardíos pagos parciales por intereses.

La platica parece haberse esfumado, pero los señores Nannetti, ni más faltaba, no han pagado la menor consecuencia social por el asunto. Nicolás, conocido equitador y socio del Country Club de Bogotá, sigue haciendo las delicias de sus contertulios, que saltan ese obstáculo con el mismo garbo que construyó su leyenda en los picaderos. Él y su hermano Andrés acuden con frecuencia a relajarse a la Florida. A nombre de una compañía está el apartamento que disfrutan sobre las bellas playas de Fort Lauderdale.

Sus nombres aparecen en los registros públicos de Estados Unidos asociados a varias empresas, entre otras NAN Capital LLC, Latin World Imports y la elegante floristería Pistils & Petals, que se promueve como la más exclusiva de Miami.

Para que no pasen más angustias, la Superintendencia de Sociedades decidió, de oficio, que el Grupo Nannetti entrara a proceso de reorganización por insolvencia. Claro, las empresas están insolventes, pero los dueños no se ven tan mal.

Finca raíz

Marzo 10, 2012

Andrés Felipe Arias renunció al Ministerio de Agricultura para aspirar a la Presidencia en febrero de 2009. Su brillante hoja de vida no registra que haya tenido grandes negocios ni empleo en

Colombia distinto a los cargos públicos que desempeñó: investigador del Banco de la República, asistente del gerente técnico, director de política macroeconómica del Ministerio de Hacienda, viceministro y ministro de Agricultura. Una trayectoria notable en cargos del Estado, que es un empleador que paga poco.

Cuando dejó su último puesto —donde ganaba $11 250 000 de sueldo básico mensual—, el doctor Arias se dedicó a hacer campaña para convertirse en el candidato presidencial del Partido Conservador. En eso estuvo trece meses, hasta marzo de 2010, cuando resultó derrotado en la consulta interna de su partido.

De acuerdo con los documentos que presentó su campaña al Consejo Nacional Electoral, no quedaron remanentes en las arcas de esa causa. Por el contrario, el doctor Arias tuvo que pagar varias deudas, entre otras, una con el esposo de su gerente de campaña Beatriz Uribe, hoy ministra de Vivienda.

Lo llamativo es que el 19 de abril de 2010, un mes después de terminar campaña, cuando la mayoría de los candidatos derrotados tiene que lidiar con apremiantes deudas, Andrés Felipe Arias y su esposa compraron un lujoso apartamento en el norte de Bogotá. O mejor dicho, los derechos fiduciarios que les permiten disfrutar de esa cómoda vivienda. De acuerdo con las escrituras, el apartamento adquirido a través de una fiducia les costó setecientos millones de pesos. El doctor Arias y su esposa pagaron 308 millones de contado y suscribieron una hipoteca por algo más de 391 millones.

Dicho sea de paso, parece que hicieron un magnífico negocio con esa propiedad en el sexto piso del bello edificio. Lo digo porque hace poco salió a la venta un apartamento en el mismo conjunto. No es tan bueno como el del doctor Arias, es más pequeño y queda en el primer piso. Sin embargo, están pidiendo 1550 millones de pesos por él, más del doble de lo que pagó el exministro por el suyo.

En vísperas de la Navidad de 2010, cuando ya habían empezado las acciones judiciales contra Arias por el caso de AIS, él decidió cederle los derechos sobre el apartamento a su esposa. El contrato fue firmado el 17 de diciembre. Dos meses después, ya en 2011, la Contraloría pidió el embargo de los bienes y cuentas de Andrés Felipe Arias. Entre tanto, la Procuraduría lo destituyó e inhabilitó por dieciséis años, la Fiscalía pidió que fuera detenido y la Corte Suprema decidió ordenar su reclusión, que hoy cumple en una instalación militar.

Pese a estas difíciles circunstancias para cualquier familia, 2011 no parece haber sido un mal año financiero para los Arias. En enero, cuando apenas despertaba 2012, fue efectuado un pago por 150 millones de pesos a la hipoteca del apartamento. La revelación la hizo esta semana el periodista Jairo Lozano, de la FM de RCN, y hace parte de unos hallazgos de la Unidad de Investigaciones Especiales contra la Corrupción de la Contraloría General de la República. El contralor delegado, Juan Manuel Vargas Ayala, inspeccionó el negocio fiduciario del apartamento y los pagos efectuados al banco que otorgó la hipoteca y encontró algunos indicios que los investigadores no consideran normales. Por eso, el contralor decidió oficiarle al procurador general de la Nación, manifestándole su concepto en estos términos: "Podría tratarse de enriquecimiento ilícito, tipificado como delito en el artículo 412 del Código Penal Colombiano, y por ser esa entidad la competente para indagar sobre esa situación, me permito dar traslado de la misma a fin de que se evalúe y se adopten las decisiones pertinentes y se proceda, de ser pertinente luego de las indagaciones efectuadas por esa entidad, a dar traslado de la misma a la Fiscalía General de la Nación para lo de su competencia".

Ahora hay que esperar la reacción del doctor Arias, que seguramente sigue pensando que la mejor defensa es el ataque.

El florero de Llorente

Abril 7, 2012

Los vendedores del apartamento del exministro Andrés Felipe Arias son floricultores beneficiarios de AIS y de otros programas del Ministerio de Agricultura. El apartamento —o el derecho fiduciario sobre él— se lo vendieron al exministro hace dos años, por setecientos millones de pesos, a pesar de que existía otra oferta por 1100 millones. Hoy una propiedad similar —pero en el menos cotizado primer piso, y no en el sexto como la del doctor Arias— se ofrece por 1550 millones de pesos.

No es que los apartamentos del conjunto hayan doblado su valor en 23 meses. Lo que realmente pasó fue que los vendedores (floricultores además de constructores) le dieron un precio de ganga al doctor Arias.

La compañía vendedora se llama La Línea. Sus accionistas son Diego Llorente Martínez y su hijo Pedro Llorente Tucker. El señor Llorente Martínez, su esposa, sus hijos y su yerno han sido dueños de varias compañías con intereses en el sector agropecuario. Entre ellas Maxiflores, Natuflora, Los Dominios, Compañía Agrícola y Ganadera de Toscana, Llorente Tucker S.A.S y Bioflora Farm, que pertenece a la hija de Diego Llorente, Helena, y a su esposo, Pablo Guillermo Ricaurte Junguito.

Maxiflores, por ejemplo, recibió 350 millones de pesos de AIS. Esa misma compañía de los Llorente se ha beneficiado del dinero público manejado por el Ministerio de Agricultura y sus satélites. En 2007 obtuvo 194 millones de pesos como incentivo sanitario para su cultivo en El Rosal, Cundinamarca, otro tanto le dieron en 2008. Posteriormente se ha favorecido con millonarias compensaciones por la revaluación del peso. Es decir, esa sola empresa recibió casi ochocientos millones en regalos del Estado.

Bioflora Farm, perteneciente a la hija y al yerno de Llorente y representada por este último, también aparece en documentos oficiales como beneficiaria de incentivos sanitarios por más de trescientos millones de pesos para sus cultivos de Subachoque y El Rosal.

A pesar de las generosas ayudas oficiales, la empresa Bioflora debió ser intervenida y liquidada por la Superintendencia de Sociedades. La compañía pidió ser sometida a un proceso de reorganización en 2008. Lo curioso es lo que sucedió un año después, cuando ya era previsible que Bioflora no se salvaría.

El 20 de octubre de 2009 se reunió la Asamblea General compuesta por los dos únicos socios: Helena Llorente Tucker y Pablo Guillermo Ricaurte Junguito. En medio de la crisis de la compañía, el esposo y mayor accionista tomó la palabra para proponer la capitalización de la empresa.

Aunque parezca increíble, la pretendida inyección de dinero no salió del bolsillo de los propietarios sino de un préstamo del Banco Agrario, aprobado cuando ya era ministro de agricultura Andrés Fernández. Es decir, una sociedad en proceso de reorganización, que la conduciría a su liquidación, recibió dinero de un banco oficial para capitalizarse.

El acta del órgano de decisión de la moribunda compañía dice textualmente: "El señor Guillermo Ricaurte se dirige a la junta de socios con el fin de proponer la capitalización de la empresa con un valor de 720 millones de pesos, valor aprobado en crédito por el Banco Agrario de Colombia y que fue autorizado consignar directamente a la cuenta de C.I. Bioflora Farm Ltda.".

Un año después, el periodista Norbey Quevedo revelaría en *El Espectador*, que préstamos por 224 mil millones de pesos del Banco Agrario estaban embolatados. En una portentosa figura, el Estado (BanAgrario) prestaba la plata a los particulares y al mismo tiempo les servía como fiador (Fondo Agropecuario de Garantías).

Cuando los deudores incumplieron, el Estado descubrió que debía cobrarle al propio Estado. Uno de los beneficiarios de la operación fue Guillermo Ricaurte Junguito.

El señor Ricaurte fue denunciado penalmente por el Banco Agrario y su proceso está en la Fiscalía Primera Seccional de Funza, no muy lejos de donde siguen creciendo las flores de sus parientes los Llorente. La dirección que Ricaurte dejó registrada en la Supersociedades como la de su malograda empresa Bioflora es la Calle 30 A # 6-22, oficina 3101. La misma dirección oficial de siete compañías de la familia Llorente, incluyendo La Línea, la que le vendió el apartamento al exministro Arias.

Los nada que ver

Abril 14, 2012

El exministro Andrés Felipe Arias acepta que le compró su apartamento a una familia de floricultores beneficiarios de AIS y de otros subsidios e incentivos del sector que él administró. En cambio, no admite que ese hecho revista interés público porque, de acuerdo con su versión, "el apartamento fue comprado en condiciones de mercado". Afirma también que no conocía a los Llorente y que no tenía idea de sus actividades en el sector agropecuario.

Tristemente para el doctor Arias, hay documentos que demuestran que compró el apartamento por un precio sustancialmente inferior al del mercado.

El negocio entre La Línea y el exministro de agricultura se firmó el 19 de abril del año 2010. La escritura muestra que pagó setecientos millones de pesos por el apartamento 611, que tiene un área privada construida de 277.33 metros cuadrados. Esto quiere decir que compró cada metro cuadrado por $2 524 068. Pues bien, una lista de precios del mismo conjunto fechada en junio 16 de 2009 estableció que el valor comercial del metro cuadrado de los apartamentos en el sexto piso arrancaba en $2 581 309 Si el exministro hubiera comprado su apartamento en "condiciones de mercado" habría tenido que pagar más de mil doscientos millones de pesos. Para ser exacto, $1 207 534 424 y 97 centavos.

En plata blanca eso significa que los floricultores Llorente le rebajaron 500 millones de pesos, equivalentes al 45 por ciento del valor del apartamento. Un descuento del 45 por ciento no es usual, ni normal, en el mercado de finca raíz en Colombia.

El apartamento de Andrés Felipe Arias nunca ha costado comercialmente setecientos millones. Otra lista de precios, esta de octubre del año 2007, prueba que desde esa época los Llorente pedían más de mil millones de pesos por ese predio.

Dice también el exministro Arias que no conocía a los Llorente, ni sabía que tenían negocios de floricultura. Es raro porque ellos han sido grandes en ese sector. Siete de sus empresas colombianas tienen intereses en el sector agropecuario.

Los Llorente recibieron de entidades adscritas al Ministerio de Agricultura más de 800 millones de pesos, sumando AIS, incentivos fitosanitarios y compensaciones de tasa cambiaria entregados a una de sus empresas llamada Maxiflores. Todo esto sucedió mientras el doctor Arias era el ministro.

Adicionalmente, otra compañía de Helena Llorente Tucker y su esposo, Pablo Guillermo Ricaurte Junguito, llamada Bioflora, se llevó otros 300 millones de dinero público en la misma época.

Curiosamente, esos desembolsos se presentaron después de que Maxiflora demandara en 2005 al Ministerio de Agricultura por 350 millones de pesos, siendo titular Andrés Felipe Arias. Dentro de la misma reclamación, Bioflora está pidiendo 450 millones de pesos con sus respectivos intereses. El proceso, que inicialmente perdieron en el Tribunal Administrativo de Cundinamarca, sigue hoy pendiente de apelación en el Consejo de Estado. Ese detalle tampoco logró que el nombre de los Llorente llegara a oídos del ministro.

No se los mencionó siquiera el exministro Fernando Londoño Hoyos, a quien la campaña de Arias presentaba como uno de sus cuadros. Londoño es dueño de dos apartamentos en el mismo conjunto, además una sobrina suya está casada con Pedro Llorente Tucker, accionista de La Línea y de Maxiflora.

A pesar de todos estos antecedentes, Andrés Felipe Arias jamás había oído hablar de los Llorente antes de comprarles el apartamento. Quizás los Llorente tampoco sabían que ese brillante economista a quien le vendieron el apartamento a tan buen precio había sido ministro de Agricultura mientras ellos recibían la generosa ayuda del Estado.

De tal "Talo", tal astilla

Marzo 16, 2013

A raíz de las denuncias del congresista Simón Gaviria sobre el caso de Interbolsa, el exministro Andrés Felipe Arias publicó un comunicado en el que asegura: "No tengo, ni he tenido que ver, con la empresa Interbolsa, ni con la empresa Proyectar Valores, ni con empresa alguna de ese grupo financiero o del señor Víctor Maldonado, del señor Juan Carlos Ortiz o de la familia Jaramillo".

Sin embargo, hay documentos que demuestran que personas relacionadas con Interbolsa y Proyectar tuvieron un significativo papel en la campaña presidencial de Andrés Felipe Arias. Uno de ellos gestionó donaciones para esa causa proselitista y otro prestó dinero a la campaña.

El presidente de Proyectar, Carlos Adolfo Mejía Tobón, conocido como "Talo" Mejía, gestionó aportes para la campaña de Arias. La planilla de recaudos de la propia campaña señala que "Talo" fue gestor de al menos doce aportes.

"Talo" ha sido un hombre cercano a Rodrigo y Tomás Jaramillo y también a Juan Carlos Ortiz.

Entre los aportantes que llevó "Talo" a la campaña de Arias estaban doña Carla Fattoni de Henríquez, doña Ángela Builes de Hernández y don Óscar Penagos Garcés. Cada uno de ellos entregó para esa causa política una suma curiosa: $3 333 333. Sumados los tres aportes, se llega a la suma de $9 999 999.

¿Qué llevó a tres personas diferentes a coincidir en una cifra tan particular? Alguien podría imaginarse que se trata de un aporte de diez millones de pesos, fraccionado en tres. Sobre todo considerando que doña Carla Fattoni es la esposa del exsenador Jaime Henríquez Gallo, próspero bananero de Urabá y beneficiario de quinientos millones de pesos del dinero regalado de AIS. Casualmente, el señor Óscar Penagos Garcés es el presidente de Agrícola Santa María S.A., la empresa de Jaime Henríquez Gallo y de su hermano Guillermo, que obtuvo el generoso subsidio de AIS.

Y para colmo de casualidades, el segundo apellido de soltera de doña Ángela Builes de Hernández resultó ser Henríquez. Ella, además, figura en una demanda a la nación como esposa de Guillermo Henríquez Gallo. Los Henríquez Gallo son mencionados por Raúl Hasbún, alias "Pedro Bonito", y por Freddy Rendón Herrera, alias "El Alemán", como miembros de la estructura financiera de los paramilitares en Urabá.

Otros aportes gestionados por "Talo" corresponden a dos personas ligadas con Proyectar: Andrés Felipe Téllez Sierra, vinculado a la empresa Proyectos Financieros, accionista de la Holding Latinoamérica, a su vez mayoritaria en Proyectar Valores, y Michel Vélez Morales, empleado de una empresa del grupo y también accionista de la Holding.

El exministro Arias, en su enérgico comunicado olvida mencionar que el señor Tomás Jaramillo Botero, uno de los principales socios y directivos de Interbolsa efectuó un préstamo a su campaña. La misma planilla de recaudos prueba que Tomás Jaramillo le prestó 22 millones de pesos a la campaña presidencial de Andrés Felipe Arias.

Lo curioso es que Interbolsa, por sí misma y a través de empresas afines como Proyectar, terminó siendo el mayor accionista de la Bolsa Mercantil de Colombia, antiguamente llamada Bolsa Nacional Agropecuaria (BNA).

Proyectar y después Interbolsa empezaron a crecer en la BNA cuando el entonces ministro, Andrés Felipe Arias, en cumplimiento de un mandato legal, decidió vender parte de las acciones del Ministerio de Agricultura. Lo que siguió a la venta fue una operación de toma de control no caracterizada por la ortodoxia.

Por cuenta de esa toma, varios personajes llegaron a la junta directiva de la Bolsa Mercantil de Colombia, entre ellos el señor Carlos Adolfo Mejía, a quien sus amigos llaman "Talo".

Un café con Andrés Felipe

Julio 5, 2014

Llegué veinte minutos antes. Había recibido la citación nueve días atrás. El exministro Andrés Felipe Arias había interpuesto una querella penal contra mí porque, según él, lo había injuriado en una columna. La diligencia de conciliación, requisito para continuar el proceso penal, se cumpliría en una sede de la Fiscalía en el occidente de Bogotá. Corría el año 2010 y empezaba el gobierno de Juan Manuel Santos, que acababa de nombrar a Arias como embajador en Italia. Unos días después, el exministro Arias declinaría la designación reiterando su lealtad con el proyecto político de Santos.

Andrés Felipe llegó cuando yo estaba sentado en la antesala y el fiscal del caso nos hizo pasar inmediatamente a su despacho. Arias respondió mi "buenos días" sin mirarme. La tensión se sentía. El aire se podía cortar con cuchillo. Solo había dos sillas frente al escritorio que no se podían mover, como si estuvieran atornilladas al piso. Esa circunstancia nos obligó a sentarnos muy cerca el uno del otro. Como era previsible, no hubo conciliación. Yo me ratifiqué en lo afirmado y él expresó su deseo de que continuara el proceso.

Agotado el ritual que ordena la ley, el fiscal salió de la oficina para imprimir el acta que debíamos firmar. Arias me miró en silencio por varios segundos y finalmente preguntó:

—¿Usted se tomaría un café conmigo?

—Claro, cuando diga —le respondí—. Si quiere ya mismo cuando termine la diligencia.

—No, no, hoy no puedo —negó mientras movía su cabeza—, pero lo busco.

La semana siguiente recibí una llamada del presidente de Fedegan, José Félix Lafaurie. Nos invitaba a Andrés Felipe y a mí a tomarnos un café en el Club El Nogal.

Arias es un interlocutor inteligente. Habló casi cuarenta minutos de manera articulada y serena presentando su versión sobre AIS. Estaba listo para casi todas las preguntas, pero una sombra de ira pasó por sus ojos cuando le hablé de una vieja entrevista suya.

En febrero de 2007, dos años y medio antes del escándalo, la revista *Caras* le preguntó: "¿Cuándo ha dado papaya?". Y él respondió: "Cuando he querido dar ayudas y subsidios a los que no lo necesitan". Nunca respondió por qué había dicho eso.

Aseguró que la Fundación Colombia Cambió, que recibió aportes de beneficiarios de AIS, no tenía que ver "jurídicamente" con su campaña. Cuando le recalqué que tenía directivos comunes con la campaña, entre ellos su propio suegro, César Serrano, Arias simplemente se encogió de hombros.

Le molestó cuando le hablé del senador Alirio Villamizar, cuyo hijo había recibido casi quinientos millones regalados de AIS, y también cuando le mencioné una circular de Asocolflores Antioquia invitando a hacer donaciones a su campaña.

En algunos momentos tuve la impresión de que conversaba con dos personas distintas. Cuando Arias trataba de persuadirme hablaba suavemente, con los cordiales modales de un tecnócrata y casi sin acento. En cambio, cuando algo le molestaba, arrastraba un fuerte acento de campesino paisa. Era como si hubiera decidido diluir su propia personalidad para copiar a su modelo. Las artificiales maneras rurales que adoptó eclipsaban un poco al brillante exalumno de The Columbus School de Medellín, la Universidad de los Andes y UCLA, en Estados Unidos.

Antes de terminar hablamos de los sacrificios de su padre, un médico cirujano del Seguro Social, para brindarle la educación que tuvo, y me atreví a sugerirle que pensara que eso valía mucho más que el poder efímero de la política. Respondió que sí, en ese preciso minuto sentí que era sincero. Se despidió con un apretón de manos. Nada cambió en él después de esa conversación.

Me duele el sufrimiento de Arias y de los suyos por su condena, pero creo que la decisión de la Corte Suprema es justa.

Epílogo: Dos años después, en octubre de 2012, la Fiscalía archivó el caso por injuria. La Justicia determinó que mis afirmaciones sobre el exministro Andrés Felipe Arias estaban debidamente sustentadas y documentadas.

Saludcoop: un monstruo de mil cabezas

L a investigación de Saludcoop nació de la tradicional edición de la revista *Semana* de "Las 100 empresas más grandes de Colombia" de 2009. En esta edición me encontré con que, en el 2008, Saludcoop surgió como una de las empresas más grandes de Colombia, precisamente en un momento en el que se hablaba de la enorme crisis del sector salud. La pregunta no dio espera: ¿cómo es posible que un negocio sea tan bueno para un intermediario mientras que el sector está peor que nunca en su historia? A partir de esa chispa inicial comenzó la investigación.

Lo que me encontré es que había una operación gigantesca para que Saludcoop se pagara a sí misma todos los servicios asociados con el sector salud, incluso algunos que habían estado permitidos en un momento, pero que, para ese entonces, ya estaban prohibidos por ley. Un ejemplo claro de esto era la integración que Saludcoop hacía con las instituciones prestadoras de salud. Es decir, Saludcoop tenía clínicas propias y en algunos casos contrataba con estas clínicas y así se ganaba el margen de intermediación, favoreciéndose por encima de otros proveedores.

Pero esto no era lo único. Saludcoop integraba, de manera bastante llamativa, otro tipo de servicios: ofrecía la comida en los hospitales, la lavandería de la ropa hospitalaria y los servicios jurídicos alrededor del tema hospitalario. Incluso tenían un colegio y una escuela de medicina. Después integraron una escuela de golf, porque al presidente de Saludcoop le encantaba el golf, que, sin duda, es una actividad que fácilmente se puede asociar al tema de la salud.

Este negocio —redondo, redondo— estaba, además, amparado por el régimen cooperativo, que obviamente tiene una inspiración muy noble en su origen, la de favorecer la gestión colectiva, la multiplicación de la riqueza y la creación de empleo, pero que termina siendo una manera de evadir controles fiscales e impuestos, y de convertir a una élite en dueña efectiva de estas empresas.

En 2010 escribí una columna sobre todas las empresas que integraban Saludcoop, y ese fue el comienzo de una investigación consistente sobre la cooperativa.

Como resultado, el presidente de Saludcoop, Carlos Palacino, me contactó a través de una firma de relaciones públicas y me solicitó entrevistarme con él. Fue así que terminamos reunidos en un reservado de un club de Bogotá con dos personas de la empresa de relaciones públicas, Wilma Calderón y Alexandra Ortiz. Yo llevé mi investigación y le hice preguntas punto por punto. Palacino aceptó que todo era cierto. Luego le hice algunas preguntas más personales, como, por ejemplo, cuál era su sueldo anual o qué carro tenía. Esas preguntas le molestaron mucho y no las contestó. Por el perfil de Palacino me había imaginado a una persona un poco diferente a la que me encontré. Me pareció un tipo inteligentísimo, con una enorme visión de negocios. Terminamos de tomarnos un agua aromática y con ese último sorbo se acabaron mis posibilidades de hablar con Palacino.

El siguiente paso fue buscar las razones por las que no se habían hecho efectivas unas multas que impusieron la DIAN y la Superintendencia de Salud. Como había cierta tolerancia frente a la cooperativa —y como eran buenos contratando abogados—, los profesionales más notables del país trabajaban para ellos con el propósito de disuadir a cualquiera que quisiera investigarlos o, aún más, reclamar por la vía legal algún tipo de reivindicación frente a Saludcoop. Este se convirtió en un obstáculo en el camino.

La investigación tomó por lo menos año y medio, tiempo en el que hacía publicaciones parciales y cerraba capítulos. Por ejemplo, el capítulo sobre el autoabastecimiento de bienes y servicios de la cooperativa, o el del correo electrónico en el que un representante a la Cámara le envía a Palacino el proyecto de salud que estaba tramitando y le recuerda que llevan un retraso de dos meses en las consignaciones en la cuenta de una compañía fundada por él, por su esposa y por su suegro.

En este punto me parece importante hacer una anotación sobre el proceso de mi trabajo. Aunque a veces la labor periodística parece algo solitaria, casi el noventa por ciento de mis indagaciones —tal vez un poco más—, las hago con Ignacio Gómez y con otros periodistas. A veces, cuando son temas más complejos y técnicos, busco a expertos en la materia. El periodismo de investigación es, en esencia, un trabajo de equipo por una razón importante: siempre es necesaria una contraparte en el grupo de investigación. Más allá de que sea más práctico hacer la labor con dos o más personas, uno necesita a alguien que sea abogado del diablo. Casi siempre las herramientas de investigación conducen a conclusiones que son susceptibles de interpretaciones diversas. Es por eso que llegar a una sola idea, una interpretación que sea lo menos discutible posible, es un trabajo de discusión, un trabajo dialéctico, no es un trabajo que pueda hacer con facilidad una sola persona.

Entonces así, con paciencia y en equipo, logramos configurar lo que era Saludcoop, el monstruo en el que se había convertido y cómo estaba absorbiendo a otras empresas que aparecían como independientes, pero que realmente estaban controladas por la compañía. Era un negocio en el que perdían los pacientes en cuanto a calidad de atención; perdía el cuerpo médico, porque los parámetros para evaluación del desempeño profesional no tenían que ver con la calidad del servicio prestado sino con la velocidad y la ecuación costo-beneficio para el intermediario financiero. O sea, el éxito de un médico no se basaba en las vidas que salvaba, sino en el número de pacientes que atendía en el menor tiempo posible.

En medio de la controversia —y de los insultos que recibí en más de una ocasión— también descubrimos que Saludcoop presionaba a sus proveedores para que participaran en negocios de su interés. Hay que recordar el caso del complejo llamado Villa Valeria Suites, en los Llanos Orientales, cerca de Villavicencio. Muchos proveedores de Saludcoop fueron presionados a comprar casas de recreo o a invertir en una *suite* hotelera del proyecto del señor Palacino y de otras personas que habían participado con él en la fundación o puesta en marcha de Saludcoop. Este caso se dio a conocer ya hacia el final del escándalo, fue uno de los últimos detonantes.

Para ese entonces, nuestro trabajo encontró un apoyo en la investigación del senador Jorge Enrique Robledo, quien logró armar el rompecabezas y hacer un debate sobre el sector de la salud que puso a Saludcoop en el centro de la controversia. Esto no quiere decir que se haya mejorado sustancialmente el esquema de salud, pero por lo menos quedó expuesto de manera muy clara cómo ese sistema, que se había desarrollado a partir de la Ley 100, no favorecía a los pacientes, sino a los intermediarios financieros.

Lo cierto es que la Ley 100 tenía un aspecto muy favorable —un logro importante de sus creadores, entre ellos el entonces senador Álvaro Uribe Vélez, antes de ser presidente— que fue extender la cobertura del sistema de salud para que muchas más personas pudieran recibir atención médica. Sin embargo, esta ley también tuvo la enorme limitación de pensar más en los intermediarios financieros que en los pacientes y en el personal de la salud. Por un lado, se empobreció la atención médica hospitalaria, se empobrecieron muchísimo los hospitales y se empobreció el cuerpo médico, no solo en cuanto a sus ingresos individuales, sino también en cuanto a la posibilidad de tener actualización científica. Desafortunadamente, la investigación científica no representa dinero para los intermediarios de la salud y, por esa razón, los centros de investigación quedaron acogidos al asistencialismo estatal o al apoyo que reciben en ciertos centros universitarios. En este aspecto, creo que Colombia ha ido hacia atrás.

¿Dónde está la bolita?

Febrero 1, 2010

Mientras el gobierno expide decretos funerarios contra el ya deficiente servicio de salud que reciben los colombianos, los intermediarios se enriquecen astronómicamente. De las cien empresas más grandes de Colombia, cinco son intermediarias de la salud.

La más grande de ellas se llama Saludcoop y ocupa el lugar número dieciocho en el *ranking* de las mayores empresas del país. Saludcoop nació en 1994 con 2500 millones de pesos de capital y, de acuerdo con el informe publicado en mayo por revista *Semana* —basado en las cifras declaradas—, hoy cuenta con un patrimonio de $439 391 millones. Lo cual quiere decir que en estos dieciséis años ha multiplicado 176 veces su tamaño. El prodigioso crecimiento de la compañía, y de sus similares, ha ocurrido en los mismos años en los que se evidenció la crisis del sector salud.

En contraste con el colapso de la medicina que reciben los colombianos, Saludcoop no ha parado de crecer, incluso devorando a sus competidores. Hace un tiempo compró otras dos EPS llamadas Cafesalud y Cruz Blanca. Tiene su propia red de clínicas, unidades de imágenes diagnósticas, laboratorios clínicos, ópticas y una empresa especializada en el suministro de medicamentos y productos hospitalarios.

Para asegurarse de que la plata solo salga de un bolsillo para entrar en otro, Saludcoop es dueña de Work & Fashion, que produce confecciones hospitalarias y deportivas. Los pacientes y los visitantes de sus clínicas consumen los alimentos preparados por su compañía Health Food. El mantenimiento de sus equipos lo encarga a Bio Rescate, otra sociedad de su grupo. La ropa hospitalaria es lavada por Impecable, su lavandería de sábanas y prendas nosocomiales. Las medicinas se las compran a su empresa Epsifarma, para ganar también porcentaje sobre el ibuprofeno y otras efectivas drogas recetadas a los pacientes de Saludcoop. Claro está que el valor es negociado previamente con los laboratorios por su compañía Pharma 100 S. A., con el propósito de obtener los mejores precios para la organización.

Pero ahí no para el negocio. Sus propios trabajadores dejan un porcentaje en las arcas de Saludcoop por el honor de trabajar allí: Serviactiva, su precooperativa, le suministra el personal de servicios generales. Quienes laboran en servicios médicos son contratados por Cuidados Profesionales. Los vigilantes vienen de su empresa Orientación y Seguridad Ltda. Audieps se encarga de la auditoría de calidad, y si un usuario tiene algún reclamo para hacer, será atendido por el amable *call center* del grupo, llamado Contact Service.

Mientras usted lee esta columna, la batería de abogados de Saludcoop mirará con lupa para encontrar un motivo para demandarme por haberme atrevido a contar estas verdades. Esa labor seguramente se iniciará con la juiciosa pesquisa de Jurisalud.

Y para cumplir con la ley que establece que las cooperativas deben destinar parte de sus ingresos a la educación, Saludcoop es dueño del Colegio Los Pinos de Bogotá y mantiene el no menos pedagógico Instituto Saludcoop de Golf que, desde su bonita sede en el norte de Bogotá, instruye a niños y adultos en la práctica de este popular deporte. Las ventas de Saludcoop en el año 2008 se acercaron a tres billones de pesos. Su utilidad operacional aumentó un 184 por ciento en relación con el año anterior. Y, seguramente, podría haber tenido ganancias aún mejores si sus proveedores, que en buena parte son sus propias empresas, le hubieran cobrado un poquito más barato los numerosos suministros y servicios.

Uno de los principios fundadores del periodismo de investigación señala que para encontrar la causa de un problema hay que seguir la plata.

Al gobierno no se la ha ocurrido pensar que el derrumbe de la salud puede encontrar explicación en la desmedida ambición de los intermediarios y en la pasmosa inactividad de la propia administración que lleva casi ocho años aplazando la solución (y rebajándoles sanciones a estos pulpos). Pero no, para ellos, el costo lo deben asumir los trabajadores colombianos que después de pagarles cada mes el 12,5 por ciento de sus salarios a las EPS, absurdamente reclaman que esas compañías cumplan con su parte del contrato.

Sin remedio

Abril 2, 2011

Casi cinco millones de colombianos están afiliados a Saludcoop. Nunca en la historia de Colombia existió una entidad —pública o privada— de la que dependieran tantas personas. A pesar de que miles de sus usuarios se quejan por sus servicios, Saludcoop ha tenido un crecimiento prodigioso. Controla otras dos EPS, Cafesalud y Cruz Blanca, y ha desarrollado una serie de negocios para autosuministrarse todo: médicos, enfermeras, contadores, comida de hospital, sábanas, ropa quirúrgica, lavandería e incluso clases de golf.

Hace unos siete años, Saludcoop tenía la mitad de los afiliados que tiene hoy, entre ellos uno muy curioso. Se llamaba "Migración migrante migrac". Según los registros, don "Migración" tenía apenas veinticuatro años, pero de él dependían quince personas. Su número de cédula registrado era el 1.111, que parecía no corresponder a una persona de su edad. Los investigadores de la época establecieron que el documento activo en los registros de Saludcoop en realidad había sido expedido a nombre del señor Pedro Jorge Ortiz Méndez, persona bastante mayor y ajena al uso que alguien estaba haciendo de su cédula.

Los numerosos usuarios fantasmas eran apenas una de las supuestas irregularidades. De acuerdo con los investigadores de la época, Saludcoop estaba llevando a la bancarrota a clínicas y hospitales por la agresiva forma de cobrar sus tarifas y los largos plazos para cubrir las cuentas. Además, la Dian aseguraba que Saludcoop no había pagado $25 400 millones en impuestos y decidió multarla con $40 000 millones adicionales.

Sin embargo, cinco meses después vino el reversazo. La Dian encontró que las irregularidades no eran tan grandes, ni tan irregulares. Los $65 000 millones que el Estado reclamaba se convirtieron en apenas $2500. Concluyeron que la Dian no sabía interpretar el Estatuto Tributario y que, en cambio, la erudita Superintendencia de Economía Solidaria comprendía cabalmente el razonamiento de Saludcoop subsistiendo apenas esa "pequeña" diferencia.

El tema de los usuarios fantasmas tampoco quedó en nada. Por aquellos días, la Supersalud había valorado en $195 000 millones esos cobros de usuarios inexistentes.

El año pasado, la Superintendencia de Salud creyó descubrir que Saludcoop usaba la plata que le daba el Fosyga por cada afiliado para comprar clínicas y otros activos. Así mismo, advirtió que las deudas que Saludcoop adquiría para su monumental crecimiento eran cubiertas con los dineros que el Estado le entregaba para atender a los usuarios. Eso obligaba a Saludcoop a poner $627 000 millones de pesos para recuperar la liquidez de la EPS. Sin embargo, también esta vez se había equivocado el Estado.

El mes pasado, el nuevo Superintendente de Salud revocó las decisiones de su antecesor porque lc violaban el debido proceso a Saludcoop y exponían a la entidad a "millonarias demandas".

Hace unos días, el senador Jorge Enrique Robledo le envió una carta al ministro de Protección mostrándole que, de acuerdo con un estudio de la Universidad Nacional, había evidencias de que las tres EPS del grupo Saludcoop le habían cobrado al sistema más de $825 000 millones en exceso por medicamentos como ibuprofeno y acetaminofén, tan recetados a los pacientes de esa EPS. Saludcoop argumenta que Robledo no sabe de esas cosas y que si bien hubo algunas informaciones equivocadas, no existía el propósito de "inducir al error al sistema de salud".

Unos días después, la Federación Médica Colombiana alertó sobre multimillonarios "recobros de Rituximab con valores absurdamente elevados". La asociación científica encontró numerosas inconsistencias que involucran especialmente a las EPS del grupo: EPS013, EPS03 y EPS023. Esos códigos corresponden respectivamente a Saludcoop, Cafesalud y Cruz Blanca.

Sin duda, en pocos días, veremos la fehaciente demostración de los errores del senador Robledo, de la Universidad Nacional y de la Federación Médica Colombiana en contra del siempre transparente grupo Saludcoop.

Salud, dinero y...

Mayo 1, 2011

Algún lector perspicaz tal vez advierta que en esta edición de *Semana* dedicada a las empresas más grandes del país no aparece Saludcoop. Y no es que la colosal cooperativa de la salud haya salido del cuadro de los gigantes. Lo que realmente sucede es que sus directivos no quieren que se conozca públicamente la información sobre la dimensión de sus negocios.

Desde cuando unas poquísimas —y solitarias— voces empezaron a preguntarse por qué el grupo Saludcoop crece y crece mientras el sector salud se sume en un abismo insondable, la EPS más grande del país optó por bajar el perfil. Quizás así logren que todos se olviden de las investigaciones que le han abierto a Saludcoop en su exitosa historia sin que nada suceda.

Que había usuarios fantasmas en sus registros de cobro al Estado, y nada. Que según la Dian evadían impuestos por miles de millones de pesos, y nada. Que usan para sus inversiones particulares la plata que el Estado les entrega para los usuarios de la salud, y nada. La última denuncia menciona sobrecostos en medicamentos por más de $800 000 millones, y nada.

O mejor dicho, sí: el único resultado es que Saludcoop ha aumentado casi doscientas veces su tamaño desde su fundación y ha logrado controlar a través de empresas satélites desde el nacimiento hasta el funeral de sus clientes, que ya llegan a cinco millones. Muchos más de los que llegó a tener el Seguro Social en su mejor época.

Saludcoop es un jugador duro que opera también bajo los nombres de Cafesalud y Cruz Blanca. Tiene bajo su propiedad, o control, una red de clínicas y hospitales que le permite pasar la plata de un bolsillo a otro, convirtiendo aquello del "control de la integración vertical" en letra muerta.

El nacimiento de este imperio se ha dejado sentir con fuerza en un sector del norte de Bogotá, en la calle 108 a ambos lados de la autopista. Una zona de la capital es hoy tierra de Saludcoop. Los vecinos se han cansado de denunciar que no respetan las normas, que usan el espacio público como corredor de ambulancias y área de negocios.

Ese reordenamiento para beneficio de unos particulares tuvo su génesis en 1998 en unas controvertidas licencias otorgadas por el entonces curador urbano Jaime Barrero Fandiño. Curiosamente, con el tiempo, el arquitecto de la Universidad Nacional, Jaime

Barrero Fandiño dejó la curaduría y se convirtió en dirigente empresarial del sector salud. Esa vocación tardía y una asombrosa cadena de coincidencias han llevado al otrora curador a ser miembro de la junta directiva y presidente del directorio de Cafesalud.

Por fortuna, el arquitecto Barrero Fandiño no ha dejado del todo su profesión. Hace un tiempo encontró en el Piedemonte Llanero un lugar para desarrollar sus habilidades como diseñador y constructor. Allí levantó un magnífico hotel, llamado Villa Valeria Suites. El complejo se promociona como uno de los mejores campos de golf de Colombia, con 18 hoyos par 72, *pitching* y *chipping green* con 72 trampas de arena. Las 198 *suites* de lujo han alojado a muy ilustres visitantes.

El socio del excurador en este proyecto es el presidente de Saludcoop, Carlos Gustavo Palacino Antía. Hace un año, cuando le pregunté al doctor Palacino si se trataba de un negocio de Saludcoop, me aseguró que no, que Villa Valeria era una inversión suya y de su familia. Debe pagar bien Saludcoop si su gerente puede hacer semejantes inversiones.

Lo que no se puede negar es que Palacino es un visionario. Al lado del hotel construyó una urbanización cuyas casas les han parecido un espléndido negocio a algunos proveedores de Saludcoop que se han apresurado a adquirirlas antes de que paren las ventas… o las compras.

Padres e hijos

Mayo 7, 2011

La ley determina que las cooperativas realizan únicamente actividades sin ánimo de lucro. Asegura la norma que los trabajadores o usuarios de las cooperativas deben ser sus mismos aportantes o gestores y que la utilidad de esas cooperativas no puede enriquecer a alguien en particular, sino traducirse en mejores servicios para los asociados y para la comunidad en general. Gracias a estas características, las cooperativas gozan de exenciones de impuestos y tratamiento especial por parte del Estado.

Por eso resultan sorprendentes las fortunas de unos dirigentes del sector solidario y muy especialmente de Saludcoop, el gigantesco grupo cooperativo de la salud.

El presidente de Saludcoop, Carlos Gustavo Palacino Antía, es un hombre realmente rico. Su fortuna no se limita a su participación en el lujoso hotel resort de golf Villa Valeria, en el departamento del Meta, del que es socio el arquitecto Jaime Barrero Fandiño, presidente de la junta directiva de Cafesalud. Los intereses comunes de los doctores Palacino y Barrero trascienden las fronteras. Hace cinco años, el 15 de marzo de 2006, mientras en Colombia se discutía si las EPS podían usar recursos de la salud para aumentar su patrimonio, en una notaría de Panamá empezaba otro capítulo de esta historia.

Ese miércoles, en el soleado istmo, propicio para abrir empresas sin contestar muchas preguntas, fue constituida la sociedad Medisalud S. A. La escritura da cuenta de que el objeto de la compañía es explotar el negocio de los seguros de salud. Su capital es de dos millones de dólares, expresados en la simbólica moneda local: balboas. La junta directiva de la compañía, de acuerdo con el registro en Panamá, tiene tres miembros. El primero es Jaime Eduardo Barrera Fandiño, quien figura además como presidente y representante legal. El segundo integrante del directorio es el presidente de Saludcoop, Carlos Gustavo Palacino Antía, quien desempeña las funciones de secretario en la sociedad panameña. El tercero es el hijo del anterior, se llama Carlos Santiago Palacino Puerto y figura como vicepresidente y tesorero de la compañía. Los señores Palacino registraron como su dirección la de su casa particular construida en otro campo de golf en las afueras de Bogotá.

¿Es este un negocio de Saludcoop? Y si lo es, ¿por qué tiene ánimo de lucro? ¿O es un negocio del presidente de la cooperativa, su hijo y un socio? Y si lo es, nuevamente, ¿de dónde salió el dinero?

No es este el único negocio en el que se cruzan los nombres de Barrero Fandiño y Palacino. En una antigua promesa de compraventa consta que las empresas del grupo —Cruz Blanca, Cafesalud y la propia Saludcoop, representada personalmente por Carlos Palacino— le entregaron dos mil millones de pesos y se comprometieron a darle catorce mil millones más a una entidad llamada Coopsocial Limitada. El pago obedecía a la compra de un predio en el sur de Bogotá para la construcción de una clínica. La sociedad vendedora, Inversión Coopsocial, a pesar de su nombre no era una cooperativa, sino una compañía limitada cuyo socio mayoritario es Ricardo Barrero Medina, un joven que tenía apenas quince años cuando se creó la próspera compañía. Para colmo de sorpresas, Ricardo Barrero resultó ser el hijo del arquitecto Jaime Barrero Fandiño.

Tratemos de resumirlo: las empresas de Saludcoop le hicieron un millonario pago a una compañía que pertenece al hijo de uno de los actuales directivos del grupo cooperativo. Ese mismo directivo se sienta en la junta de una sociedad panameña —de accionistas desconocidos— con el presidente del grupo y con el hijo de este último. Al mismo tiempo, los dos abnegados padres de familia y dirigentes cooperativos son socios de un campo de golf con hotel de lujo en los Llanos Orientales. Qué bueno que trabajen sin ánimo de lucro.

Hoyo en uno

Mayo 14, 2011

Villa Valeria, el hotel de lujo que tiene campo de golf de dieciocho hoyos y un elegante condominio campestre, pertenece a una compañía en la que son socios el presidente de Saludcoop y el presidente de la junta directiva de Cafesalud.

La firma constructora, llamada Edificadora Restrepo S.A., ha tenido como gerente a doña María Cristina Puerto Vallejo, la esposa del doctor Palacino.

La identidad de los promotores del lujoso complejo y la inversión, que supera los diez millones de dólares, ya resultan suficientemente llamativos. ¿De dónde sacaron fondos los dirigentes de un grupo cooperativo para hacer tamañas inversiones?

Mientras esa pregunta sigue sin respuesta, vale la pena mirar quiénes son los felices propietarios de las casas de recreo de Villa Valeria. Muchos de los compradores del proyecto de Palacino son proveedores de Saludcoop. Hace un año, después de mi primera columna sobre el tema, el doctor Palacino me dijo que ese era un negocio suyo, de su familia y de unos amigos, y que no involucraba a la cooperativa Saludcoop. También desmintió informaciones según las cuales algunos proveedores recibieron guiños para motivarlos a comprar en el proyecto Villa Valeria y así conservar sus negocios con la cooperativa Saludcoop.

Como sea, entre los felices propietarios del complejo golfístico edificado en Restrepo, Meta, están el Centro de Diagnóstico en Citopatología, la distribuidora de medicamentos United Pharma de Colombia, la IPS Diosalud, Laboratorios Genfar, la firma JHAV McGregor S. A. —que adelantaba labores de auditoría para la poderosa cooperativa—, Angiografía de Colombia y el laboratorio farmacéutico Biopas, entre muchos otros. También están el gerente de Closter Pharma, Rihldo García; Ana Cecilia Aizpurua y Luis Gonzalo Jaramillo, socios de la IPS Provensalud; los dueños de Amarey Nova Medical. Además de proveedores de equipos y tecnología de comunicaciones para empresas de Saludcoop.

Las casualidades no terminan ahí. También es propietario Julio César Turbay Noguera, el hijo del entonces contralor. Según los documentos, son suyas las casas 71 y 72. El heredero de la conocida dinastía debió hacer un buen negocio porque terminó adquiriendo dos casas por cerca de novescientos millones de pesos, un precio similar al que otros compradores pagaron por una sola. Cuando su padre ya era contralor, el joven emprendedor Turbay constituyó una compañía con su hermano Alejandro y con la señora Hildegar Heins, llamada Equilibrium Consulting Group. Esa empresa de los hijos del contralor fue contratada por Saludcoop para asesorarla en asuntos de eco-eficiencia. Por esa razón, el contralor Turbay Quintero se declaró impedido para investigar a Saludcoop. El impedimento parece haberse extendido a toda la institución, porque solo ahora, con la actual contralora, vinieron a encontrarse situaciones llamativas en la gigante de la salud.

También compró dos casas en Villa Valeria Esteban Cobo Vásquez, un dinámico educador que ha combinado la rectoría del Gimnasio Los Pinos con la presidencia de la junta de la cooperativa Seguros La Equidad y la dirección de su empresa, Esteban Cobo S. A. S., operadora nacional de los cuestionados recobros ante el Fosyga del Grupo Saludcoop. Este ilustre cooperativista hasta hace un tiempo podía encontrarse con otro epónimo miembro del sector solidario: César Pérez García, propietario de la casa 13 de Villa Valeria, exrector de la Universidad Cooperativa de Colombia y actual huésped de la Cárcel La Picota de Bogotá por su presunta responsabilidad en la masacre de 43 personas en Segovia.

La lista podría seguir, pero la muestra es suficiente para demostrar que entre los copropietarios hay numerosos proveedores de Saludcoop y varios miembros del sector cooperativo que trabajan sin ningún ánimo de lucro, como lo ordena la ley.

Impecable lavandería

Junio 4, 2011

La esposa del ministro de Comercio asesora por contrato al Grupo Saludcoop. La situación amerita una revisión, porque la Superintendencia de Industria y Comercio, adscrita a ese ministerio, debe determinar en los próximos días si le impone o no multa hasta por mil millones de pesos a Saludcoop, a su representante legal, a otras dos empresas del gigante de la salud y a otras EPS por prácticas restrictivas de la competencia.

El señor ministro, Sergio Díaz-Granados, debería hacerle frente a este eventual conflicto de intereses, porque no parece posible que les vaya bien a los asesorados por su señora y que, al mismo tiempo, la Superintendencia pueda ordenar sanciones multimillonarias contra ellos, tal como se lo recomienda la delegada para la protección de la competencia.

Una investigación, a cargo del superintendente delegado, Pablo Márquez, encontró que esas empresas y el gremio que las agrupa, Acemi, concertaron para negarles a los pacientes servicios de salud a los que estaban obligados. También dice el informe que se pusieron de acuerdo para fijar ilegalmente tarifas ventajosas para ellos y falsear la información que le presentaban al Estado.

La esposa del ministro de Comercio se llama Paola Vergara Acevedo y estaba en la nómina de Saludcoop hasta septiembre del año pasado. Un mes después de que su esposo se posesionara en la cartera de Comercio, ella manifestó que quería retirarse de Saludcoop. Quizás todo habría resultado más claro si se hubiera ido antes de que su marido se convirtiera en ministro, y por completo. En poder de los organismos de control hay evidencia de que la doctora Vergara realmente hizo un arreglo con sus antiguos patronos para que le siguieran pagando por contrato lo mismo que ganaba como empleada. Una serie de comunicaciones encontradas durante la inspección a los computadores del Grupo Saludcoop deja ver que el contrato fue cuidadosamente estudiado para mantenerla en el equipo y dejar contenta a la esposa del ministro.

Esas comunicaciones también dan cuenta de que, en octubre del año pasado, Paola Vergara seguía en las juntas directivas o consejos de administración de varias empresas del Grupo Saludcoop. Entre esas compañías están AudiEps, Cooperativa Epsifarma, Epsifarma S.A., IAC Educar Salud, IAC Acción y Progreso y Work & Fashion. Así mismo, la esposa del ministro era representante legal suplente de Impecable Lavandería, una de las muchas empresas que ha usado Saludcoop para autovenderse productos y servicios.

De hecho, el contrato de marras fue firmado con una de esas compañías: IAC Jurisalud Consultores. El monto del acuerdo es de 147 millones de pesos y su ejecución terminará el 30 de septiembre de este año. La doctora Vergara se compromete, entre otras cosas, a hacerle seguimiento a la ley que reforma la salud y a calcular el impacto que pueda tener cualquier ajuste legislativo en "los clientes" del contratante. Curiosamente, los investigadores encontraron que los borradores del contrato descartan los eufemismos y dicen con todas las letras que la esposa del ministro debe "alertar al Grupo Saludcoop sobre posibles puntos del articulado que puedan afectar de una u otra forma a la empresa" y "mantener informada a la Presidencia y al Grupo Saludcoop de los avances en el tema".

Con esto queda claro que el verdadero beneficiario de los servicios de la doctora Vergara es Saludcoop y que ella debía entregar la información directamente al presidente Carlos Gustavo Palacino, en cuyos archivos encontraron interesante correspondencia.

En otro país, el ministro consideraría una explicación y quizás su retiro, pero aquí ni la señora renuncia a los negocios.

Ministro, viceministro y suministro

Julio 9, 2011

Los conflictos de intereses no demeritan a un funcionario. Simplemente deben hacerse públicos para que otro tome las decisiones cuando surja una eventual incompatibilidad. El viceministro de Turismo, Óscar Rueda García, puede estar en esa situación, y es bueno poner el tema sobre el tapete.

El doctor Rueda es un profesional de larga trayectoria en el sector turístico y ha sido el viceministro del ramo desde que se creó el despacho en agosto de 2006. Dentro de sus obligaciones legales está revisar en segunda instancia las quejas contra los prestadores de servicios turísticos. Es decir, él debe decidir en últimas si se sanciona, por ejemplo, a un hotel que incumpla lo que promete a sus clientes.

Uno de esos hoteles es Villa Valeria. Algunos usuarios de ese hotel han manifestado su insatisfacción por los servicios allí recibidos. Entre ellos está el señor Fernando Herrera Ramírez, quien firma una larga queja en una comunicación dirigida al viceministro Rueda. Carta que incluso aparece publicada en internet. Allí, quien se identifica como un huésped decepcionado, relaciona más de cincuenta presuntos incumplimientos del hotel. Las autoridades del sector turismo, y el viceministro en última instancia, deben determinar si realmente se han presentado esas irregularidades por parte de la empresa hotelera. Esperanzado en eso, el señor Herrera culmina su memorial de agravios diciendo: *"Tenemos un excelente viceministerio de Turismo"*.

El problema consiste en que mientras el viceministro recibía quejas del hotel del señor Palacino, su esposa recibía contratos de Saludcoop.

En septiembre de 2007, un año después de la posesión del viceministro, su esposa, doña Martha Janeth Plata Navas, aceptó la gerencia de una compañía llamada Terrapack Limitada. La empresa se especializa en producir, importar y exportar polietileno, polímero y poliéster. Esta compañía se convirtió en la principal proveedora de este tipo de suministros para Salud-Coop. Aun después de la intervención, ha recibido pagos del gigante de la salud.

Pero ahí no para el asunto. Los accionistas de la compañía Terrapack son los hijos de doña Martha Janeth Plata y del señor viceministro Óscar Rueda García. De acuerdo con los registros públicos, los dueños de la compañía son los jóvenes Camilo Andrés Rueda Plata, María Paula Rueda Plata y Óscar Felipe Rueda Plata. Es decir, Terrapack es una empresa familiar cuyas acciones están a nombre de los hijos del viceministro. La empresa está gerenciada por la esposa del viceministro. Y ha tenido como millonario cliente al grupo Saludcoop, cuyo gerente es dueño de un hotel vigilado por el viceministro.

Es probable que no exista una incompatibilidad legal, pero lo seguro es que un usuario inconforme de Villa Valeria no encontrará que un viceministro en estas circunstancias pueda garantizarle un trámite imparcial a una queja contra el hotel del señor Palacino. El viceministro Óscar Rueda puede dar un buen ejemplo declarándose impedido en cualquier trámite que involucre a empresas en las que tengan intereses los contratantes de la compañía de su familia.

Sería un buen gesto. Muy diferente al de su jefe, el ministro de Comercio, Sergio Díaz-Granados, cuya esposa trabajaba para Saludcoop mientras la Superintendencia de Industria y Comercio, adscrita a ese ministerio, investigaba a varias empresas de ese grupo.

¿Qué creen que hará?

Un congresista a sueldo

Julio 23, 2011

Un correo electrónico en poder de la Contraloría General de la República demuestra que un congresista estaba trabajando a sueldo para el grupo Saludcoop. Se trata de Holger Díaz Hernández, representante a la cámara por Santander y miembro del partido PIN. Díaz es un médico dedicado a la política que llegó al Congreso con el apoyo del coronel y exgobernador Hugo Aguilar Naranjo, capturado hace pocas semanas por sus presuntos nexos con el paramilitarismo.

El *e-mail* que lo meterá en problemas está dirigido al presidente de Saludcoop Carlos Palacino Antía. Desde su correo electrónico personal le escribe en estos términos al gerente del gigante de la salud: "Buenas noches, te envío el texto definitivo del proyecto aprobado en las comisiones séptimas, te quiero molestar porque hace dos meses, no han vuelto a consignar, NIT 804010319-3. Muchas gracias. Holger".

Díaz hace parte de la comisión séptima de la Cámara, que se encarga de los asuntos del sector salud. Desde su curul ha promovido una reforma que favorecería los intereses de empresas como Saludcoop. Él ha sido autor, ponente y coordinador de ponentes de esa reforma a la salud. Además, fue miembro de la comisión de conciliación que eliminó el artículo que prohibía a las EPS contratar con sus propias clínicas. La eliminación de esta prohibición vuelve a poner a las clínicas y hospitales a merced de las EPS que diseñan la operación pensando más en sus utilidades que en el bienestar de los pacientes o la supervivencia de los proveedores. Este esquema de integración vertical permitió que Saludcoop se convirtiera en el monstruo que llegó a ser.

Lo increíble es que Holger Díaz haya actuado con semejante libertad en temas relacionados con Saludcoop dado que tiene vínculos anteriores y probados con esa empresa. Al posesionarse en el Congreso, escribió de su puño y letra su registro de intereses privados. Allí dejó consignado: "Mi esposa es gerente regional de Saludcoop en Santander". La esposa del representante se llama Gloria Lucía Quiroz Hernández, efectivamente es directiva de Saludcoop y su esposo era conciente desde el comienzo del impedimento que esto le generaba para ocuparse de los temas que tocaran los intereses de esa empresa. Por ese solo hecho, el representante Díaz ya está incurso en causal de pérdida de investidura. Y eso sin contar que doña Gloria es beneficaria de un préstamo de una cooperativa de la órbita Saludcoop para comprar una clínica en Medellín.

Aunque parezca increíble, eso no es eso lo más grave. El correo también tiene indicios de que el congresista cometió el delito de concusión. Es decir, le habría pedido dinero a un interesado en el resultado de su labor legislativa.

Cómo ustedes lo han leído, el representante a la Cámara, después de informarle al gerente de Saludcoop acerca del proyecto que le interesa, le pide reanudar las consignaciones: "Te quiero molestar porque hace 2 meses, no han vuelto a consignar, NIT 804010319-3. Muchas gracias. Holger". Pues bien, ese Número de Identificación Tributaria corresponde a la empresa Salud con Calidad Limitada. La compañía es una IPS que presta sus servicios a Saludcoop y lo ha hecho para varias entidades oficiales de Santander, incluso cuando Holger Díaz era miembro de la administración departamental. Como accionistas figuran las señoras Margareth Liliana Castro Martínez y Mercedes Martínez Lizarazo.

Lo más revelador es que la hoja de vida que Holger Díaz Hernández publica en su página oficial de internet, registra que fue Gerente General de la empresa "Salud con calidad IPS". Es decir, el doctor Díaz ha tenido claros vínculos con la empresa para la cual pide "consignaciones" de parte de Saludcoop. La Corte Suprema, el Consejo de Estado y la Procuraduría valorarán estas pruebas.

Poderosos e invisibles

Noviembre 9, 2013

Mientras los hospitales se declaran en quiebra, los profesionales de la salud se empobrecen y los pacientes reciben atención deficiente, los intermediarios de la salud se enriquecen. En los peores años para el sector, Saludcoop multiplicó su tamaño 176 veces, de acuerdo con sus propios papeles.

El gigante de la salud mandaba a los pacientes a sus propias clínicas, surtía con alimentos los centros asistenciales, creaba empresas para autovenderse medicinas, lavar ropa hospitalaria, efectuar los cobros y adelantar los pleitos, entre muchas otras cosas y sin mencionar las excentricidades.

Quizás ese sea el caso más aberrante pero no el único. El modelo de salud actual está hecho para favorecer a los intermediarios financieros que son, al final, los únicos que ganan con el esquema.

Por eso es necesaria una reforma de la salud. Sin embargo, el proyecto de ley que el gobierno impulsa en el Congreso no soluciona el problema de la intermediación —verdadero parásito del sistema—, sino que le cambia de nombre. En lugar de llamarse EPS ahora se llamarán Gestores de Servicios de Salud. El gobierno planea crear una gigantesca entidad oficial llamada Salud Mía que, de acuerdo con el proyecto, operará directamente "o a través de terceros". Es decir de intermediarios.

El trámite en el Congreso puede incluso empeorar el proyecto, de por sí malo, porque varios intermediarios de la salud tienen influencia sobre los legisladores. El Consejo Nacional Electoral certificó que varios partidos políticos han recibido financiación de instituciones con intereses en la salud. El Partido de la Unidad Nacional, o Partido de la U, que es el de gobierno, recibió 445 millones. También han recibido aportes los partidos Liberal, Conservador, PIN y Polo Democrático.

¿Pueden los senadores y representantes que se han beneficiado de esos aportes de campaña legislar con libertad sobre estos asuntos? La risible exculpación de impedimentos no resuelve esa pregunta.

Al senador Juan Carlos Restrepo le negaron el impedimento sus compañeros, a pesar de que informó que una EPS financió su campaña. A Olga Suárez Mira también le dijeron que se quedara tranquila a pesar de que advirtió que un familiar suyo en primer grado es gerente de una EPS. Y así sucesivamente, el pasado 8 de octubre, se resolvieron a toda carrera y a pupitrazo 42 impedimentos.

Lo peor es que el tema no termina ahí.

El propio ministro de Salud y de la Protección Social, Alejandro Gaviria, de cuya buena fe estoy convencido, debería establecer si su paso por la junta directiva de Bancolombia puede generarle un conflicto de interés. Bancolombia, como parte del Grupo Empresarial Antioqueño, tiene intereses en el Grupo Asegurador Sura, uno de los grandes actores en el aseguramiento privado de la salud. Para colmo de confusiones, la doctora Carolina Soto, esposa del señor ministro de Salud, era hasta el año pasado la vicepresidenta ejecutiva de la Federación de Aseguradores Colombianos, Fasecolda. Ese es el gremio que agrupa a las compañías de seguros, de reaseguros y a las sociedades de capitalización en el país. Para muchas de esas entidades, el negocio de la salud es crucial.

Reitero que no tengo dudas sobre la honestidad del ministro Gaviria pero le pido, con el respeto debido, que sea un tercero quien despeje las dudas sobre un posible conflicto de intereses.

A estas dudas se suman otros ingredientes que parecen estar creando la fórmula perfecta para el desastre. Los pacientes han sido ignorados en el trámite de la reforma, los médicos vilipendiados y en ocasiones responsabilizados de una situación de la que en realidad son víctimas, nadie está pensando en solucionar la crisis de los grandes hospitales públicos. Mientras tanto, poderosos intermediarios tienen a socios y patrocinados legislando sobre la salud de todos los colombianos.

Águilas que cazan moscas

Junio 21, 2014

Desde la cárcel, el coronel Hugo Aguilar sigue manejando los hilos de la política en Santander. Condenado a nueve años por sus relaciones con paramilitares, Aguilar supo repartir su apuesta en las elecciones presidenciales. Uno de sus hijos, Nerthink Mauricio, que es senador, estuvo con la campaña de Óscar Iván Zuluaga. Su otro hijo, Richard, actual gobernador de Santander, puso a sus gregarios a hacerle campaña a Juan Manuel Santos. De esta manera ingeniosa, el encarcelado coronel Aguilar ganaba con cara y con sello. Sin importar quién resultara elegido presidente de Colombia tendría un Aguilar detrás de su votación en Santander.

La fuerza del coronel preso es tan decisiva que una semana antes de las elecciones que perdió Óscar Iván Zuluaga, su jefe Álvaro Uribe Vélez tuvo que ir a Bucaramanga a halagar en público al condenado: "A Hugo Aguilar le mando un saludo y mi aprecio porque él me ayudó a construir el parque (Panachi), cuando nadie creyó en él". Para registrar el gesto —y llevar la razón— estaba en la tarima el senador Nerthink Mauricio Aguilar. La campaña de Óscar Iván Zuluaga que reclama que sus votos son de opinión no resiste el examen de muchos de sus aliados, entre ellos los Aguilar.

Desde luego esto no quiere decir que la campaña de Santos esté menos sucia. La rama santista de los Aguilar se juntó en un subgrupo llamado Santander en Serio, que es otra razón social de la empresa electoral de la familia del coronel. Esa fue la marca que usaron para postular a Richard a la Gobernación. Las caras visibles en esta elección presidencial fueron el representante Holger Horacio Díaz y el congresista electo Ricardo Flórez Rueda, quien en un mes heredará su curul.

Flórez y Díaz fueron miembros del gabinete del coronel Aguilar. Los dos han estado vinculados con el sector salud, uno de los botines favoritos de la corruptela política en Santander.

Holger Horacio Díaz es un monumento viviente a la impunidad. Desde hace tres años hay pruebas de que Holger Díaz, siendo congresista, le pedía plata a Saludcoop mientras le reportaba asuntos de su interés. Sin embargo, la Corte Suprema de Justicia no ha hecho nada al respecto. Tampoco el Consejo de Estado se ha ocupado de la investidura del representante, que terminará tranquilamente su periodo el próximo 20 de julio. Ni hablar de la Procuraduría, cuyo titular Alejandro Ordóñez fue reelegido con los votos en el Senado del grupo político de Holger.

Curiosamente cuando la denuncia fue hecha en esta columna, Holger sacó de su hoja de vida su paso por la compañía para la que pedía consignaciones de parte de Saludcoop. La revelación no sirvió para nada. Las influencias de su grupo parecen ser más grandes que las evidencias públicas de las que ya nadie habla. Como si no existieran.

Holger Horacio Díaz, hombre de confianza de los Aguilar, aspirará este año a ser el candidato de todos ellos a la Gobernación para reemplazar al hijo del coronel. Impulsando su causa estarán, tanto el santista Richard, como el zuluagista Nerthink Mauricio.

Ayúdame que yo te ayudaré

Junio 27, 2015

La Procuraduría absolvió al congresista que le reclamaba a Saludcoop porque no habían vuelto a consignar. Ignorando todas las pruebas que estaban a la vista y con sospechosa pereza para investigar las evidencias que contradicen al procesado, el Ministerio Público archivó el proceso contra el antiguo representante a la Cámara y hoy aspirante a la Gobernación de Santander,

Holger Díaz. El grupo político de Díaz, el antiguo PIN, apoyó la reelección del procurador Alejandro Ordóñez.

Hace casi cuatro años, en esta columna fue demostrada la existencia de un correo electrónico que estaba en poder de la Contraloría. El mensaje estaba dirigido por el entonces congresista Holger Díaz a Carlos Palacino, presidente y en la práctica dueño del gigante Saludcoop.

El mensaje textual es el siguiente: "Buenas noches, te envío el texto definitivo del proyecto aprobado en las comisiones séptimas, te quiero molestar porque hace 2 meses, no han vuelto a consignar, NIT 804010319-3. Muchas gracias. Holger". La afirmación "no han vuelto a consignar" significa que antes habían consignado. El NIT que figura en el correo pertenece a la empresa Salud con Calidad Ltda., una compañía que, según la propia Procuraduría, fue fundada y perteneció al congresista Holger Díaz, a su esposa Gloria Lucía Quiroz Hernández y al familiar de ella, Franklin Quiroz Díaz, hasta el 12 de marzo de 2010.

Dos días antes de las elecciones que habrían de convertir en congresista a Holger, él y sus familiares salieron de la propiedad de la empresa. Bueno, por lo menos en los papeles. Curiosamente Holger, ya parlamentario, siguió enterado de los pagos que recibía su antigua empresa de Saludcoop y reclamando que le consignaran.

A pesar de semejante evidencia, la Procuraduría concluyó: "Lo perseguido por el congresista —que, se repite, en ningún caso era propio de sus funciones— no era que se pagara algo indebido, tal y como si se tratara de una 'coima', 'mordida' o el fruto de una extorsión, por ejemplo. Por el contrario, el congresista le recordó a Carlos Palacino algo diferente: que Saludcoop EPS cumpliera una deuda con una empresa promotora de salud, que por sus vínculos contractuales con aquella tenía derecho a ese pago".

La Constitución establece que los particulares pueden hacer todo lo que la ley no les prohíba, pero los funcionarios públicos

—y un congresista lo es— no pueden hacer sino lo que la ley les permita. En ninguna norma se permite que un congresista actúe como cobrador de cuentas entre empresas particulares. Menos aún cuando se trataba de un negocio entre una compañía que tiempo atrás era suya y otra que tenía interés directo en el resultado de su labor legislativa.

Cuando la denuncia se hizo desde esta columna, el representante Holger Díaz negó que fuera el autor del mensaje y aseguró que su correo había sido clonado. "Considero que el correo fue clonado. Es absolutamente claro que ese tipo de correo no los he enviado. Soy alguien que siempre busca hacer las cosas bien". Sin embargo, su versión cambió cuando declaró en la Procuraduría. Allí aceptó que había escrito y enviado el correo. Los investigadores de la Procuraduría no tuvieron la curiosidad de preguntarle por qué había mentido antes diciendo que su cuenta había sido clonada.

El tema no termina ahí. La esposa de Holger Díaz, Gloria Lucía Quiroz, ha ocupado un alto cargo en Saludcoop. El propio congresista lo había declarado en el registro de intereses e impedimentos en la Cámara. Sin embargo, la Procuraduría concluyó ligeramente que Holger estaba autorizado para tramitar y votar el proyecto que favorecía a Saludcoop y a su esposa porque ella renunció cinco días antes del inicio del trámite: "No recaía sobre este algún impedimento porque su esposa había renunciado cinco días antes de dar comienzo a los debates". Señala, además, que gracias a esta renuncia "no se derivaron los beneficios morales o económicos para el congresista, sus familiares o sus socios, en los grados predeterminados por el ordenamiento jurídico".

Lo que no quiso ver la Procuraduría es que la renuncia fue una formalidad. Está probado que la esposa del congresista solo estuvo fuera del cargo durante 41 días hábiles, coincidiendo con el trámite del proyecto y las celebraciones de Navidad y Año Nuevo. Se fue el 12 de noviembre de 2010 y volvió el 24 de enero de 2011 para beneficiarse del proyecto de su marido.

La historia oscura
del procurador Ordóñez

La primera noticia que tuve de Alejandro Ordóñez fue la de un evento casi cómico que contó el abogado Ramiro Bejarano en una de sus columnas de *El Espectador*. Cuando Ordóñez fue elegido presidente del Consejo de Estado, casi que su primer acto fue descolgar un retrato del general Francisco de Paula Santander, el hombre de las leyes, de la sala de sesiones plenarias del Consejo para reemplazarlo por un Cristo.

A mí eso me pareció un episodio más bien cómico y risible, y no me imaginé hasta qué punto ese primer suceso simbólico iba a marcar, no solo mi visión sobre Alejandro Ordóñez, sino lo que ha hecho este señor con el país.

Alejandro Ordóñez fue elegido como procurador de una manera muy particular. Resulta que cuando Ordóñez sonaba para participar en la terna de la elección de procurador, los miembros del Consejo de Estado eligieron al exsenador pastuso Darío Martínez como candidato. Ordóñez quedó en segundo lugar y, por supuesto, estaba furioso con sus antiguos compañeros del Consejo de Estado.

Martínez había sido constituyente, senador, y es un tipo bastante inteligente, complicado en algunas cosas, pero inteligente y no solo político, sino un abogado con mucha formación jurídica. No digo que hubiera sido un procurador ideal, pero casi que cualquiera hubiera sido mejor que Ordóñez. Sin embargo, por esos días, Martínez, que en ese entonces era un hombre que rondaba los sesenta años, apareció con una demanda por alimentos de una hija extramatrimonial y no reconocida. Para evitar el escándalo, renunció a su puesto en la terna y hasta ahí llegó su candidatura.

Fue ahí cuando la esposa de Alejandro Ordóñez, Beatriz Hernández de Ordóñez, que también estaba furiosa y es diez veces más ambiciosa que él, empezó a recomponer las fichas y a buscar apoyo para que su marido hiciera parte de la terna de candidatos. Y lo logró.

En ese momento es que vi, angustiosamente, que este tipo que había descolgado a Santander para colgar un crucifijo era el mismo que se podía convertir en Procurador General de la Nación. Lo que me llevó a investigar sobre él.

En primer lugar, me encontré que el señor, unos meses antes, había ido a una universidad en Cuernavaca —una universidad, por lo demás, muy muy derechista y ultramontana— a presentar una conferencia en la que alababa al beato Ezequiel Moreno, un personaje bastante conocido de la historia de Colombia, que sostenía que el liberalismo era pecado. Era una situación interesante porque se trataba de un personaje muy particular haciendo una reivindicación histórica de este otro personaje que podría ser tan singular como él.

Luego me encontré con un escrito que narra el famoso episodio de la quema de libros en la que participó Ordóñez en su natal Bucaramanga. Encontré también varios testimonios de esta quema y publiqué una columna al respecto para mostrar en dónde había sido y qué decía la gente. Después apareció el asalto a la biblioteca, en el que Ordóñez y sus secuaces obligaron al bibliotecario a entregar los libros que les parecían impíos: Rousseau, Marx, García Márquez, y una Biblia protestante. Todo parecía ficción. Y mientras yo publicaba estas evidencias, Ordóñez matizaba la información, pero no la negaba.

Muchos años después vine a encontrar la foto de él quemando los libros. El fotógrafo que la había tomado sigue vivo y confirmó que el que aparecía ahí era Ordóñez, y que él y algunos de sus compañeros de la TFP (el grupo Tradición, Familia y Propiedad), y de la Sociedad Pío X, tenían un periódico, *El Legionario*, en el que invitaban a estos actos públicos. También me encontré con un archivo maravilloso de lo que había pasado años antes y fue de ahí de donde salió la información para confirmar lo que escribí en las columnas y el perfil de este personaje.

Como si todo esto no fuera suficiente para que el país pensara a quién le estaba entregando la Procuraduría y para que los senadores que votaban para elegir al procurador estuvieran informados acerca del candidato, empecé a toparme luego con unas incongruencias terribles. Una es que el señor Gustavo Petro hubiera votado a favor de Ordóñez para elegirlo la primera vez. O que el Partido Liberal, por acuerdos esencialmente clientelistas, actuara de una manera tan contraria a la doctrina que dice que le inspira y hubiera terminado apoyando a una persona que unos meses antes defendía la tesis de que el liberalismo es pecado, sostenida por el beato Ezequiel Moreno.

El caso es que Ordóñez terminó elegido, pero además terminó preso de los políticos que lo eligieron: desde el primer día en la Procuraduría pagó con puestos los favores clientelistas de quienes lo habían llevado ahí. Todo esto es lo que cuento en las columnas, apoyándome también en un trabajo muy enriquecedor llevado a cabo por *La Silla Vacía*, que logró construir un documento con el nombramiento de cada recomendado y de quien lo recomendó. Es una investigación que sigue dando noticias.

Al pensar en el perfil de Alejandro Ordóñez y sus ires y venires, lo primero es que ha dejado claro que es una persona que antepone sus creencias religiosas a sus deberes civiles ciudadanos en su labor como funcionario. Es un matiz muy difícil de explicar, porque lo grave no es que él sea católico —porque puede ser tan católico como quiera, o musulmán o lo que escoja—, lo que no puede permitir es que sus principios religiosos estén por encima de la ley, y menos en una Constitución que garantiza la libertad de cultos.

En segundo lugar, es un personaje que para su elección buscó aliados entre quienes tocaba. Y los demás, pensando en una alianza politiquera, no consideraron a quién estaban eligiendo. Incluyendo a Gustavo Petro, en una de las mayores inconsistencias de su vida política.

En tercer lugar, están todas las evidencias de cómo ha gobernado de manera clientelista, pagando favores y pidiéndolos a cambio de nombramientos. Es claro que ha usado la Procuraduría para perseguir enemigos y favorecer a amigos. Está el caso de Alonso Salazar, alcalde de Medellín, destituido con el pretexto de estar envuelto en un caso de corrupción, cuando en realidad Ordóñez le estaba cobrando el apoyo a la Clínica de la Mujer, considerada un centro de aborto.

Por otro lado, independientemente de lo que pensemos de él ideológicamente y de lo que representa, Ordóñez es un abogado muy mediocre. No hay una sentencia del Consejo de Estado que demuestre sus capacidades. Lo que se le reconoce es que participó en la muerte política de Luis Alfonso Hoyos. Sin embargo después, cuando la Iglesia protestó porque le parecía el colmo que sacaran a ese joven y prometedor conservador de la política, Ordóñez terminó escribiéndole a monseñor Pedro Rubiano para decirle que, como su hijo en la fe, quería explicarle por qué se había tomado esa decisión. ¿Acaso desde cuándo hay que explicarle a la Iglesia las decisiones judiciales del Consejo de Estado?

Los documentos de un pasado oscuro siguen apareciendo. Por ejemplo, el abogado activista de la comunidad LGBTI, Mauricio Albarracín, descubrió la tesis de grado del actual procurador Ordóñez. Una maravilla de documento, porque, además de evidenciar que no tenía una mínima ortografía, demuestra que desde sus épocas universitarias defendía que la ley divina prevalece sobre la ley humana. Esto es equivalente a que mañana escogiéramos como ministro de Salud a un hinduista que tuviera prohibido comer carne de vaca, y que pasado mañana terminara siendo ilegal en Colombia la carne de vaca por cuenta de las creencias religiosas de esta persona. Es muy importante garantizar el ejercicio individual de la fe y la libertad de cultos. Y es muy importante separar entre lo que es pecado y lo que es delito por cuenta del código penal, porque, si no, volvemos al absolutismo religioso.

El procurador ha sido el personaje más nefasto que ha tenido Colombia en su historia reciente —más que cualquiera que haya ocupado la Presidencia— porque ha causado una ola retardataria y regresiva, y vamos a tardar varios años en recuperarnos en cuanto a principios de igualdad y de respeto a la decisión individual. Muchísimas conquistas que lograron la legislación y la jurisprudencia han sido burladas por este funcionario. Por ejemplo, el aborto, que estaba aprobado en tres casos por la Corte Constitucional, se volvió básicamente un delito, y Ordóñez ha impulsado activamente que no se permita en ningún caso. Otro es el derecho a morir dignamente, que había sido aprobado hace años por jurisprudencia de la Corte Constitucional en una sentencia ejemplar, y que terminó volviéndose inaplicable por cuenta suya.

Es una época de oscurantismo terrible. Y cada vez hay más evidencias del impacto nocivo que ha tenido —y tendrá— Alejandro Ordóñez sobre la vida institucional del país.

El inquisidor

Noviembre 1, 2008

El más genuino representante de la caverna colombiana se podría convertir en procurador general de la nación. Calladito, y aprovechando la demora de la Corte Suprema de Justicia y del presidente en la nominación de los otros dos miembros de la terna, Alejandro Ordóñez viene ganando adeptos en el Senado. Muchos de los que se están alineando con esa causa desconocen los interesantes antecedentes del candidato.

En Bucaramanga, la tierra natal de Alejandro Ordóñez, lo recuerdan por un episodio que refleja su intolerancia. Un buen día, en compañía de Hugo Mantilla —un personaje ya desaparecido y definido por algunos como un fascista nato—, Ordóñez llegó a la Biblioteca Gabriel Turbay. Los hombres, en actitud agresiva, conminaron al encargado a que les mostrara los libros para cerciorarse de que en la biblioteca pública no existiera literatura que pudiera perturbar las frágiles mentes de las juventudes.

Al asustado bibliotecario no le quedó más remedio que entregar las obras que, a juicio del ahora aspirante a procurador, contrariaban la moral. (García Márquez, Rousseau y Marx, entre otros). Entre los libros que se llevaron estaba la Biblia porque los censores juzgaron que se trataba de una edición "protestante" y no de la legítima católica, apostólica y romana. Según la versión de un abogado memorioso, las obras "inmorales" alimentaron una hoguera que ardió en un parque cercano.

Años después, en 2004, cuando fue elegido presidente del Consejo de Estado, Ordóñez —en trance de fe y de poder— volvió a mostrar su talante. El retrato de Francisco de Paula Santander, que ocupaba el lugar central en la sala de sesiones del alto tribunal, fue removido y condenado al ostracismo. En su lugar, en medio de oraciones y de una ceremonia que por su pompa tocó los límites de lo ridículo, ordenó colgar un crucifijo.

De nada valieron las voces que reclamaron que el doctor Ordóñez ejerciera en privado, y con toda libertad, su credo, pero que no pretendiera extender esos símbolos a la sesión plenaria del Consejo de Estado porque la Constitución colombiana ordena la igualdad de cultos y esa Corte tenía el deber de respetar ese principio.

También siendo magistrado visitó una universidad de la derecha mexicana para dar una curiosa conferencia. La charla se llamó: "San Ezequiel Moreno Díaz: Defensor de los Derechos de Cristo Rey". Allí defendió la obra del polémico santo que fue obispo de Pasto y que, en plena Guerra de los Mil Días, instó desde el púlpito a sus feligreses a la "sana y recta aversión al liberalismo", con lo que aportó su cuota de sangre a la larga historia de violencia en Colombia.

Alejandro Ordóñez, poniendo como ejemplo a San Ezequiel, recordó que sostenía que "el liberalismo es pecado". Agregó, de acuerdo con el resumen oficial del Foro Internacional de Fe y Ciencia, que era tiempo de recordar que "enseñaba el santo obispo que no solo el liberalismo en abstracto, sino también el Partido Liberal, que le da su concreta fuerza histórica maligna, debe ser abiertamente denunciado e impugnado por la Iglesia". En su exposición magistral, el hoy candidato a procurador también dijo que las libertades modernas apartan al hombre de Dios y por consiguiente del orden y de la paz.

Lo insólito no es solamente que una persona con semejantes convicciones aspire a ocupar la Procuraduría, que tiene entre sus funciones resguardar las libertades individuales y defender los derechos humanos. Lo verdaderamente increíble es que Ordóñez —en un gesto de profunda inconsecuencia doctrinaria— esté buscando para llegar al puesto los votos liberales y cristianos.

La Ordóñez-política

Marzo 21, 2009

El procurador general empezó a pagar los favores de su elección con recursos bastante parecidos a los que usó el gobierno para retribuirle a Yidis Medina su definitivo voto en la aprobación de la reelección. En los últimos días, el procurador Ordóñez ha nombrado en altos cargos de la entidad allegados a varias personas que fueron clave para su arribo al Ministerio Público.

Un miembro del grupo político del senador cartagenero Javier Cáceres Leal acaba de posesionarse como procurador delegado para la Moralidad Pública. Cáceres fue partidario de la elección de Ordóñez y uno de los más duros críticos del posible retiro de Camilo Gómez de la terna por falta de garantías.

El nuevo alto funcionario de la Procuraduría se llama Fabio Yezid Castellanos Herrera y en las elecciones de 2002 alcanzó a estar inscrito en la lista de Javier Cáceres al Senado, aunque después fue remplazado por otro candidato. Dentro de los méritos del doctor Castellanos para convertirse en el guardián de la moralidad pública está el haber sido secretario del Interior del gobernador de Bolívar, Joaco Berrío, tan insistentemente mencionado en el caso DMG. Según un informe de Policía Judicial, más de mil millones de pesos en efectivo salieron de Putumayo para comprar votos en Bolívar en vísperas de la elección del antiguo jefe del nuevo procurador delegado. El delegado para la moralidad pública hasta hace poco se desempeñaba como asesor legislativo de la Comisión Primera del Senado, a donde llegó, según varios congresistas, de la mano de su padrino, Javier Cáceres.

Pero ahí no terminan los gestos de gratitud de Alejandro Ordóñez con los que hicieron posible su elección. Al parecer, el procurador también recuerda que pudo adelantar una campaña de dos meses en solitario gracias a la demora sin precedentes de la Corte Suprema de Justicia para escoger su candidato. El insólito retraso se presentó porque, después de numerosas rondas, ningún aspirante obtenía los dieciséis votos necesarios para que la Corte lo ternara. Y nadie llegaba a la cifra mágica porque un grupo de magistrados se juntó en un bloque para impedirlo. A finales de noviembre, cuando Camilo Gómez finalmente fue postulado por la Corte, no tenía posibilidad alguna. Ordóñez ya tenía comprometidos los votos del Senado.

La más activa en esa estrategia de retrasos, tan favorable a los intereses del ahora procurador, fue una paisana de Ordóñez: la magistrada de la Sala Civil y Agraria Ruth Marina Díaz Rueda. Y, oh casualidad, en estos días una persona muy cercana a ella fue nombrada en un alto cargo del Ministerio Público.

El doctor Édgar Carlos Sanabria Melo, quien mantiene una bonita relación con la magistrada Díaz, es ahora el procurador delegado para Asuntos Civiles.

En las últimas semanas, en importantes cargos de la Procuraduría, también han sido designados Rafael Eugenio Quintero Milanés, hermano del magistrado de la Corte Suprema Jorge Luis Quintero Milanés, y Mario González Vargas, amigo del senador y miembro del Directorio Nacional Conservador, Alirio Villamizar.

Tal vez los gratos sentimientos de Alejandro Ordóñez tampoco le han dejado olvidar que llegó al cargo porque el presidente de la República completó la terna con un aspirante sin opción alguna. El profesor Germán Bustillo, quien, a pesar de ser el candidato del mandatario más popular de la historia y jefe político de las mayorías del Senado, no obtuvo ni un solo voto.

Ese agradecimiento pudo contar en el fallo de Ordóñez que absuelve a los implicados en la yidispolítica, ignorando olímpicamente las numerosas pruebas documentales que le permitieron a la Corte Suprema condenar a Yidis Medina, más allá de su testimonio. Sin embargo, su decisión es comprensible. Le quedaría mal al procurador reprocharles a otros lo que él mismo está haciendo ahora.

El auto de fe

Diciembre 26, 2009

Alejandro Ordóñez está usando el poder de la Procuraduría General para liquidar a sus adversarios ideológicos y proteger a sus compañeros de causa. Sin ningún sentido de la justicia puso en marcha una investigación disciplinaria por farcpolítica contra el senador Jorge Enrique Robledo, a pesar de que las pruebas indican que las Farc ven a Robledo como un enemigo y no como un aliado.

La decisión ocurre unos meses después de que el mismo Ordóñez eliminara de un plumazo —en su acomodada sentencia de la yidispolítica— el bloque completo de pruebas contra sus copartidarios Sabas Pretelt y Diego Palacio por la compra de los votos parlamentarios que hicieron posible la aprobación de la primera reelección. Sobre este último caso no vale la pena extenderse. La demostración gráfica de la arbitrariedad del procurador para favorecer a sus copartidarios conservadores, y uribistas, quedó a la vista en un documento que muestra los cambios efectuados entre el proyecto dejado por su antecesor y la decisión adoptada por Ordóñez.

Los lectores curiosos que repasen la evidencia de esta conveniente omisión —los documentos se encuentran en la página web de *Semana*— se preguntarán por qué el jefe del Ministerio Público decidió suprimir lo que constaba de la página 142 a la 178. Treinta y seis páginas que hicieron posible que en la parte resolutiva se cambiara la expresión "Declarar disciplinariamente responsables" por "Absolver de los cargos formulados". Esa resolución sirvió para demostrar que el procurador es capaz de desaparecer pruebas existentes, lo increíble es que ahora pueda hacer aparecer evidencias que no existen.

El portal *La Silla Vacía*, en un esmerado trabajo periodístico, publicó esta semana los documentos que componen el acervo probatorio en el caso disciplinario contra el senador Robledo. Eso es todo lo que hay —ni más, ni menos— y lo único que comprueba es la enorme antipatía que produce en las Farc un hombre como Robledo, que ha condenado el accionar de la guerrilla desde el inicio de su vida pública. Los papeles provienen del computador de "Raúl Reyes" y las dos menciones específicas sobre las posiciones políticas de Jorge Enrique Robledo son para reprocharle sus pronunciamientos reiterados "contra la lucha armada" y definirlo como un "claro enemigo de la combinación de las formas de lucha".

En otro documento, "Reyes" ordena subir a la página de Internet de las Farc un artículo escrito por Jorge Enrique Robledo. Algo sobre lo cual no tienen control alguno ni él, ni los demás autores, cuyos escritos son publicados sin autorización en diversas páginas de Internet.

La última de las pruebas es un listado de personalidades sugerido por las Farc para la conformación de un "Nuevo Gobierno". Ahí está el nombre de Robledo, al lado de otros 89, entre ellos numerosos uribistas, incluido, por ejemplo, el actual presidente del Senado, Javier Cáceres, quien no solamente no está siendo investigado por Ordóñez, sino que tiene cuota en la Procuraduría General de la Nación. Después de su ayuda para la elección de Ordóñez, un allegado de Cáceres llamado Fabio Yezid Castellanos Herrera fue nombrado nada menos que procurador delegado para la Moralidad Pública. (Ojalá revise pronto el caso de Etesa).

En fin, a Robledo no le están cobrado ningún vínculo con las Farc, porque no existe. Lo que le cobran es no haber votado por Ordóñez, como sí lo hicieron Dussán y Petro, y atreverse a denunciar con valor y de manera documentada casos como el de la Zona Franca, en cuyos terrenos tienen intereses los hijos del presidente, y la aberrante repartija de Agro Ingreso Seguro.

Al procurador no le importan las pruebas. Al estilo de los inquisidores de "El Niño de la Santa Guardia", que mandaron a la hoguera a dieciséis personas por el asesinato de un niño que jamás existió, Ordóñez quiere acabar con la carrera de un legislador honesto y brillante.

No se podía esperar mucho de un hombre que hace unos años quemaba libros en fogata pública y ahora alega, como gran defensa, que lo que incineró era pornografía.

El premio

Mayo 15, 2010

El procurador general declaró insubsistente a la funcionaria del Ministerio Público que descubrió el tráfico de fallos en el Consejo de Estado y otras entidades de la rama judicial. El proceso fue anulado y la procuradora Ana María Garzón Botero se quedó en la calle luego de revelar cómo operaba el mercado de influencias y la compraventa de decisiones judiciales.

La ahora exprocuradora, después de un largo trabajo de investigación, descubrió que varios funcionarios del Consejo de Estado en complicidad con particulares (especialmente algunos abogados y políticos interesados), presuntamente negociaban decisiones que tomaba la sección quinta encargada de los asuntos electorales, y otras salas del alto tribunal.

Entre las pruebas hay varias interceptaciones telefónicas en las que se habla de plata, vueltas y fallos. Esas pruebas involucran a cinco funcionarios de la alta corporación. Entre ellos a Carlos Arturo Fernández Trujillo, quien en una de las grabaciones habla de "voltear una decisión" y, además, afirma que "eso está alrededor de treinta millones de pesos".

Entre los particulares señalados por las pruebas aparece Javier Socarrás Amaya, el mismo hombre que hizo campaña para el Concejo de Bogotá acompañado por Tomás Uribe Moreno.

De acuerdo con la investigación del Ministerio Público, Socarrás participó en maniobras irregulares para lograr fallos favorables a un gobernador de Casanare, a otro de Córdoba, a un alcalde de Montería, a una alcaldesa de Uribia, a un alcalde de Maicao y a 19 concejales de Montería, entre otros.

Bien interesante resulta, por ejemplo, una conversación sobre el caso del gobernador de La Guajira, Jorge Pérez Bernier, donde mencionan a Socarrás: "Javier comenta que mañana le van a llevar el proyecto donde arreglaron el asunto del gobernador de

La Guajira y que lo arreglaron por diez barras". A pesar de que Socarrás ha sido mencionado en numerosos casos de tráfico de influencias y en el asunto de las notarías, hasta ahora solo tiene un proceso en marcha por haber intentando obtener tarjeta profesional de abogado con documentos falsos.

En medio de las pesquisas, la procuradora Garzón encontró también evidencias para solicitar a la autoridad competente investigar al poderoso magistrado del Consejo Superior de la Judicatura, José Alfredo Escobar Araújo. Las grabaciones muestran que Escobar Araújo mantenía contacto con un fiscal que fue capturado en flagrancia mientras recibía un soborno de una persona interesada en un caso.

El fiscal se llama Romel Polanco y terminó, por casualidad, manejando varios procesos instaurados por Escobar Araújo contra periodistas, entre ellos Claudia Hoyos del *Noticiero CM&*, Alejandro Santos, director de *Semana*, y el suscrito. Mientras los periodistas denunciados por meterse con el magistrado de los botines acudían como cualquier ciudadano a la justicia, Escobar Araújo tenía acceso por fuera del proceso al fiscal.

Según los papeles de la Procuraduría, en una conversación con su esposa, Escobar dice que "ahora se va a ver con Romel Polanco […] el de las investigaciones que van a clavar el 28, mañana a Claudia Hoyos y entonces me voy a reunir con él a ver cómo es la cosa".

Y la cosa tenía su contrapartida. En otra grabación, "Romel llama a Escobar y le comenta que le ayude con la exesposa que es fiscal, de nombre Ligia Jaimes Díaz, la trasladaron para Barranca de Bucaramanga y es para ver si le habla al doctor Iguarán y la devuelven. José Alfredo le dice a Romel que va a tratar de hablar con Iguarán". Unos días después, el magistrado le informó a Romel que ya había hablado con Alfredo Iguarán, hermano del entonces fiscal general y empleado del Consejo Superior de la Judicatura.

Algún callo grande debió haber pisado la procuradora que logró estas evidencias. Esta investigación parece haber sido su condena.

El pasado 5 de abril, el procurador Alejandro Ordóñez la declaró insubsistente y el 6 fueron anuladas sus actuaciones, aunque las pruebas siguen vigentes.

Queremos tanto a Bernie

Septiembre 18, 2010

Un poderoso escudo protege al exsecretario general de la Presidencia, Bernardo Moreno. Nada le pasa a pesar de las pruebas disciplinarias y penales en su contra. Mientras detectives están en la cárcel, exdirectores del DAS próximos a acompañarlos, un exministro destituido y llamado a juicio y otro en vísperas de correr similar suerte, Bernardo Moreno viaja por el mundo.

El hombre fuerte del anterior gobierno ha venido sorteando sin mayores inconvenientes los procesos por las chuzadas, la yidispolítica, la asignación de notarías como pagos por la primera reelección e incluso un cambio en el manual de funciones de la Presidencia para ascender a su asesora preferida a un cargo para el cual no cumplía los requisitos.

Tanto el exdirector de Inteligencia del DAS, Fernando Tabares, como el exjefe de Contrainteligencia, Jorge Alberto Lagos, han hablado del papel que Bernardo Moreno tuvo en los seguimientos ilegales. Lagos ha afirmado que en compañía de sus superiores inmediatos fue al despacho de Bernardo Moreno a reconocer una fotografía para usarla en una campaña de desprestigio contra la Corte Suprema.

Por su parte, Tabares ha señalado que en el Club Metropolitan de Bogotá, y acompañado por la directora del DAS, recibió una orden del Secretario General: "El doctor Bernardo Moreno le manifiesta a la doctora María del Pilar Hurtado que el interés del Presidente de la República era que el DAS lo mantuviera informado sobre cuatro temas o aspectos principales: la Corte Suprema de Justicia, la senadora Piedad Córdoba, el senador Gustavo Petro y el periodista Daniel Coronell". Los asistentes a la reunión eran tres, dos de ellos reconocen la existencia de esa petición. Solo Moreno la niega.

Tabares y Lagos están presos. La exdirectora, María del Pilar Hurtado, probablemente lo estará en las próximas semanas y Bernardo, tranquilo.

En el tema de la yidispolítica sucede algo parecido. Desde el primer día, Moreno ha buscado rehuir su responsabilidad. No ha hablado de los recomendados de los políticos que aprobaron la reelección nombrados gracias a sus gestiones, mencionadas al menos por dos testigos. Al mismo tiempo, ha tratado de convertir al exministro Sabas Pretelt y al superintendente de Notariado, Manuel Cuello Baute, en los únicos responsables de la designación de los notarios de la reelección.

En la tarea de persuasión para lograr la primera reelección, Bernardo Moreno tuvo como mano derecha a Claudia Salgado. Ella era sus ojos, sus oídos, su mano generosa y la voz suya en el Congreso. En el computador de la "doctora Claudia" están los secretos de esa época. Tal vez por eso, el secretario general decidió premiarla, un tiempo después, ascendiéndola a "asesora política" de su despacho.

Sin embargo, Bernardo se encontró con un pequeño inconveniente. La "doctora Claudia" solo tenía un título intermedio: tecnóloga en Terapia de Lenguaje y Audición. Y el manual de funciones de la Presidencia exigía para el cargo: "Título profesional en Derecho, Ciencias Políticas o carreras afines, título de posgrado en la modalidad de especialización en áreas relacionadas con las funciones del cargo y treinta y un (31) meses de experiencia profesional relacionada". Pero como las normas no han sido obstáculo para sus decisiones, Bernardo cambió el manual, que curiosamente desde ese día determina que el cargo lo podrán ocupar quienes tengan: "Título de tecnóloga en Terapia de Lenguaje y Audición, profesional en Ciencias Políticas, Derecho o carreras afines…".

Entre otras cosas, por adecuar manuales de funciones a un beneficiario específico, el procurador Alejandro Ordóñez destituyó e inhabilitó por quince años al director de Invías, Daniel García. Sin embargo, a Bernardo no lo ha llamado siquiera para que explique el tema.

¿Y la "doctora Claudia"? Alguien debe valorar mucho sus terapias, porque sin importar el escándalo ni el cambio de gobierno, allí sigue, donde la dejó Bernardo. Despacha en una cómoda oficina en la Casa de Nariño, estratégicamente ubicada a unos metros del presidente Santos

Acto de fe

Octubre 2, 2010

El fallo del procurador general que destituye a la senadora Piedad Córdoba y la inhabilita por dieciocho años, es un ejemplo de persecución política y de chapucería jurídica. El procurador Ordóñez les dio a algunos documentos un carácter que no tienen y en otros forzó la interpretación para convertir en falta disciplinaria lo que en realidad son exabruptos políticos cometidos por la legisladora.

El documento de 140 páginas —estribillo repetido por algunos, como si la extensión acreditara la solvencia— empieza por tratar de disimular el hecho de que los computadores de Reyes fueron decomisados en territorio extranjero, donde no había jurisdicción de ningún miembro de la policía judicial.

Ahí arranca la cadena de contradicciones. El fallo asegura inicialmente que la prueba reina del caso proviene "de unos computadores hallados en un campamento guerrillero en la zona fronteriza con el Ecuador". Una evidente falsedad, porque el campamento de Reyes estaba en territorio ecuatoriano y no en la frontera con ese país. La mentira es de tal dimensión que, apenas unas líneas después, el procurador se corrige a sí mismo y aclara sobre el escenario de la operación: "Si bien la misma se adelantó en territorio ecuatoriano, lo cierto es que hasta este instante no ha habido organismo internacional que le haya impuesto algún tipo de sanción a Colombia". Es decir, el procurador cree que la ausencia de sanciones internacionales legaliza las pruebas, y eso no es así. Es una interpretación de quien quiere condenar a un contradictor, similar a otros razonamientos suyos cuando ha querido absolver a sus copartidarios.

La decisión menciona más de cuarenta veces el nombre del capitán Ronald Hayden Coy Ortiz. Él es el oficial de la Dijín que recibió —ya en territorio colombiano— los computadores de Reyes. Ahí están los llamados "correos" valorados por Ordóñez como la principal prueba contra la senadora.

Lo que olvida comentar el procurador es que el propio capitán Coy, en una declaración a la Fiscalía bajo la gravedad del juramento, aseguró que no encontraron correos electrónicos en el computador de Reyes, sino documentos Word. La diferencia es sencilla: mientras un correo electrónico evidencia que fue enviado y recibido e identifica a remitente y destinatario, un documento Word no puede probar que hubo intercambio de correspondencia.

Más curioso aún es el razonamiento que llevó al procurador a concluir que Piedad y Teodora eran la misma persona. Transcribo, sin comentarios, esta pieza jurídico-lingüística:

Y cuando según la remitente del documento asevera que la persona que recibió en su casa agregó que PIEDAD Y CHÁVEZ no han hecho nada, puede inferirse —por el contexto del documento— que la primera persona mencionada (PIEDAD) —que según se dice no ha hecho nada— que aquella denominada como "esa vieja", que aquella que fue la anfitriona de la visita en su casa y que la personas como aparece como remitente del documento son una misma persona. En ese sentido, si la equivalencia final es el de Teodora (remitente) con la persona que no ha hecho nada (Piedad), quiere decir que Teodora corresponde a una persona de nombre Piedad.

Con una deducción parecida, Ordóñez usa una interceptación telefónica entre un hombre llamado Rey, presunto integrante de las Farc, y un desconocido, para concluir que cuando hablan de "esa señora" se refieren —o, lo que es peor, "pueden referirse"— a Piedad Córdoba.

La última "prueba" es un testimonio según el cual el 15 de junio de este año, la senadora Córdoba acordó pagar los costos de una manifestación por mitades con el hermano de un guerrillero. El testigo dice llamarse Viktor Tomnyuuk y asegura ser ucraniano. Sin embargo, en la única entrevista que ha concedido el pretendido ucraniano dijo que no conocía el himno de Ucrania, sino el de la Unión Soviética, y cuando le pidieron recordar el de la extinta URSS replicó que no tenía talento para el canto.

Decía San Agustín que fe es creer en lo que no vemos y que la recompensa es ver lo que creemos. Sin duda, Alejandro Ordóñez es un hombre de fe.

Hombre de familia

Noviembre 6, 2010

Recién posesionado, el procurador general empezó a pagar con la nómina los favores de su elección. Varios allegados a congresistas y magistrados que fueron fundamentales para que Alejandro Ordóñez llegara a su puesto fueron nombrados en importantes cargos en la Procuraduría. Así quedó registrado en una de estas columnas, llamada "La Ordóñez-política". Tal vez el caso más emblemático es el del procurador delegado para la Moralidad Pública, Fabio Yezid Castellanos Herrera, un hombre de la cuerda política del hoy detenido exsenador Javier Cáceres.

El procurador delegado para la Moralidad Pública antes de serlo era asesor de la Comisión Primera del Senado, a donde llegó de la mano de Cáceres, entonces presidente de esa célula legislativa. Como si faltaran pruebas de la cercanía entre el procurador delegado para la Moralidad y el legislador preso, está probado también que Castellanos alcanzó a estar en la lista de Cáceres para el Senado en el año 2002. Lo que pocos sabían es que Javier Cáceres no solo ayudó a Ordóñez a convertirse en jefe del Ministerio Público, sino que además metió a la nómina del Senado a una sobrina política del Procurador.

El 6 de marzo de 2009, el ahijado de Cáceres se convirtió en Delegado para la Moralidad; el 2 de abril, es decir, veintiocho días después, la joven Ana Carolina Lineros Hernández fue nombrada en la Unidad de Trabajo Legislativo del senador Javier Cáceres, con el cargo de asistente III senatorial, el mejor pagado en el escalafón de asistentes de la Cámara Alta. Ana Carolina es sobrina de doña Beatriz Elena Hernández Sampayo de Ordóñez, la esposa del procurador general de la Nación. La asistente senatorial es hija de Ibeth Cecilia Hernández Sampayo, hermana de doña Beatriz y directora seccional de Fiscalías de Cartagena desde el año 2005.

Otra hermana de la esposa del Procurador se llama Ana Mercedes Hernández Sampayo. Ella no vive en la costa, como Ibeth, sino en el oriente del país. Hace ya varios años está casada con Juan Gabriel López Bautista, un funcionario de la Procuraduría. López Bautista no llegó a la entidad por cuenta de su concuñado Alejandro Ordóñez. Fue nombrado en 2004 durante la administración de Edgardo Maya. Sin embargo, en el periodo de su pariente político fue favorecido con un conveniente traslado. El antiguo procurador judicial agrario II de Cúcuta ahora está en

Bucaramanga, la ciudad a la que ha estado ligado por mucho tiempo: allí se casó y allí ha mantenido inscrita su cédula para votar desde hace veintidós años.

El que no quería quedarse en Bucaramanga era otro funcionario vinculado también en la época de Maya. Se llama Jorge Moncada Rojas, y en menos de dos semanas será oficialmente un nuevo miembro de la familia Ordóñez Hernández. El señor Moncada contraerá nupcias el 20 de este mes con la hija del procurador, la señorita María Alejandra Ordóñez. El futuro yerno fue trasladado a Bogotá y, un tiempo después, puesto al frente de un importante cargo en la Oficina de Asuntos Internacionales de la Procuraduría General de la Nación.

Pero como no hay felicidad completa, después de oír con devoción la Epístola de San Pablo surgirá la evidencia legal del parentesco entre el joven esposo y su poderoso jefe. Tal vez por eso, el señor Moncada decidió hace unos pocos días renunciar a la Procuraduría. Lástima que no lo haya hecho antes de favorecerse con los traslados. Como sea, la marcha nupcial no será un camino al desempleo para el afortunado contrayente. Ya todo está listo para que el buen yerno ingrese a la nómina de otra entidad de control, hasta donde llega la sombra protectora del Procurador General de la Nación.

Procurando

Diciembre 3, 2011

El procurador que participó en el comité para decidir cómo pagar la conciliación más escandalosa en la historia de Colombia tiene un hermano que defiende a beneficiarios de esa misma conciliación en un proceso penal. Es decir, mientras el hermano mayor da el visto bueno del Ministerio Público para que les giren, el hermano menor los representa en un caso que afrontan por fraude a una resolución judicial y fraude procesal.

El procurador se llama Roberto Augusto Serrato Valdés y ha ocupado varios de los puestos más importantes en el Ministerio Público. Como procurador primero delegado ante el Consejo de Estado participó el año pasado en un comité que determinó cómo debía pagar Invías una millonaria conciliación a Conigravas y a otros.

Conigravas es parte de un consorcio constructor orientado por Édgar Botero Henao —el mismo de Miss Mundo Colombia—, su hermano Luis Fernando Botero y Luis Fernando Mejía Rivera. Ese consorcio recibió en los ochenta un contrato para construir una carretera. La obra nunca se terminó y el Tribunal Administrativo de Antioquia decidió, en 1998, que el Estado debía indemnizar a los contratistas con 690 millones más intereses e indexación.

A punta de golpes de astucia jurídicos, el monto de la deuda ha pasado en estos años de 690 a más de 70 mil millones de pesos.

El 12 de agosto de 2010, Invías emitió una resolución en la que determina cómo pagar la discutida deuda a los Botero Henao y a sus socios. Para tomar la controversial decisión pidió el acompañamiento de los organismos de control. El representante de la Procuraduría en el proceso de esa decisión fue el doctor Serrato Valdés (Roberto Augusto).

Dos meses y catorce días después, el 26 de octubre de 2010, otro doctor Serrato Valdés (Mario Alfonso) apareció como representante de Luis Fernando Botero Henao en la audiencia de imputación de cargos por los presuntos delitos de fraude procesal y fraude a resolución judicial. Todo dentro de un proceso contra él, contra Édgar Botero Henao y contra Luis Fernando Mejía, entre otros, derivado de la evasión de unas acreencias laborales.

El doctor Roberto Augusto y el doctor Mario Alfonso son hermanos, hijos de don Guillermo Serrato y de doña Aidé Valdés.

No sé si el procurador general conoce estos hechos y tampoco si los considera aceptables. Lo cierto es que unos días después de la actuación del hermano procurador que beneficiaba a los Botero, el hermano litigante defendía a uno de ellos en una causa penal. No es la primera vez que coincidencias y hechos asombrosos marcan los litigios de los Botero.

El año pasado, el pago de la multimillonaria conciliación estaba parado porque había dudas sobre la autenticidad del papel que presentaban para cobrar. Según un informe de Policía Judicial del CTI, "el sello que se viene utilizando como primera copia no existe en el Tribunal Administrativo de Antioquia". Es decir, había indicios de falsificación. Sin embargo, cinco meses después, un secretario del Tribunal logró un hallazgo portentoso: "El sello lo encontré en el escritorio, en mal estado, en julio de 2009".

Unos días después, y en medio de las revelaciones del carrusel de la contratación, volvió a salir a la luz el nombre de los Botero Henao. Esta vez fue por cuenta del cuñado y hombre de confianza de los Nule. Mauricio Galofre aseguró que sobornos al congresista Germán Olano y al contralor de Bogotá, Miguel Ángel Morales-Russi, se disfrazaban como compras a una cantera de los Botero.

A pesar de esto, los señores Botero siguen ricos, poderosos y libres. En cambio está detenido el exministro Gustavo Adolfo Canal, cuyo pecado consiste en haber liquidado hace catorce años, como director del Invías, la millonaria conciliación con unos intereses que no les parecieron suficientes a los señores Botero.

El esperpento y el estandarte

Febrero 11, 2012

El lunes, el procurador Alejandro Ordóñez anunció que aspirará a la reelección. El martes, la Procuraduría le pidió a la Corte Suprema que absuelva a Javier Cáceres en la parapolítica. El miércoles, el periodista Juan Carlos Giraldo reveló que el procurador

Ordóñez decidió archivar la investigación disciplinaria contra Juan Manuel Corzo por parapolítica.

Siendo senador, Javier Cáceres fue un hombre clave para la elección Ordóñez. Juan Manuel Corzo es el actual presidente de la corporación que puede reelegirlo. Es decir, dos electores (pasado y futuro), del procurador se benefician con las decisiones de su despacho.

Cuando aspiraba al cargo, Alejandro Ordóñez era muy consciente de la inconveniencia de procesar a sus propios electores. El día que presentó su nombre a consideración del Senado, aseguró que era una insensatez que el procurador tuviera competencia disciplinaria sobre los que podían elegirlo: "Yo no puedo [...] No es transparente que el procurador ejerza el poder disciplinario sobre los senadores. Ese ejercicio está deslegitimado precisamente por esa circunstancia". Remató el día de su posesión con una frase que no dejaba lugar a dudas: "Lo dije el día que me eligieron y lo reitero: la actual estructura constitucional que le confiere competencia al procurador para juzgar a sus electores es un esperpento constitucional". Allí mismo prometió que impulsaría una reforma para acabar con el "esperpento".

Cuatro años después, la promesa sigue pendiente. Nunca hubo reforma para quitarle esas facultades al procurador y el "esperpento", con el que no podía, es su gran caballo de batalla para hacerse reelegir.

En la misma resolución que archiva el proceso disciplinario contra Corzo, el procurador les concede idéntico beneficio a los senadores Carlos Emiro Barriga y Manuel Guillermo Mora.

El senador Juan Manuel Corzo, a quien el país ha podido conocer, celebró alborozado el deseo de quedarse en el puesto de quien lo acababa de absolver. Haciendo gala de su autoridad en la materia, Corzo declaró que Alejandro Ordóñez "es un estandarte de la lucha contra la corrupción".

Javier Cáceres también debe estar exultante. El concepto del Ministerio Público puede sacarlo de la cárcel y dejarlo preparado para volver a la política. No es la primera vez que el estandarte flota a su favor.

El año pasado, el procurador delegado ante el Consejo de Estado, Roberto Augusto Serrato, le pidió a ese tribunal mantener la investidura del senador Cáceres ya que no encontró ninguna evidencia de que hubiera ejercido tráfico de influencias en Etesa. Según Serrato, tampoco se demostró que los supuestos nexos del senador Cáceres con grupos paramilitares "hubieran vulnerado los requisitos señalados en la normatividad para que proceda la pérdida de investidura".

Como si fuera poco, Cáceres ha intercambiado favores burocráticos con el Procurador. Uno de los primeros nombramientos de Ordóñez fue el de Fabio Yezid Castellanos Herrera, quien había estado inscrito como miembro de la lista de Cáceres para el congreso y saltó de ser asesor de "Chuzo" en la comisión primera, a procurador delegado para la moralidad pública.

Como nobleza obliga, el favor de Ordóñez fue prontamente devuelto por Javier Cáceres por medio del nombramiento de Ana Carolina Lineros Hernández. La última noticia que tuve de Ana Carolina fue una nota suya en la gaceta del Congreso donde pide excusar la inasistencia de Cáceres a las sesiones. Dos semanas después de la captura del legislador, su diligente asistente explica su ausencia en las sesiones diciendo que "se encuentra a disposición de la justicia a lo cual agradezco sea excusado" (sic).

Fabio Yezid Castellanos, el hombre de Cáceres, ya no está en la Procuraduría. Ahora aspira a convertirse en personero de Bogotá, sin duda para seguir trabajando por la moralidad pública a imagen y semejanza de su estandarte.

El cura predica

Abril 21, 2012

El procurador investiga y sanciona unas faltas, pero frente a otras muy parecidas se hace el de la vista gorda. Reclama transparencia en las entidades públicas, pero él mismo ha protagonizado nepotismos cruzados y una de sus más altas funcionarias trabaja en la misma entidad con su hermana y su cuñada.

El procurador destituyó e inhabilitó por diecisiete años al exdirector del Invías y Coldeportes, Daniel García Arizabaleta, entre otras razones, por cambiar los requisitos de un manual de funciones para que lo pudieran nombrar director de esos despachos. García era arquitecto y como esa profesión no estaba contemplada en las exigidas para el cargo, logró modificar el manual de funciones y quedar habilitado.

Esa falta —gravísima en García— no mereció la menor investigación cuando la cometió el secretario general de la Presidencia, Bernardo Moreno, quien cambió los requisitos de un manual de funciones para ascender a su asesora de confianza. El cargo era el de "asesor político" y requería título en Derecho, Ciencias Políticas y afines. Claudia Salgado, la lugarteniente de Moreno y personaje clave en el trámite de la reelección presidencial, era terapista del lenguaje. Bernardo Moreno, ni corto ni perezoso, cambió los requisitos y desde entonces quedó establecido que para ser asesor político de la Secretaría General de la Presidencia de la República se necesita "Título de Tecnóloga en Terapia del Lenguaje y Audición, profesional en Ciencias Políticas, Derecho o carreras afines…". El cambio del manual con beneficiaria única era tan claro que la resolución que lo estableció quedó en femenino: "Tecnóloga".

A pesar de las evidencias públicas, el procurador jamás abrió una investigación por este caso. Bernardo Moreno fue destituido años después, pero por las chuzadas. Mientras estuvo en el poder no tuvo que responder disciplinariamente por el cambio, con dedicatoria, de un manual de funciones.

Lo increíble es que el procurador también ha cambiado el manual de funciones de su entidad, no de una forma tan tosca como la de Moreno, pero sí con una beneficiaria igualmente identificable. Una resolución, la 285, firmada por Ordóñez, modificó el manual de funciones de la Procuraduría General de la Nación para permitir que un contador pueda ser jefe de la División Administrativa y Financiera del Instituto de Estudios del Ministerio Público.

La favorecida con esa decisión es Carmenza Carreño Gómez, una contadora pública que accedió de esta manera al puesto que antes estaba reservado para personas con título profesional en Administración. La contadora Carmenza Carreño Gómez es la hermana de la doctora María Eugenia Carreño Gómez, procuradora delegada para la Vigilancia Preventiva de la Función Pública y una de las funcionarias más destacadas de la administración Ordóñez. La doctora María Eugenia ha trabajado con Alejandro Ordóñez desde 1993, cuando él era magistrado del Tribunal Administrativo de Santander. Con dedicación lo acompañó también en el Consejo de Estado y ahora en el Ministerio Público.

Las sorpresas no terminan ahí. Las dos hermanas Carreño Gómez, divinamente colocadas en la Procuraduría, tienen otra pariente en la institución. Su cuñada, Ángela Patricia Tapias Arenas, se desempeña en la Oficina de Control Interno de la entidad.

La doctora María Eugenia piensa que es normal que en una institución tan grande como la Procuraduría terminen trabajando personas de la misma familia. Sin embargo, la cronología de los nombramientos y el cambio de manual de funciones sugieren que una mano generosa animó estas casualidades.

El procurador Ordóñez ahora mete en la nómina oficial a dos familiares de su funcionaria estrella. Total, él sabe cómo funcionan las reelecciones.

A cualquier precio

Agosto 18, 2012

La Procuraduría se está convirtiendo en un coto de caza para los políticos. El procurador Alejandro Ordóñez está entregando a cuotas el Ministerio Público para asegurarse su reelección. Algunos de los padrinos de los ahora procuradores están envueltos en procesos judiciales y disciplinarios.

Reinaldo Duque González, por ejemplo, fue nombrado hace unos días procurador judicial de apoyo a las víctimas. El doctor Duque es una cuota política del senador huilense Carlos Ramiro Chávarro, y lo ha sido también del dirigente caqueteño Luis Fernando Almario, procesado simultáneamente por parapolítica y farcpolítica. De hecho, el señor Almario es el principal sospechoso de la autoría intelectual del asesinato de la familia Turbay Cote.

Hasta hace un tiempo, Duque era el secretario general de la comisión de acusaciones de la Cámara de Representantes. Mientras la célula legislativa tramitaba procesos en los que tenía interés el entonces presidente de la República, Álvaro Uribe, Duque se dejaba ver con el jefe de Estado en el Caquetá, e incluso era mencionado por el mandatario en los consejos comunitarios. Ese es el personaje que ahora debe velar por los intereses de las víctimas en los procesos judiciales.

El portal periodístico *La Silla Vacía* reveló una serie de movimientos en las procuradurías regionales y provinciales. Los nuevos funcionarios están relacionados con posibles electores del procurador Ordóñez, incluso con algunos que ya no podrán serlo. Ese es el caso de la senadora Dilian Francisca Toro, detenida hace unas semanas por su presunta responsabilidad en lavado de activos. La nueva procuradora provincial de Cali, Lorena Ivette Mendoza, es cuota suya.

César Tulio Delgado, senador conservador que ha sido investigado por la Procuraduría por actuaciones mientras era concejal de Cali, es el padrino político del actual procurador regional del Valle del Cauca, Javier Fernández Botero.

Al senador José Darío Salazar, mencionado en el escándalo por asignación de bienes de estupefacientes, le correspondió la procuraduría provincial de Santander de Quilichao. El senador Efraín Cepeda, también nombrado en el tema de estupefacientes, asegura que nada tiene que ver con el nombramiento de la procuradora regional del Atlántico, Mercedes Lucía Navarro, a quien la investigación de *La Silla Vacía* señala como su ahijada.

Carlos Eduardo Merlano, tristemente célebre por manejar sin licencia y hacer uso de su calidad de senador para no cumplir las normas de tránsito, es el jefe político del procurador provincial de Sincelejo, Jesús Antonio Sanabria. El hoy procurador Sanabria aspiró incluso a la asamblea de Sucre por las listas del Partido de la U, conducido en esa región por la familia Merlano.

A pesar de que la Procuraduría investiga al senador Hernán Andrade por las presuntas irregularidades en estupefacientes, también le entregó su cuota. Se trata de César Augusto Murcia Suárez, nombrado como procurador regional del Huila. El senador Andrade afronta además procesos penales en la Corte Suprema de Justicia por presunto enriquecimiento ilícito.

Entre los muchos que tienen representación en la Procuraduría están el hasta hace poco presidente del senado Juan Manuel Corzo, el "Ñoño" Elías y el senador guajiro Jorge Ballesteros.

Esto no es solo una operación clientelista a gran escala, es la toma sistemática de la Procuraduría por políticos con investigaciones pendientes por casos de corrupción. Las consecuencias serán tan nefastas que la reelección de Alejandro Ordóñez puede terminar siendo lo de menos.

Los tentáculos

Septiembre 1, 2012

Mientras les entrega grandes pedazos del Ministerio Público a políticos cuestionados, el procurador Ordóñez extiende con clientelismo su influencia por la rama judicial. Su nominación por la Corte Suprema de Justicia es la consagración de un plan politiquero de favores cruzados que ha tenido tentáculos en el Congreso y en las altas cortes.

El procurador ya tiene cuotas ciento por ciento suyas en varias cortes. Es el caso de la magistrada de la Corte Suprema, Margarita Cabello Blanco, su antigua procuradora delegada para la vigilancia administrativa. Margarita Cabello es cercana al clan Name y hermana de María Elvira Cabello, compañera de lista de Mauricio Pimiento, condenado por parapolítica. La magistrada Cabello, cuya conexión con el procurador es inocultable, decidió ausentarse de la sesión de esta semana en la que la Corte Suprema nominó por unanimidad a Alejandro Ordóñez para su reelección. En la Corte no hay quién explique las razones de su ausencia.

En cambio, el magistrado José Leonidas Bustos, presidente de la Sala Penal de la Corte, faltó justificado en incapacidad médica. Horas antes *La Silla Vacía* reveló que el magistrado Bustos tiene al menos dos cuotas en la Procuraduría: su esposa Ana Josefa Velasco, nombrada procuradora judicial, y su amiga María Cristina Pineda en un cargo igual, ni más faltaba. El magistrado Bustos era el principal impulsor de la iniciativa para denunciar a la periodista Cecilia Orozco, directora de *Noticias UNO* y columnista de *El Espectador*, por atreverse a opinar que los magistrados están "clientelizados, burocratizados, lagartizados y subordinados al poder del procurador, al que le deben fidelidad y puestos, y al Parlamento con el que concertaron para privilegiarse".

La columna de Cecilia —que suscribo integralmente— fue escrita a raíz de la remoción del magistrado auxiliar Iván Velásquez de la investigación por la parapolítica. A Velásquez, que en cumplimiento de su trabajo ha tenido que afrontar persecución e intentos de desprestigio, lo quieren aburrir para que renuncie después de reemplazarlo a dedo por otro magistrado auxiliar que también tiene lazos familiares con la Procuraduría.

Bustos y sus amigos quieren que la investigación pase a manos de Carlos Iván Mejía Abello, o Carlos Ibán Mejía, según algunos documentos oficiales. El nuevo investigador de la parapolítica es un coterráneo del procurador general. Su hermano, Jorge Enrique Mejía Abello, es subalterno de Ordóñez. Fue nombrado por él como procurador Judicial Penal en Bogotá. El doctor Mejía es auxiliar de la magistrada María del Rosario González, pero todo indica que trabaja más para el magistrado Bustos.

Otra conexión fuerte del procurador Ordóñez en la Corte es la magistrada de la Sala Civil, Ruth Marina Díaz. Hace cuatro años ella fue la persona clave para demorar la nominación del candidato de la Suprema a la Procuraduría. Sin competidor Ordóñez, entonces candidato del Consejo de Estado, pudo hacer campaña solo.

La magistrada demoradora tenía por aquella época una bonita relación con Edgar Sanabria Melo, quien pronto fue nombrado por el agradecido Ordóñez como procurador delegado para Asuntos Civiles. Hoy el doctor Sanabria parece más cercano al procurador que a la doctora Ruth. Hace unos meses Sanabria fue elegido magistrado del Consejo Superior de la Judicatura en reemplazo del inolvidable José Alfredo Escobar Araújo.

Jorge Castillo Rugeles, magistrado del Consejo Superior de la Judicatura que entró al cargo después de cumplir la edad de retiro forzoso y cuyo nombre ha sido mencionado en el escándalo del carrusel de pensiones, tiene a un hijo con puesto en la Procuraduría. Jorge Andrés Castillo es el coordinador de la Oficina de Relaciones Internacionales por nombramiento de Ordóñez.

El presidente del Consejo de Estado, Gustavo Eduardo Gómez Aranguren, también tiene su hija en el Ministerio Público. Carmen Helena Gómez Segura fue nombrada por Ordóñez como asesora grado 24 de la Procuraduría delegada para asuntos agrarios.

La reelección de Ordóñez está asegurada, el uso politiquero de la justicia también. Pronto veremos cómo absuelven a sus amigos y persiguen sincronizadamente a sus detractores.

Camino de cruces

Septiembre 22, 2012

Cada vez se conocen más favores cruzados del procurador general de la Nación con los magistrados que lo nominaron a su reelección y los congresistas que lo van a reelegir. La última evidencia salió a la luz esta semana. Vino a conocerse por un derecho de petición del periodista Gonzalo Guillén al presidente de la Corte Suprema Javier Zapata Ortiz.

En la respuesta, el magistrado Zapata reconoce que su cuñada Olga Lucía Cadavid Castro fue nombrada en la Procuraduría de Alejandro Ordóñez en septiembre del año pasado. El magistrado admite que tener ese pariente en la nómina del Ministerio Público le crea un conflicto de intereses.

El magistrado afirma en su carta: "Por ese motivo y con fundamento en la causal 'conflicto de intereses' (Artículo 40 de la ley 734 de 2002) me he declarado impedido para conocer de los asuntos disciplinarios contra el doctor Ordóñez Maldonado, en su calidad de Jefe del Ministerio Público". Lo curioso es que el magistrado Zapata, que acepta que hay conflicto de interés para una eventual investigación disciplinaria a Ordóñez, votó para nominarlo a la reelección. La Corte no aceptó que el reconocido conflicto de intereses constituyera impedimento para que Zapata votara la postulación del empleador de su cuñada para ser reelegido.

El procurador Ordóñez, vencido por las evidencias, comentó en entrevista a la agencia Colprensa: "No voy a decir que yo nunca he recibido algún perfil político, sí los he recibido. Si el señor Daniel Coronell ejerciera la función, Dios quiera que nunca, haría exactamente lo mismo".

Tengo que contradecirlo. No haría eso. Solo en un escenario desquiciado y corrupto se considera aceptable que los senadores, que tienen la facultad de elegir al procurador que los investiga, tengan cuotas de poder en la institución. Un ejemplo ilustra el daño que esto causa a la justicia.

En el año 2008, cuando Alejandro Ordóñez fue elegido procurador, nombró a Fabio Yezid Castellanos Herrera, hombre de Javier Cáceres Leal —hoy condenado por la parapolítica—, como procurador delegado para la moralidad pública. Luego apareció el nombramiento de Ana Carolina Lineros Hernández, la sobrina política del procurador Ordóñez, como asistente senatorial de Cáceres. El tema no paró en el palpable cruce de nombramientos.

A Javier Cáceres, procesado penalmente por concierto para delinquir con paramilitares y con proceso de pérdida de investidura ante el Consejo de Estado por el tema de Etesa, le ha ido bien con la Procuraduría. Siempre ha contado con los conceptos favorables del Ministerio Público. La procuradora delegada Sonia Sierra le pidió a la Corte Suprema que lo absolviera por sus vínculos con paramilitares. El procurador delegado Roberto Serrato, le pidió al Consejo de Estado que conservara la investidura del cuestionado senador Cáceres. Las largas manos del procurador Ordóñez ampararon por mucho tiempo a su viejo elector.

La Constitución permite la reelección indefinida del procurador general. En los hombros de sus investigados, Alejandro Ordóñez se puede quedar en el puesto para siempre.

Cuando la sal se corrompe

Diciembre 8, 2012

Durante años la Corte Constitucional fue la institución más respetada de la Rama Judicial. El tribunal logró en muchas ocasiones mostrar que la Constitución no solamente mandaba a los ciudadanos, sino que los amparaba, especialmente a los más débiles. Sin embargo, tristemente, la Corte ha venido en declive, y aunque varios de sus nueve magistrados son personas de gran prestigio, otros llegaron al alto tribunal como resultado de componendas políticas.

La progresiva decadencia de la Corte Constitucional se ha empezado a sentir en la calidad de muchas de sus sentencias y, lo que es peor, en los intereses extrajurídicos que encarnan algunos de sus magistrados.

Todo eso sería suficientemente grave, pero desgraciadamente está a punto de estallar un escándalo aún mayor. Hay informaciones insistentes en el sentido de que por lo menos un magistrado traficó con sentencias y se ha lucrado con ellas. En otras palabras, uno de los más altos jueces constitucionales de Colombia está en entredicho porque varios de sus compañeros han recibido informaciones de que recibió una millonaria suma a cambio de su compromiso, al final no cumplido, para favorecer intereses particulares en la decisión de una acción de tutela.

Empecemos la historia por el final. Hace unos días, la Corte Constitucional eligió un nuevo presidente. Desde su nacimiento, la Corte había escogido su presidente por consenso y de manera unificada. Había un acuerdo tácito para que el vicepresidente del periodo anterior fuera escogido por sus ocho colegas. Sin embargo, esta vez las cosas cambiaron.

Jorge Pretelt Chaljub, quien seguía en turno por ser vicepresidente, no contaba con el apoyo unánime de sus compañeros magistrados. Por eso decidieron ir a votación.

Pretelt, un magistrado de modestas luces jurídicas, pero un escalador notable en la política, fue elegido presidente pero por la mínima diferencia. De nueve votos logró cinco. Los cuatro restantes fueron tres votos en blanco y uno marcado con la palabra NO. Varios magistrados querían dejar pública constancia de que se habían opuesto a la aspiración de Jorge Pretelt de llegar a la Presidencia. Por eso pidieron que quedara constancia del sentido de su voto. Quien votó con la palabra NO fue el hasta ese día presidente de la Corporación, el magistrado Luis Ernesto Vargas. Los que votaron en blanco fueron los magistrados Jorge Iván Palacio, Gabriel Mendoza y Mauricio González. En el último nombre estuvo la mayor sorpresa. Mauricio González que, dicho sea de paso, tampoco es una lumbrera jurídica pero sí es considerado un hombre honrado, era tenido por mucha gente como el magistrado más cercano a Jorge Pretelt. ¿Qué lo llevó a votar en contra de su amigo?

Para no quedarme con la duda, esta semana decidí llamar al magistrado Mauricio González y preguntarle los motivos de su decisión. Al principio me dijo simplemente "No deseo comentar". Fue entonces cuando pregunté si conocía las afirmaciones según las cuales el magistrado Jorge Pretelt había pedido una fuerte suma a los interesados en resolver una tutela multimillonaria diciendo, además, que una parte del soborno era para Mauricio González. Al otro lado de la línea sentí un silencio que duró cuatro eternos segundos. Mauricio González Cuervo, magistrado de la Corte Constitucional, me dijo letra por letra haciendo énfasis en cada palabra: "Estoy en unas reflexiones para soportar la validez de esas afirmaciones". Le repliqué que si él encontraba "validez" en esas afirmaciones no se trataba simplemente de la decepción por la actitud de un amigo, sino de la comisión de un delito, por eso le pregunté si pensaba denunciarlo. El magistrado González respondió lacónicamente: "Si es así, no me quedaré quieto".

Pues bien, todo indica que el magistrado Mauricio González encontró "validez" en esas afirmaciones porque efectivamente no se quedó quieto. El viernes de la semana pasada, mientras escribía esta columna, me enteré de que acababa de presentar una denuncia en la Comisión de Acusaciones de la Cámara, la competente para procesar a los altos jueces, para que investiguen estos hechos que vincularían al presidente de la Corte Constitucional, Jorge Pretelt Chaljub.

P.D.: Minutos antes de enviar esta columna pude hablar con el magistrado Jorge Pretelt, quien dice que jamás ha pedido plata, que votó en contra de esa tutela y que detrás de esto hay un complot de otros magistrados contra él. Y pude hablar, así mismo, con el representante de quienes habrían pagado el soborno.

El perfume

Diciembre 21, 2012

Rodrigo Mesa es un diputado a la Asamblea de Antioquia, cuyo nombre ganó notoriedad nacional por un discurso irrespetuoso y racista. A raíz de un plan para invertir recursos educativos en los municipios chocoanos que están en los límites con Antioquia, el señor Mesa soltó la siguiente frase: "La plata que uno le meta al Chocó, eso es como meterle perfume a un bollo". La declaración se dio en medio de la discusión de un proyecto llamado "Antioquia la más educada". Allí, el diputado Mesa agregó "Si no hemos sido capaz (sic) de organizar la casa. Cuando uno va a hacer una fiesta en su casa lo primero que hace es organizar su casa para que los invitados encuentren una casa organizada, pero si van a encontrar los pañales cagados y sucios por todas partes, van a salir a criticar".

Gracias al trabajo de *Teleantioquia Noticias*, las afirmaciones del señor Mesa fueron difundidas y los periodistas profundizaron en la identidad de la nueva estrella de la política. Lo primero que se supo es que su carrera había empezado bajo el alero del seis veces alcalde de Envigado, Jorge Mesa, conocido por su cercanía con Pablo Escobar. También que su actual padrino es el senador liberal Luis Fernando Duque, el mismo que el mes pasado estuvo en la comisión que estudió y resolvió velozmente los impedimentos de 36 senadores para que pudieran votar la reelección del procurador Ordóñez.

La hoja de vida del diputado Rodrigo Mesa en la web de la Asamblea, aseguraba que era bachiller del Colegio Ferrini y periodista con estudios de Derecho del Trabajo en la Universidad Pontificia Bolivariana. La UPB pronto respondió que el señor Mesa no figuraba en sus listados de egresados, jamás había estudiado en esa universidad. Cuando revisaron los documentos presentados por el diputado y en los cuales se basó la asamblea, encontraron que la hoja de vida base había sido alterada. El recién plantado documento aseguraba que era bachiller del Colegio San Marco (ya no del Ferrini), que había cursado algunos estudios de periodismo (sin precisar la universidad) y que tenía tarjeta profesional. Lo curioso es que la tarjeta profesional de periodista desapareció en Colombia hace 14 años. Finalmente, el diputado reconoció que su trayectoria laboral y académica estaba constituida únicamente por su paso de veinte años por la Asamblea Departamental, seis en el concejo municipal de Envigado y que sus estudios solo habían llegado hasta cuarto de bachillerato o noveno grado como se dice ahora.

Con las evidencias a la vista, la Procuraduría actuó con diligencia y decidió en primera instancia destituirlo e inhabilitarlo por trece años para el ejercicio de funciones públicas. Con los hechos aún frescos en la memoria de muchos colombianos, el Ministerio Público profirió un celebrado fallo de primera instancia que el comunicado atribuía a la "Procuraduría General de la Nación".

Allí reprochaba, tanto las afirmaciones discriminatorias del diputado, como el registro de información falsa en su currículum y agregaba que "el formato de hoja de vida del disciplinado fue alterado en su primer folio en un lapso de un mes, afectando el normal desarrollo de la investigación". Lo cual constituye una forma de obstrucción a la justicia sancionable, tanto disciplinaria, como penalmente.

Con esa idea se había quedado el país. Sin embargo, recién empezaban a sonar los villancicos cuando de manera, menos ruidosa, la Procuraduría modificó drásticamente su decisión. La sanción a Rodrigo Mesa de destitución y trece años de inhabilidad fue cambiada en segunda instancia por cinco meses de suspensión e inhabilidad por el mismo tiempo. La Procuraduría descubrió súbitamente que los hechos no eran tan graves como lo creía para la fecha del sonado comunicado y que el documento alterado en la hoja de vida del diputado no era responsabilidad suya sino, tal vez, de unos subalternos que quizás decidieron delinquir para favorecerlo a sus espaldas.

La decisión de segunda instancia fue tomada catorce días después de que el procurador Alejandro Ordóñez fuera reelegido con ochenta votos, entre ellos el del senador Luis Fernando Duque.

La boda del año

Febrero 9, 2013

El matrimonio de Nathalia Ordóñez, la hija del procurador general de la Nación, ha ocupado todas las páginas sociales. Más allá del cotilleo hay informaciones que deben conocer los ciudadanos. El costo de la fiesta y la presencia de algunos invitados merecen la atención pública. El procurador Alejandro Ordóñez atendió una llamada telefónica que le hice el pasado viernes para hacerle unas preguntas sobre el tema.

La fiesta no fue un ejemplo de austeridad. La celebración para cientos de asistentes ocurrió en el exclusivo y costoso Country Club de Bogotá. El portal *KienyKe* asegura que "fueron invitadas setecientas personas que bailaron hasta la madrugada". El procurador Ordóñez me precisó que finalmente habían sido 630.

De acuerdo con expertos en planeación de este tipo de eventos, una fiesta de matrimonio tipo élite para doscientas personas, es decir, la tercera parte de los invitados a esta boda, puede costar entre cuarenta y cincuenta millones de pesos. Al parecer, el doctor Ordóñez logró un mejor precio. Inicialmente me dijo que la fiesta había costado alrededor de sesenta millones de pesos. Eso sí, aclaró que la suma no era exacta porque muchas cuentas estaban aún por llegar.

Unos minutos después recibí un correo electrónico en el que un funcionario de la Procuraduría me pedía comunicarme nuevamente con el jefe del Ministerio Público. Cuando hablamos por segunda vez, el procurador precisó que la cifra estaba más bien por los noventa millones. En todo caso, es un gran precio para un matrimonio tan elegante y con tantos convidados.

Ha sido tradición extendida en la sociedad colombiana que la fiesta de matrimonio sea pagada por los padres de la novia. Sin embargo, el procurador resultó menos tradicionalista de lo que era previsible. Cuando respetuosamente le pregunté de dónde había salido el dinero para pagar la fiesta, me respondió: "Una parte del yerno, una parte de los regalos de los invitados a la fiesta y otra parte con mis recursos". Según el procurador, la financiación tripartita incluyó a los invitados. O por lo menos a algunos de ellos.

Habría que preguntarse, por ejemplo, qué llevó de regalo el presidente del Senado, Roy Barreras, que es al mismo tiempo elector del procurador, potencial investigado y antiguo beneficiario de la nómina de la Procuraduría. En efecto, la hoy señora de Barreras, la doctora Gloria Helena Arizabaleta, a quien podemos ver en las sociales posando al lado de su digno esposo, fue nombrada por Alejandro Ordóñez como procuradora judicial 119, cargo en el que estuvo hasta que anunció su renuncia para que Roy pudiera reelegir sin ninguna clase de impedimento legal al procurador.

Sin embargo, no fue ese el invitado que más llamó la atención. Ataviado con bufanda de seda negra sobre el esmoquin y de la mano de su esposa, la senadora Piedad Zuccardi, llegó el exsenador Juan José García Romero, condenado por peculado por apropiación de manera sucesiva. Es decir, por robar repetidamente recursos públicos. La justicia probó que el ahora invitado del procurador general —que vigila la moralidad— se hacía consignar en su cuenta auxilios parlamentarios, o los hacía girar a una fundación de su mamá o sacaba el cheque a nombre de la empleada doméstica de la casa materna.

El procurador justificó la presencia de esta oveja descarriada diciendo que Juan José García ya había pagado sus culpas y que su amistad es más bien con la senadora Zuccardi (ya habrá tiempo para hablar de eso). El doctor Ordóñez enfáticamente dijo que, como procurador, pidió la condena del hermano de Juan José, Álvaro García Romero, por la masacre de Macayepo. Tal vez no cayó en cuenta de la relación a la hora de hacer las invitaciones.

Hay un dato final que quizás sea interesante. El padre del novio, el doctor Alfredo José Palis Turbay, fue destituido por la propia Procuraduría. Hace unos años, antes de que Ordóñez fuera procurador, la delegada para la moralidad pública encontró a Alfredo Palis responsable de faltas gravísimas y decidió destituirlo e inhabilitarlo por cinco años para ejercer cargos públicos.

Cuando le pregunté al procurador general si sabía algo de la grave sanción a su ahora consuegro, respondió: "No sabía, pero me lo refirió alguien. No he hablado con él directamente de ese tema, pero alguien me lo contó". De haberlo tenido claro, quizás el escrupuloso procurador habría preferido no aceptar los aportes del novio al pago de la fiesta.

La noche de la hoguera

Febrero 23, 2013

A veces la búsqueda de una pista dura años y a veces aparece sin buscarla. Una vieja caja de coleccionista ha guardado por décadas el contexto y las pruebas de una columna que escribí hace casi cinco años. En noviembre de 2008, cuando Alejandro Ordóñez se convirtió en candidato a la Procuraduría por renuncia del aspirante nominado por el Consejo de Estado, me encontré varias historias sobre él. Una de ellas contaba que había participado en una ceremonia de quema de revistas y libros impíos en Bucaramanga.

Un testigo presencial y otro que lo oyó de su padre me contaron que el doctor Alejandro Ordóñez hacía parte de organizaciones de derecha y ultracatólicas que querían impedir que otros conocieran o leyeran impresos que ellos consideraban contrarios a la fe, subversivos o pornográficos. Uno de ellos recordaba que Ordóñez y sus amigos, incluido uno llamado Hugo Mantilla, usaban estandartes y símbolos medievales "como de la época de las Cruzadas".

Los memoriosos aseguraban que en una de esas ceremonias de quema, el ahora procurador y Hugo Mantilla habían ido a la Biblioteca Pública Gabriel Turbay. Allí conminaron al encargado para que les entregara los libros que podían perturbar las mentes juveniles. Entre los que se llevaron había obras de García Márquez, Rousseau, Marx y una Biblia, que también encontraron pecaminosa porque, a juicio de ellos, era una "edición protestante" y no católica, apostólica y romana. Los libros terminaron en una hoguera en un parque cercano.

Todo sucedió el día de la fiesta de la Virgen de Fátima, es decir, un 13 de mayo.

Cuando lo eligieron procurador, Ordóñez afirmó en una entrevista a Colprensa: "Hay una serie de tergiversaciones, de caricaturizaciones de hechos ocurridos hace 38 años".

En la caja de recuerdos abierta recientemente hay varios documentos que indican que Alejandro Ordóñez hacía parte de una organización llamada la Sociedad de San Pío X conectada a su vez con Tradición, Familia y Propiedad, conocida por su sigla TFP. Entre los papeles amarillentos hay un volante elaborado en Imprelit de Bucaramanga, en el que la Sociedad San Pío X y su órgano informativo, *El Legionario*, invitan a lo que llaman "un acto de fe" para quemar "revistas pornográficas y publicaciones corruptoras. Estos actos se realizarán el 13 de mayo a las 8 de la noche en el parque San Pío X en desagravio a Nuestra Señora, la Siempre Virgen María, Madre de Dios y Madre Nuestra". Los peligrosos devotos arrojaron a la hoguera las "publicaciones corruptoras" la noche de ese sábado 13 de mayo de 1978.

El diario de Bucaramanga publicó tres días después una fotografía con una nota que asegura: "El sábado anterior, a las siete de la noche, los jóvenes de Tradición, Familia y Propiedad realizaron un simbólico acto en el que quemaron libros y revistas pornográficos en señal de protesta por el libertinaje y la corrupción que ha invadido a la juventud y como freno al impúdico comercio del sexo. La hoguera se levantó en el Parque San Pío X".

La foto muestra a un hombre alto y delgado de bigote, vestido de traje y corbata. Tiene un megáfono terciado y arroja papeles a la hoguera ante la mirada de cinco niños. Dos de los pequeños ríen y los otros tres tienen la mirada puesta en el fuego purificador. De acuerdo con el dueño de la caja de recuerdos, el hombre que aparece en la foto es el actual procurador Alejandro Ordóñez Maldonado.

Ante esta afirmación le envié al jefe del Ministerio Público, un breve mensaje: "Respetado señor procurador, quisiera hacerle una pregunta: ¿Aparece usted en la fotografía que le anexo a este correo electrónico?". Al día siguiente, el jefe de prensa de la Procuraduría me remitió, a manera de respuesta, dos fragmentos de entrevistas del procurador. Allí admite que participó en la quema, pero dice que eso no hizo parte del episodio de la biblioteca, que fue un reclamo distinto hecho por amigos suyos. En una de esas entrevistas asegura que: "Un 13 de mayo varios compañeros de colegio y de barrio quemamos unas revistas que nos parecían pornográficas". Quizás el procurador pasó en el colegio mucho tiempo porque esa noche estaba a quince días de cumplir 24 años.

El procurador prefirió guardar silencio sobre la identidad de quien les dio semejante ejemplo a unos niños. Declinó responder si es él o no el hombre que fue fotografiado la noche de la hoguera.

La herencia del nazi

Abril 27, 2013

Armando Valenzuela Ruiz fue un curioso personaje que pasó de guerrillero en los años sesenta a impulsor del movimiento político de los paramilitares del Magdalena Medio, unos años después. El extremismo fue su forma de vida. Buena parte de su obra está dedicada a negar el Holocausto judío. Para él, era una falsedad histórica que el régimen de Hitler hubiera asesinado a seis millones de personas, la mayoría de ellas judías, pero también otras acusadas de inferioridad racial.

La imagen y biografía de Valenzuela inspiran hoy a un movimiento nazi en Colombia. La organización Tercera Fuerza lo reivindica como "la figura más saliente (sic) e incontaminada de la generación del medio siglo en Colombia". Los nazis colombianos dedican un *Sieg Heil!* para saludar la memoria de Valenzuela y se declaran blancos puros. El primer punto de su decálogo reza: "Reconocemos que Colombia es un país donde su suelo lo comparten distintas culturas y etnias, en el cual la raza blanca es minoría. Por ende es función primordial establecer un programa de eugenesia y conservación racial, para que dicha población se desarrolle y consolide".

Los nazis están reclutando jóvenes para su causa. En el formulario de inscripción les preguntan: "¿Cuál es la visión que usted tiene sobre el Nacional Socialismo o el Fascismo y por qué se identifica con él?". La página del grupo, que venera a Adolfo Hitler, también muestra galerías fotográficas con entrenamiento de corte militar para sus miembros y reuniones de camisas blancas y pardas, alrededor de la cruz gamada nazi.

Lo peor, sin embargo, no es la influencia de la doctrina Valenzuela sobre este grupo de lunáticos supremacistas, que crece por falta de control de las autoridades. Lo verdaderamente grave es que hay evidencias de que hubo cercanías y afinidades entre el señor Armando Valenzuela y Alejandro Ordóñez, hoy procurador general de la Nación.

Ordóñez y Valenzuela firmaron, con otras cinco personas, un mensaje de apoyo al dictador ecuatoriano, general Guillermo Rodríguez Lara, conocido como Bombita. La comunicación de 1975 al golpista que acababa de salvarse de un contragolpe, afirma: "Nacionalistas colombianos congratulámoslo respetuosamente su histórico triunfo contra politiqueros intrigantes militares indignos instigados masonería internacional". El pomposo telegrama fue publicado en un periódico llamado *Colombia*, que dirigía Armando Valenzuela. La publicación era abiertamente antisemita y uno de sus temas recurrentes era la negación del Holocausto.

Hace unos días, en Blu Radio, el escritor Héctor Abad Faciolince le hizo una pregunta al procurador Ordóñez relacionada con el asesinato de seis millones de personas por parte del régimen nazi. La pregunta de Abad fue inteligente y clara: "Señor procurador, con el mayor respeto, ya que usted menciona que se siente como en un juicio de Núremberg… Varios obispos lefebvristas, comunidad católica a la que usted pertenece, han sido negacionistas del Holocausto judío. ¿Usted los sigue también en esta materia? Es decir, ¿usted también cree que el Holocausto judío, por parte del gobierno de Hitler, fue una exageración?".

El procurador Ordóñez, quien segundos antes había aceptado la pregunta de Abad "si era respetuosa", decidió no responder: "Bueno mucho gusto Néstor. Le agradezco la entrevista. A mí me llamaron para hablar de estos temas del marco jurídico para la paz y de temas que tienen que ver con mi ejercicio funcional. Le agradezco mucho su entrevista. Adiós, adiós".

El sitio de internet de los nazis, admiradores de Valenzuela, refleja simpatía por las posiciones del procurador a quien llaman "el último hombre en pie con sentido común". La página celebra, entre otras cosas, que el procurador Ordóñez quiera matar la Ley Antidiscriminación. La norma pide cárcel para quien discrimine a una persona por razón de su raza, su religión o su preferencia sexual. Ordóñez le pidió oficialmente a la Corte Constitucional que tumbe esa ley porque, a juicio suyo, viola los derechos a la libre expresión y a la libertad religiosa de los discriminadores.

La huella nazi

Mayo 11, 2013

Bajo la respetable denominación de víctimas de la guerrilla se están agazapando los nazis en Colombia. Los simpatizantes del nacional-socialismo tienen una larga historia de afinidad con los grupos paramilitares. La primera vez que el narcoparamilitarismo lanzó su propio movimiento político tenía entre sus fundadores al inspirador de los nazis colombianos. Esa historia, que empezó hace varias décadas, aún no termina.

Armando Valenzuela Ruíz, a quien los nazis del Movimiento Tercera Fuerza llaman "valuarte (sic) para la lucha nacional-socialista", fue uno de los tres fundadores del Movimiento de Restauración Nacional (Morena) impulsado por los paramilitares del Magdalena Medio. Los otros dos fueron Iván Roberto Duque y Fernando Vargas Quemba.

Iván Roberto Duque es el mismo jefe paramilitar del Bloque Central Bolívar conocido con el alias de Ernesto Báez. Para 1989, la época de la fundación de Morena, Duque era el dirigente más visible de Acdegam, una asociación ganadera de Puerto Boyacá que actuaba como fachada del paramilitarismo. De hecho, por los días del lanzamiento de Morena, varios dirigentes de Acdegam eran investigados por la Justicia como autores de dos masacres en Urabá y del asesinato del padre de una juez de orden público.

El tercer miembro del grupo fundador de Morena es el abogado Fernando Antonio Vargas Quemba, quien hoy preside una fundación llamada Comité Nacional de Víctimas de la Guerrilla-Vida. Cuando se miran los documentos que sustentan el sonoro nombre, la realidad resulta un poco diferente.

Según los registros públicos de la Cámara de Comercio de Bogotá, el Comité Nacional de Víctimas de la Guerrilla-Vida tiene como miembros al doctor Fernando Vargas Quemba, a su hermano Carlos Alberto Vargas Quemba, a su hermana Marta Cecilia Vargas Quemba y al señor Carlos Alfredo Bernal Ruíz. Con el endeble sustento de una fundación familiar, el doctor Vargas Quemba se autoproclama como legítimo vocero de las víctimas de la guerrilla.

El doctor Vargas Quemba, además de activo defensor de militares involucrados en casos de violación de derechos humanos, incluyendo asesinatos de civiles, ha sido fervoroso practicante de la ortodoxia católica de monseñor Marcel Lefebvre. De este hecho da cuenta una investigación del periodista Norbey Quevedo para *El Espectador*. El culto lefebvrista es el mismo que practica el señor procurador Alejandro Ordóñez.

Una foto de 1989 muestra al doctor Fernando Vargas Quemba en la presentación del movimiento Morena en Bogotá. En la misma imagen está el ideólogo nazi Armando Valenzuela Ruíz. A espaldas de ellos se ve la bandera de Morena coronada por un crucifijo y un símbolo nazi: la cruz solar que junto con la esvástica, o cruz gamada, hace parte de la infame iconografía del Tercer Reich.

Los nazis del movimiento Tercera Fuerza usan la esvástica y la cruz solar para identificarse. Bajo esos emblemas, de ingrata recordación para la humanidad, los nazis colombianos han patrocinado discursos de justificación del paramilitarismo, como el de Raúl Hernández en el que decía que si aparecían campesinos asesinados no es "por sembrar yuca, sino por ser guerrilleros".

Las causas de los nazis son puntualmente registradas en un canal de YouTube llamado "Agencia de Noticias Nacionalistas". En los últimos meses han merecido difusión las marchas que han adelantado contra del matrimonio homosexual y en apoyo de la ampliación del fuero penal militar. Una de las más recientes actividades a las que fueron convocados los miembros de Tercera Fuerza, fue a un plantón frente a la sede de la Cancillería, para reclamar —según ellos— que la Corte Penal Internacional escuchara a los voceros de las víctimas de la guerrilla. Ese día el orador principal fue el doctor Fernando Vargas Quemba.

Las víctimas de los crímenes de la guerrilla son cientos de miles en Colombia y desde luego deben ser oídas. Sin embargo, su representación no puede quedar en cabeza del dueño de una fundación familiar, respaldado por un grupo nazi que venera al mayor genocida de la historia.

Con vaselina

Agosto 3, 2013

Al procurador general de la Nación le gusta cada día menos el escrutinio periodístico. Al doctor Ordóñez le molesta que le pidan información y se ha vuelto experto en eludir preguntas incómodas o en responder lo que no se la ha preguntado. La historia de hoy es la de una sencilla investigación periodística y la del laberinto en el que quisieron extraviarla en el Ministerio Público.

El hecho es simple. El 29 de abril de este año, el procurador general nombró asesora de su despacho a Claudia Elena Lozano Doria, una controvertida exfiscal y exdirectora de fiscalías en La Guajira que fue declarada insubsistente por el ente acusador en el año 2010. Su insubsistencia se produjo luego de una publicación de la revista *Cambio* titulada "Fiscalía investiga en La Guajira a funcionarios de la entidad y del DAS". Según ese artículo, la directora de Fiscalías de La Guajira, Claudia Lozano Doria, habría participado en la ilegal devolución de un cargamento de cocaína a narcotraficantes. El artículo señala que una testigo aseguró ante un fiscal de Santa Marta que "la doctora Claudia recibió 350 millones de pesos. A ella se lo dio (sic) en efectivo los del DAS. Ellos todo lo manejaron en efectivo". Como si fuera poco, hay serias dudas sobre los títulos académicos de la llamada "doctora Claudia".

Mientras el procurador Ordóñez la nombraba asesora de su despacho, alguien empujaba su designación como juez de ejecución de penas en Valledupar. Sin embargo, el Tribunal Superior de Valledupar, al verificar los documentos de la aspirante, encontró que la tarjeta profesional de abogada que presentó para su nominación no le pertenece a ella sino a otra persona. El acta del 18 de junio de 2013 del Tribunal de Valledupar deja constancia, además, de que en el registro nacional de abogados no aparece nadie llamado Claudia Elena Lozano Doria. Es decir, legalmente no podía ejercer el derecho, ni podía haber sido fiscal, ni directora de fiscalías, ni juez de ejecución de penas como lo pretendía. El Tribunal Superior de Valledupar, por unanimidad, decidió: "Compulsar copias de la documentación presentada para que se investigue penal y disciplinariamente y se determine la posible infracción a la ley penal y disciplinaria por parte de la doctora Claudia Elena Lozano Doria".

Con semejante historia acerca de la nombrada y aún no posesionada asesora del procurador, le escribí al jefe del Ministerio

Público pidiéndole respetuosamente una copia del nombramiento. La respuesta vino del jefe de prensa de la entidad, quien no me remitió lo que le pedí, sino algo distinto. Una constancia de que Claudia Lozano no tiene, ni ha tenido, vinculación laboral con la Procuraduría. Es apenas obvio que no podía tener vinculación laboral porque no se había posesionado, pero no era ese el documento que yo le había pedido al procurador. Lo que le solicité fue el acto administrativo por el cual la nombró.

Insistí en mi petición. Después de varios correos de ida y regreso con el amable jefe de prensa, finalmente, y ya en la víspera de escribir esta columna, recibí el decreto solicitado. Allí consta que el procurador general Alejandro Ordóñez nombró en abril 29 de 2013 a la controvertida Claudia Elena Lozano Doria como asesora de su despacho. El procurador también envió un segundo decreto con una fecha borrosa de julio, es decir de días recientes, en el que revoca el nombramiento de Claudia Lozano. Sin embargo, no lo hace por los informaciones públicas que la cuestionan, sino porque ella no se posesionó dentro de los términos reglamentarios.

La señora Lozano es muy cercana a Pedro Castro Araújo, jefe del Puro Centro Democrático en Valledupar, anunciado candidato a la Cámara por ese movimiento y antiguo cónsul del gobierno de Álvaro Uribe en Roma.

La tesis degrada

Octubre 5, 2013

El abogado Mauricio Albarracín encontró la tesis de grado del señor procurador y con ella una pieza más para armar el perfil de uno de los hombres más poderosos de Colombia. El doctor Albarracín publicó su importante hallazgo esta semana en *La Silla Vacía*.

Alejandro Ordóñez, quien hoy debe garantizar el cumplimiento de la Constitución y de principios derivados de ella como la libertad de cultos y la separación de la Iglesia y el Estado, se graduó de abogado con una tesis titulada "Presupuestos Fundamentales del Estado Católico". La teoría que anima la tesis del ahora procurador consiste en que detrás del ordenamiento institucional debe existir un sistema teológico. Es decir, que el propósito del Estado debe ser la veneración de Dios. Esa teoría, que puede sonar lógica para algunos creyentes, es la misma que han usado los fundamentalistas de todos los credos para justificar las teocracias, la persecución de los disidentes religiosos o políticos y la violencia contra los infieles.

La tesis empieza con una dedicatoria en la que Alejandro Ordóñez señala que la sociedad no tiene ninguna esperanza por fuera de la doctrina católica: "A nuestra Señora la VIRGEN MARÍA, Madre de Dios y Madre Nuestra, corredentora del linaje humano, medianera de todas las gracias, suplicándole la restauración del Orden Cristiano y el aplastamiento del comunismo ateo, para que brille por doquier la Fe Católica pues sin ella no hay esperanza para las sociedades y para los hombres". En el escrito hay numerosas descalificaciones al liberalismo al que define como un camino seguro hacia el comunismo ateo. También contra los judíos a quienes culpa de la muerte de Jesús.

La tesis fue escrita en 1979, hace 34 años. Unos meses antes, Alejandro Ordóñez quemaba en una hoguera pública una serie de libros que consideraba impíos, entre ellos obras de García Márquez, Rousseau y Marx. El reportero gráfico que captó la imagen en mayo de 1978, reconoció a Alejandro Ordóñez como la persona que protagonizó la quema. Con un críptico correo electrónico en el que cita declaraciones suyas —aceptando que los hechos sucedieron pero matizando su alcance— el procurador replicó la existencia de la foto.

Los defensores del procurador aseguraron que la hoguera fue un tema de juventud y que esas doctrinas son cosa del pasado para el ahora titular del Ministerio Público. Pero hace apenas unos años, siendo ya magistrado del Consejo de Estado, Ordóñez fue a dictar una conferencia a la Universidad de Guadalajara en México. Tituló su charla "San Ezequiel Moreno: Defensor de los derechos de Cristo Rey". Allí alabó las palabras del santo conservador que pregonaba que "El liberalismo es un desorden por esencia y no puede traer la paz". Reivindicando la doctrina de Ezequiel Moreno Díaz, el entonces magistrado Ordóñez señaló: "Enseñaba el santo obispo que no solo el liberalismo en abstracto, sino también el Partido Liberal, que le da su concreta fuerza histórica maligna, debe ser abiertamente denunciado e impugnado por la Iglesia".

La conveniencia en Colombia es capaz de borrar casi todo. El Partido Liberal se ha convertido en dócil aliado del procurador. Ordóñez ha sido elegido y reelegido como jefe del Ministerio Público con los votos de los senadores liberales.

Otros que deberían estar ofendidos por sus pensamientos y procedimientos buscan la forma de disculparlo, homenajearlo y congraciarse con él. Todos ellos —buscando poder o dinero— se han vuelto inmunes a las evidencias. Sin embargo, esas evidencias siguen saliendo a flote.

El factor Bravo

Diciembre 14, 2013

A veces la democracia se encarna en los peores símbolos. Desde luego la destitución del alcalde Gustavo Petro tiene una motivación política. Es revelador, además, que un grupo afín al procurador se viniera preparando para darle el zarpazo a Bogotá. Así lo reveló el exconstituyente y exguerrillero Otty Patiño, quien se enteró de la decisión contra Petro semanas antes de que ocurriera y por boca de Francisco Santos. Pacho no ha desmentido la versión de Patiño. Es lamentable que una conjura politiquera se disfrace de decisión disciplinaria.

Es verdad, además, que el procurador Alejandro Ordóñez es un fanático de ultraderecha que usa su cargo para perseguir a quienes no comulgan con su forma de ver el mundo. Por ejemplo, al exalcalde de Medellín, Alonso Salazar, le cobró con destitución e inhabilidad la iniciativa de la Clínica de la Mujer que a Ordóñez le parecía un centro de abortos. El procurador, en contraste, ha pedido absolución y libertad para varios parapolíticos cercanos a sus ideas.

Todo eso es cierto, pero de ahí a decir que Gustavo Petro es un abanderado de la transparencia, hay un trecho grande. Tengo respeto por su trayectoria. Petro fue un brillante senador que denunció con valor el auge paramilitar en Colombia. Sus debates destaparon el maridaje entre terratenientes, hombres de negocios, políticos y paramilitares. Arriesgando su vida y la tranquilidad familiar formuló sus denuncias y soportó agravios y persecuciones. Sin embargo —que duro es decirlo—, Petro se confunde a la hora de escoger entre principios y conveniencias.

Le ha pasado en varios momentos de su vida y casi siempre ha decidido mal. Se equivocó, y solo vino a reconocerlo años después, cuando se alió con el hermano del amnistiado narcotraficante "Guillo Ángel" para llevar a Fernando Álvarez a la Comisión Nacional de Televisión. Se equivocó respaldando la llamada "Ley de Garantías" que legitimaba la reelección de Uribe a cambio de una financiación a su partido de entonces. Se equivocó también cuando votó para elegir a Alejandro Ordóñez como procurador general de la Nación.

Queriendo vestir de seda el voto por su actual verdugo, Petro ha sostenido que apoyó a Ordóñez como una forma de amparar a las minorías: "Vimos que podíamos incidir y amortiguar los efectos perversos anunciados sobre la población que defendemos, mujeres y LGTBI, por efecto de las creencias del nuevo procurador". Nunca amortiguó nada y, en cambio, hay indicios de que su interés era otro. Con burocracia ha pagado Ordóñez a magistrados y congresistas su elección y permanencia en el cargo. Petro no fue la excepción. Un hombre suyo, Diego Bravo Borda, terminó como procurador delegado ante el Consejo de Estado nombrado por Ordóñez.

La historia de Bravo es interesante porque, dos años antes de llegar al Ministerio Público, escribió un artículo en *El Tiempo* defendiendo a Gustavo Petro y aspiraba a la Personería de Bogotá a nombre de una facción del Polo. La candidatura se le dañó porque descubrieron que Bravo había sido sancionado por la Procuraduría por irregularidades en una licitación. Eso, que le impidió convertirse en personero, no fue problema para que fuera procurador. Bravo ocupó uno de los mejores puestos del Ministerio Público a pesar de llevar años sin haber pagado una multa impuesta por la propia Procuraduría y de tener vigente una sanción de la Contraloría. Es decir, de estar inhabilitado para ejercer esa función. Por cierto, *La Silla Vacía* reveló que la sanción fiscal se la levantó, en proceso relámpago, el contralor Julio César Turbay cuando ya Bravo era procurador delegado.

Cuando Petro se convirtió en alcalde, resolvió llamar a su hombre para que trabajara en la administración de Bogotá. Diego Bravo fue nombrado gerente de la Empresa de Acueducto y en esa condición fue el directo responsable del caos en la recolección de basuras que por unos días vivió la capital. Todavía no se sabe por qué mientras Petro despotricaba de los dueños del aseo de Bogotá, Diego Bravo parecía tener otra agenda y se reunía con ellos en el Jockey Club para ofrecerles nuevos contratos.

Muchos aspectos de este episodio siguen pendientes de respuesta, pero algo quedó claro: Petro votó por Ordóñez para que le nombrara a Diego Bravo y Ordóñez terminó destituyendo a Petro argumentando lo que había hecho Diego Bravo. Al final la arbitrariedad de Ordóñez está logrando ocultar los innegables defectos del Petro administrador mientras resucita al Petro político, el mismo que es capaz de hacer estas alianzas.

El pasado en presente

Enero 3, 2015

Alejandro Ordóñez apoyó la existencia de grupos de auto-defensa en 1987. El ahora procurador general dijo que las autodefensas se ajustaban a las normas de la moral social y recriminó a los dirigentes que advertían sobre el surgimiento de este fenómeno delincuencial.

Un recorte de prensa con declaraciones en ese sentido del entonces concejal de Bucaramanga, Alejandro Ordóñez Maldonado, fue publicado en las redes sociales el pasado 19 de diciembre. Esas redes son buenos escenarios para la discusión pública, pero también se prestan para difusión de documentos falsos o manipulados y para impulsar campañas de desprestigio amparadas por el anonimato. Por eso cuando vi el recorte en Twitter, y me lo enviaron dos personas, empecé a buscar si la noticia realmente había sido publicada por *Vanguardia Liberal* y cuál era el contexto nacional en el momento de las declaraciones.

Un colega al que le pedí que consultara los archivos de prensa en Bucaramanga, no encontró la edición de *Vanguardia* donde apareció la declaración. Afortunadamente, en Bogotá, otro colega encontró la copia del periódico. Está en la hemeroteca de la Biblioteca Luis Ángel Arango. Los archivos, debidamente microfilmados y a salvo para la historia, dan cuenta de la autenticidad de la publicación.

Fue el miércoles 19 de agosto de 1987. Ese día, el diario de Bucaramanga publicó la noticia bajo el título: "Una absurda ingenuidad desconocer a los grupos de autodefensa": Ordóñez Maldonado. El cuerpo de la noticia señala lo siguiente: "El concejal y abogado conservador Alejandro Ordóñez Maldonado se mostró extrañado por las reacciones que se han presentado en torno a la creación de grupos de autodefensa y expresó 'desde la Dirección Liberal Nacional hasta ilustres jefes conservadores las han criticado acremente desconociendo unos y otros, que tales asociaciones para la defensa son la más elemental de las previsiones que los colombianos inermes ante la subversión y el delito pueden tomar'". El siguiente párrafo de la información no deja dudas sobre el propósito justificativo del entonces concejal: "Ordóñez Maldonado añadió, igualmente, que 'impedir que los ciudadanos de bien reaccionen es obligarlos a que sean muertos, extorsionados o lacerados en su vida, honra y bienes. No podemos desconocer que las autodefensas se ajustan a las normas de la moral social, del derecho natural y de nuestra legislación positiva. Pensar lo contrario es, por decir poco, una absurda ingenuidad', puntualizó Ordóñez".

Para la época de la declaración del hoy procurador Alejandro Ordóñez ya había indicios suficientes sobre la verdadera naturaleza de las llamadas autodefensas. El antecedente más conocido, muy referenciado para la época, había sido la creación del grupo MAS (Muerte a Secuestradores) por parte de Pablo Escobar y los hermanos Ochoa Vásquez en 1981. El MAS nació por el secuestro de Martha Nieves Ochoa, continuó operando por años y mutó en las llamadas autodefensas, en muchos casos amparadas por miembros del Ejército y organismos de seguridad del Estado. Una de esas mutaciones funcionaba desde 1983 en Puerto Boyacá bajo el nombre de Autodefensas del Magdalena Medio y extendía su influencia a los departamentos de Antioquia y Santander. El grupo que en diferentes momentos de su existencia recibió financiación de los narcotraficantes Gonzalo Rodríguez Gacha, Jairo Correa y Pacho Barbosa.

Apenas dos meses después de la declaración de Ordóñez, el 6 de octubre de 1987, las Autodefensas del Magdalena Medio masacraron a diecinueve comerciantes en Cimitarra, Santander, el departamento natal del hombre que sostenía que esos grupos debían funcionar por "derecho natural". Para la época de la declaración ya funcionaba el grupo de Los Tangueros del narcotraficante Fidel Castaño. Su hermano Carlos trabajaba como eficaz gatillero de la organización y el martes 25 de agosto de 1987, es decir seis días después de la declaración del desconocido concejal Ordóñez, fue el encargado de asesinar a los doctores Héctor Abad Gómez y Leonardo Betancur Taborda, médicos y defensores de los derechos humanos. Ellos salían de la velación de Luis Felipe Vélez, sindicalista del magisterio, asesinado también ese día por las autodefensas que justificaba Ordóñez.

Como ya es habitual, el jefe del Ministerio Público, el encargado de velar por los derechos humanos, no dirá una palabra sobre este nuevo hallazgo. En ese sentido, este es un ejercicio inútil, pero al menos queda claro que su discurso de hoy viene de sus convicciones de siempre.

Las rebajas del procurador

Abril 11, 2015

El procurador-candidato quiere darles una generosa rebaja de penas a algunos condenados por faltas disciplinarias. El doctor Alejandro Ordóñez presentó un proyecto de ley al Congreso reformando el Código Disciplinario Único. Esa es la ley que le permite a la Procuraduría sancionar con suspensión, destitución e inhabilidad a los funcionarios públicos que sean encontrados responsables de faltas contra la administración y el patrimonio públicos.

Silenciosamente avanza, por los vericuetos parlamentarios, un proyecto que favorece a sancionados por negligencia y actos de corrupción.

La reforma planteada por Ordóñez rebaja sustancialmente los tiempos de inhabilidad a quienes han cometido, con culpa, faltas consideradas gravísimas por la Procuraduría. Terminando el voluminoso articulado está la rebaja del procurador Ordóñez. Se titula "Artículo final (transitorio). Aplicación del principio de favorabilidad". El principio de favorabilidad establece que una persona procesada siempre estará cobijada por la norma menos drástica. Lo cual quiere decir, para empezar, que el nuevo Código es menos severo que el que está vigente. Es decir, que el plan del procurador es reducir esas sanciones pero además favorecer a quienes ya han sido inhabilitados.

El texto del artículo es el siguiente:

Las sanciones de inhabilidad general que se estén cumpliendo como consecuencia de la realización de una falta gravísima cometida con culpa gravísima se reducirán así:

1. *La de diez (10) y once (11) años, a tres (3) años.*
2. *La de doce (12) y trece (13) años, a cuatro (4) años.*
3. *La de catorce (14) y quince (15) años, a cinco (5) años.*
4. *La de dieciséis (16), a seis (6) años.*
5. *La de diecisiete (17), a siete (7) años.*
6. *La de dieciocho (18), a ocho (8) años.*
7. *La de diecinueve (19), a nueve (9) años.*
8. *La de veinte (20) años, a diez (10) años.*

Semejante regalo del doctor Ordóñez a los sancionados por el Ministerio Público no beneficia a la sociedad, solamente a ellos. Muchos de esos sancionados son jefes políticos que conservan sus maquinarias electorales.

Por ejemplo, Juan Carlos Abadía, exgobernador del Valle, ha sido sancionado dos veces con inhabilidad. Una por once años debido a su intervención ilegal en política a favor de Andrés Felipe Arias. Esa inhabilidad establece que no puede ejercer funciones públicas, ni aspirar a cargos de elección popular hasta el 23 de febrero del año 2026. Con la rebaja de Ordóñez su sanción se cumpliría en febrero del año 2018. Justo a tiempo para aspirar al Congreso en las próximas elecciones.

Pero no es la única inhabilidad del exgobernador Abadía. Él también fue sancionado por contratación irregular de servicios de salud al ser encontrado "disciplinariamente responsable de la comisión de la falta gravísima […] cometido a título de culpa gravísima". La inhabilidad de diez años iba a terminar el 5 de mayo de 2023. Con la rebaja de Ordóñez, Juan Carlos Abadía estaría habilitado para desempeñar cargos públicos desde el 5 de mayo del año entrante.

Otros políticos con gran caudal electoral que —gracias al proyecto del procurador— quedarían rápidamente rehabilitados para ser nombrados y elegidos serían el exgobernador de Casanare Nelson Mariño, la exgobernadora del Quindío Amparo Arbeláez, el exgobernador del Magdalena Omar Díazgranados, el exgobernador del Caquetá Víctor Ramírez, el exgobernador del Huila Jorge Pajarito, la exalcaldesa de Neiva Cielo González y el exalcalde de Yopal William Celemín. La magnánima rebaja en las sanciones de estos personajes no parece ser muy útil para impartir justicia disciplinaria, pero sí para emprender una campaña presidencial.

Las manitas del procurador

Julio 11, 2015

El procurador Alejandro Ordóñez tiene dos funcionarios de bolsillo para que conviertan en fallos disciplinarios sus decisiones políticas. Los casos en los que el señor procurador tiene interés especial terminan llegando mágicamente a los escritorios de la doctora María Eugenia Carreño y/o del doctor Juan Carlos Novoa Buendía.

Los dos tienen en común que son santandereanos como Ordóñez, que fueron alumnos del procurador en la Universidad Santo Tomás de Bucaramanga, que fueron subalternos suyos en el Consejo de Estado y que comparten con él su fe lefebvrista de misa en latín y oficiante de espaldas. De hecho, lo acompañan puntualmente a esas ceremonias. Ellos dos se han vuelto las manos del procurador. Unas manos que a veces estrangulan y a veces acarician, dependiendo de lo que le convenga al jefe.

La doctora María Eugenia, por ejemplo, se despachó al alcalde de Medellín Alonso Salazar. La razón real fue el apoyo de Salazar a la Clínica de la Mujer, una institución que el procurador, en su estrechez mental, consideraba un centro de abortos. A Salazar terminaron procesándolo, increíblemente, por denunciar casos de corrupción. Le fabricaron un infundado cargo por participación en política, lo destituyeron e inhabilitaron por doce años. Al final, el Consejo de Estado desestimó el proceso y revocó la sanción.

El doctor Juan Carlos Novoa, por su parte, fue el encargado de oficiar como verdugo del alcalde de Bogotá Gustavo Petro. Soy de los que piensan que la administración de Petro ha sido pésima pero, mientras no incumpla el Código Disciplinario, su falta de competencia debe manifestarse en una sanción política de los ciudadanos y no en una del Ministerio Público. La Procuraduría, con el timón de Ordóñez y el remo de Novoa, encontró la manera de acabar al posible adversario del procurador. Estiraron mucho el Código para armarle tres cargos que, unidos a un procedimiento discutible, resultaron tan débiles que Petro terminó volviendo a la Alcaldía y además victimizándose.

La dupleta Carreño-Novoa ha tenido fracasos, pero también éxitos resonantes. El último de los cuales tuvo lugar hace apenas unas semanas. Esta vez no fue para perseguir a un contendor, sino para amparar a un aliado.

A la vista de todos está el caso del antiguo representante a la Cámara y hoy candidato a la Gobernación de Santander Holger Díaz. Holger ha sido militante del PIN, un cuestionado partido que apoyó la reelección del procurador Ordóñez. Mientras era congresista, y ponente de la ley de salud, Holger Díaz le daba información del trámite legislativo al presidente de Saludcoop, al tiempo que le pedía que consignara dinero a una empresa que solo mencionaba a través de un Número de Identificación Tributaria. El NIT pertenece a una compañía llamada Salud con Calidad Ltda., fundada por el propio Holger, su esposa Gloria Quiroz y su suegro Franklin Quiroz.

La investigación en la Procuraduría llegó a una sala disciplinaria conformada por dos procuradores. ¡Oh sorpresa!: María Eugenia Carreño y Juan Carlos Novoa. Los dos, tan severos en otros casos, adelantaron una curiosamente incompleta investigación que se conformó con concluir que Holger había vendido su participación dos días antes de convertirse en representante a la Cámara. "Al revisarse la situación juridicosocietaria de Salud con Calidad Ltda., se pudo concluir que ni el procesado, ni su esposa, ni ninguno de sus familiares, eran socios o representantes de dicha persona jurídica al momento de su actividad parlamentaria". Lo que no vieron cuatro ojos es que la empresa desde el comienzo ha pasado de mano en mano dentro de la misma familia.

Holger y su esposa le vendieron a su cuñado Juan Manuel Quiroz en 2004, quien quedó de socio de su padre Franklin Quiroz. En 2007, Holger volvió a ser socio cuando le compró a Franklin, su suegro, la participación. En marzo de 2010, dos días antes de las elecciones, protocolizan la salida de Holger quien, por lo menos en papeles, le vuelve a vender a su suegro Franklin. Pocos meses después, y en pleno trámite de la reforma a la salud, en agosto de 2010, Franklin Quiroz, el suegro de Holger, le vende sus acciones a Margareth Liliana Castro. El cuñado del congresista, Juan Manuel Quiroz, le vende las suyas a Mercedes Martínez Lizarazo. Lo que no averiguaron los agudos investigadores de Ordóñez es que Margareth era la esposa de Juan Manuel Quiroz, el cuñado de Holger y hermano de su esposa Gloria Quiroz, la gerente de Saludcoop en Santander.

Todo quedó en familia, como en la Procuraduría.

La urbanidad de Carreño

Julio 7, 2015

El procurador Alejandro Ordóñez estuvo a punto de poner una ficha suya como magistrada del Consejo de Estado. En medio del festín burocrático de favores cruzados con las altas cortes, esto no habría pasado de ser una anécdota. Lo más grave es que el Consejo de Estado tiene que decidir en los próximos días si anula la reelección del procurador Ordóñez por los vicios en el proceso o si la mantiene. Es decir, el procurador estaba tratando de imponer una subalterna como juez de su propia causa.

La elegida para semejante mandado, una persona de la que hablamos en la columna anterior, es María Eugenia Carreño y ha dedicado su vida entera a complacer a Ordóñez y a prosperar bajo su amparo.

María Eugenia Carreño, procuradora delegada por la gracia de Ordóñez, conoció a su mentor en la Universidad Santo Tomás de Bucaramanga y desde entonces se ha mantenido cerca de él. El portal *KienyKe* cuenta en un perfil de la hoy poderosa funcionaria que el profesor Ordóñez nunca se aprendió su nombre y que ella no era una estudiante brillante. Apenas una del montón. Como la constancia vence lo que la dicha no alcanza, la discreta alumna consiguió hacer sus prácticas de judicatura en el despacho del magistrado José Padilla del Tribunal Administrativo de Santander. El doctor Padilla falleció y en su lugar fue nombrado el antiguo profesor de María Eugenia, Alejandro Ordóñez. Él no recordaba siquiera que había sido su discípula. Pero, poco a poco, esa muchacha que contestaba el teléfono y le llevaba papeles para firmar se fue ganando su atención. Así pasaron siete años hasta cuando Alejandro Ordóñez, en un golpe de suerte y porque el turno era para un conservador, terminó nombrado como consejero de Estado y decidió traérsela a Bogotá a trabajar con él.

La doctora María Eugenia ha dedicado su vida a ser la sombra de Ordóñez. Ha presenciado sus conferencias en donde sostenía que "el liberalismo es pecado" parafraseando a uno de los santos de su devoción, San Ezequiel Moreno Díaz, quien alentaba la violencia desde los púlpitos promoviendo la "sana y recta aversión al liberalismo".

Para complacer al jefe, la doctora María Eugenia se ha vuelto tan fanática en materia religiosa como él. Se acercó a la fraternidad San Pío X, en cuyo nombre Ordóñez quemaba libros en su juventud. Empezó a asistir puntualmente a la misa lefebvrista con su jefe, con la poderosa esposa Beatriz Hernández, el procurador Carlos Augusto Mesa y la otra manita de Ordóñez, llamada Juan Carlos Novoa Buendía.

La doctora María Eugenia, siempre fiel y obediente, le ha servido al procurador para condenar y para salvar. Ya les había contado que destituyó e inhabilitó al alcalde de Medellín Alonso Salazar sin pruebas, y absolvió al hoy candidato a la Gobernación de Santander Holger Díaz, quien le pedía plata a Saludcoop, a pesar de todos las pruebas que existen contra él.

Desde luego tanta sumisión le ha traído también sus recompensas. La confesa estudiante mediocre de Bucaramanga se ha vuelto una de las figuras más poderosas del Ministerio Público. Todo asunto que sea de interés para el procurador pasa por su escritorio. El jefe ha sabido usar su poder para que la doctora María Eugenia y su familia puedan progresar. Por ejemplo, dos familiares de ella trabajan en la Procuraduría. Parece que el nepotismo no es un problema en la entidad encargada de controlarlo.

Carmenza Carreño Gómez, hermana de la doctora María Eugenia, fue nombrada jefe de la División Administrativa y Financiera del Instituto de Estudios del Ministerio Público. Entre los requisitos para ocupar ese cargo estaba el de tener título profesional en administración. Doña Carmenza no es administradora sino contadora. La solución fue sencilla: el procurador Ordóñez de un plumazo cambió el manual de funciones de la entidad. Por la misma conducta el procurador ha destituido a unos funcionarios en unos casos y se ha hecho el de las gafas en otros.

También en la nómina de la Procuraduría está Ángela Patricia Tapias Arenas, la cuñada de la doctora María Eugenia, quien trabaja en la oficina de control interno. Esa ilustre dependiente y obediente ejecutora de la voluntad de Ordóñez, casi se convierte en consejera de Estado. El procurador no logró esta vez ampliar su cuota en la corte que decidirá si sigue en el cargo, pero lo seguirá intentando.

Procuraduría:
con P de Pretelt (...y de patán)

Agosto 8, 2015

El procurador Alejandro Ordóñez está empeñado en dilatar el proceso contra su copartidario, el magistrado de la Corte Constitucional, Jorge Pretelt, señalado de pedirle una millonaria suma a una empresa interesada en un fallo de tutela. Lo más interesante es que las estrategias del Ministerio Público y de la defensa de Pretelt parecen idénticas: alargar los trámites de las investigaciones para intentar que el magistrado termine su periodo antes de que exista decisión disciplinaria o penal en su contra.

Las evidencias son muchas, pero vamos a concentrarnos en tres, que tienen como protagonista al apoderado disciplinario de Pretelt, Carlos Arturo Gómez Pavajeau. Él también es defensor en lo penal de la esposa del magistrado y procuradora del equipo de Ordóñez, Martha Ligia Patrón, quien afronta un proceso por presunta apropiación ilegal de tierras y desplazamiento forzado.

La más reciente de esas pruebas es una conversación en un lugar público en donde Gómez Pavajeau comparte con una funcionaria de muy alto nivel de la Procuraduría lo que el magistrado debe hacer. Sucedió en la antesala de una audiencia de la Corte Constitucional sobre el matrimonio igualitario. El abogado Gómez Pavajeau le comenta a la procuradora de familia, Ilva Miriam Hoyos, frente a otras personas y a una cámara de televisión, la estrategia que debe seguir su cliente: "Hasta que Jorge se ponga las pilas —yo ya se lo dije— y arme su pataleta y su vaina, y meta recursos, tutelas, lo que sea contra la Fiscalía porque están investigando, lo están investigando es a él".

La segunda evidencia es el borrador de un memorando de la viceprocuradora general, Martha Castañeda, que está hecho a la medida de las tácticas dilatorias de Gómez Pavajeau. Después de largo y acomodado razonamiento, la viceprocuradora le ordena al representante investigador de Pretelt que no lo procese usando el sistema oral, sino que se vaya por el camino largo del proceso escrito. Lo curioso es que todo el documento está basado en los argumentos que ha expuesto Gómez Pavajeau. El papel tiene tan difícil presentación que a pesar de estar listo desde el 2 de junio, no ha sido enviado aún a la Comisión de Acusaciones de la Cámara.

Y la tercera prueba es quizás la más diciente. El doctor Gómez Pavajeau interpuso una de esas tutelas que recomienda en un tribunal muy conveniente para él, porque quienes decidieron son muy amigos suyos. De acuerdo con la ley, el abogado Gómez Pavajeau habría podido elevar su tutela ante el Tribunal Superior de Bogotá, el Tribunal Administrativo de Cundinamarca o el Consejo Seccional de la Judicatura. Eligió este último donde dos amigos suyos son magistrados.

La magistrada María Lourdes Hernández Mindiola fue subalterna de Gómez Pavajeau en la Procuraduría. Reconoce que tiene amistad íntima con él. Como si fuera poco, la hija de Gómez Pavajeau, María Martha Gómez Barranco, de acuerdo con la propia magistrada, "labora, desde principios del año en curso, como auxiliar *ad honórem* en mi despacho". Otro magistrado del Consejo Seccional de la Judicatura, Alberto Vergara, también reconoce su amistad con Gómez Pavajeau y además cuenta que ha hecho negocios con él. Por un raro azar en el reparto, le correspondió ser magistrada ponente a María Lourdes. El segundo de tres en la sala de decisión fue Alberto. Los dos se declararon impedidos pero les negaron el impedimento. A los pobres no les quedó más remedio que resolver la tutela interpuesta por el amigo común. La despacharon con una parte a favor y otra en contra. La parte a favor le sirve mucho a Pretelt para seguir paralizando a su investigador.

Las tres perlas las ha investigado y publicado la periodista Cecilia Orozco, directora de *Noticias UNO* y columnista de *El Espectador*. El descubierto doctor Gómez Pavajeau decidió entonces responderle a la directora de la peor manera. Con modales de gañán de vereda, señalando a la cámara de *Noticias UNO*, exclamó: "Oiga, pero de mala leche ustedes. Se lo mando a decir a Cecilia Orozco, que mala leche tan hijueputa".

La buena leche sería que nadie se enterara de lo que viene haciendo.

Juan Nepote

Octubre 23, 2015

El hombre fuerte de la Procuraduría está llenando de parientes la nómina de la entidad. Juan Carlos Novoa Buendía, funcionario consentido del procurador Alejandro Ordóñez y su lunga mano en procesos de particular interés, tiene cinco familiares directos que trabajan en la institución, dos parientes políticos y varios amigos.

El descubrimiento del voraz nepotismo del hombre más cercano a Ordóñez —y la aceptación por parte del implicado— la logró un sindicalista inquieto. William Millán confrontó al procurador Juan Carlos Novoa con la lista de familiares nombrados, logró que aceptara su relación con la mayoría de ellos, obtuvo su reacción, juntó todos los elementos y publicó un artículo en *Cambalache*, el periódico del sindicato.

Juan Carlos Novoa, procurador primero delegado y a quienes muchos consideran el poder detrás del trono en el Ministerio Público, tiene una hermana, cuatro primos, una cuñada y una concuñada devengando sueldo oficial. Su hermana Diana Rocío Novoa Buendía es asesora grado 24 de la delegada de asuntos civiles. Hambleydy Paola Novoa Plazas, prima, es auxiliar administrativa de la oficina de atención al público en la Procuraduría Regional del Meta. José Alexander Novoa Plazas, primo, es sustanciador en la Procuraduría Judicial 101 del Huila. Marleny del Carmen Novoa Vargas, también prima, es profesional universitario grado 17 y fue nombrada en la oficina de Bienestar Social Integral de Bogotá. Otra prima, Jenny Cristina Ardila Buendía, es profesional universitario grado 17 en la regional del Caquetá. Pilín Paola Polanía Santanilla, cuñada, cuyo parentesco aceptó el procurador Novoa ante *Cambalache*, fue nombrada sustanciadora grado 2 en el Caquetá; Pilín es hermana de la esposa de Juan Carlos Novoa. Su concuñada, esposa de su cuñado, Yeimmy Paola Vargas Giraldo, es oficinista grado 6.

El sindicalista William Millán me contó que se reunió con el procurador Novoa Buendía para preguntarle por sus familiares funcionarios. El señor Millán llegó con la lista en la mano y el doctor Novoa reconoció ser pariente de los aquí mencionados. Negó, en cambio, otros nombres que estaban en el mismo listado. El procurador Novoa le dijo enfáticamente al señor Millán que esperaba "que no se proceda a hacer críticas sin antes considerar si las personas son buenos o malos servidores". Le dijo también que "ha colaborado con el ascenso de afiliados al sindicato y de no afiliados si son buenos trabajadores, comprometidos con la entidad".

Llamé repetidamente al procurador Juan Carlos Novoa para obtener una reacción directa suya sobre estas denuncias. En el celular nunca contestó y en la última llamada a su oficina, su secretaria dijo que no podía hablar conmigo porque estaba "ocupadísimo". Y no me sorprende, debe ser difícil encontrar a un miembro de esa familia desocupado.

Poco después de esa llamada, el señor Julián García Wren, jefe de prensa de la Procuraduría, llamó al periodista Ignacio Gómez, con quien trabajo la mayoría de estas investigaciones. El señor García le preguntó a Ignacio por qué razón yo estaba buscando al doctor Novoa. Ignacio le indicó que se trataba del nombramiento de familiares suyos en la entidad y le dio mi número celular pero, hasta el momento de enviar esta columna, el procurador Novoa había optado por no responder.

Novoa es hombre cercano al procurador Ordóñez desde que era su alumno en Bucaramanga. Cuando Ordóñez llegó al Consejo de Estado se trajo a Novoa como sustanciador. Tan pronto lo eligieron como procurador general nombró al joven pupilo como su secretario privado. Ha manejado la Comisión de Carrera de la institución y ahora es procurador delegado en lo administrativo.

Los familiares del doctor Novoa que habían sido nombrados de manera provisional recibieron hace poco los decretos que les extienden su vinculación con la nómina de la entidad encargada de velar por la moralidad pública.

El aplazador

Noviembre 28, 2015

La Procuraduría está dilatando deliberadamente el proceso por el asesinato de Jaime Garzón. Un procurador delegado ha hecho todo lo posible por demorar el juicio contra José Miguel Narváez, exsubdirector del DAS y presunto determinador e instigador del crimen del humorista. Lo más diciente es que ese procurador, llamado Rubén Darío Escobar Cardona, es un viejo amigo y compañero de causas ultraconservadoras del procurador general Alejandro Ordóñez.

El doctor Escobar, además, es un conocido militarista que ha pedido absoluciones para procesados por falsos positivos y fue portador de una razón a un famoso sindicado a quien le dijo que con la Procuraduría podía contar.

La maniobra a favor de José Miguel Narváez, antiguo asesor de cuestionados militares y de Fedegán, empezó en mayo, cuando el fiscal del caso pidió condenarlo por considerar que hay pruebas suficientes sobre su papel en el plan para matar a Jaime Garzón. Ese día, 20 de mayo, el procurador Rubén Darío Escobar pidió a la jueza un plazo para pronunciarse porque no conocía el expediente. "Yo le solicito respetuosamente, Su Señoría, que me permita un tiempo prudencial para examinar los 37 cuadernos y sus anexos". La jueza accedió y citó a las partes para un mes después, pero el procurador Escobar no se presentó. Por casualidad, tampoco llegó el sindicado José Miguel Narváez, argumentando que súbitamente lo había atacado una terrible diarrea.

La audiencia quedó entonces para el 27 de agosto, pero ese día el procurador Escobar recomendó no apurarse porque podían alterar la tranquilidad espiritual del procesado Narváez: "Un mes más, un mes menos —porque no hay más tiempo para eso— pienso que deja a Su Señoría y a la Judicatura con un hálito de imparcialidad absoluta y le permite a él su tranquilidad espiritual", afirmó el procurador Escobar mientras se llevaba teatralmente la mano al pecho.

La diligencia fue citada entonces para casi dos meses después, el 13 de octubre. Sin embargo, el procurador Escobar explicó que los cinco meses que había tenido, desde la audiencia de mayo, no le habían alcanzado para leer el expediente. "No me siento suficientemente preparado, yo le solicito que me dé un poco más de tiempo. Puede ser al final de este mes, Su Señoría, o en la primera semana de noviembre, Su Señoría". Su Señoría, consciente de que le estaban tomando el pelo, dijo que ese sería el último plazo que concedería y citó la audiencia para diciembre. Vamos a ver con que sale el creativo procurador Escobar.

Rubén Darío Escobar es compañero de andanzas de Alejandro Ordóñez desde que quemaba libros en Bucaramanga. En enero de 1982 crearon juntos la Sociedad Tradicionalista Colombiana. Los documentos, que prodigiosamente siguen existiendo, señalan que Ordóñez era el presidente y Escobar el vicepresidente. Esa sociedad reunió a los seguidores del retardatario obispo Marcel Lefebvre en Santander para crear la iglesia en la que celebran su culto. Hoy Ordóñez no aparece en los papeles de la asociación. Fue reemplazado en la presidencia por Rubén Darío Escobar Cardona, hombre de su total confianza.

Curiosamente, el vicepresidente de la Sociedad Tradicionalista es otro funcionario de la Procuraduría: Andrés Augusto Harker. Él fue nombrado asesor del despacho del procurador Ordóñez y, por gracia de su jefe y amigo, puede asesorarlo desde Bucaramanga.

En esa ciudad han vivido todos, incluyendo a un personaje llamado Hugo Mantilla Correa, mencionado en investigaciones sobre un fallido golpe de Estado a Samper, episodio que sale a flote cada vez que se habla del asesinato de Álvaro Gómez Hurtado. Hace años Mantilla, en una declaración sobre estos hechos citada por *El Espectador*, aseguró que Rubén Darío Escobar Cardona y su hermano Ángel, a quienes conocía desde la infancia, eran lefebvristas, ultraderechistas y asesores del Ejército.

Rubén Darío Escobar, actuando como procurador, ha pedido la absolución de siete militares acusados de participar en falsos positivos.

Hace un tiempo la periodista Darcy Quinn reveló que Rubén Darío Escobar, quien ha sido también agente del Ministerio Público en el caso del *hacker*, se acercó a quien él creía era el abogado de Luis Alfonso Hoyos, "asesor espiritual" de la campaña de Óscar Iván Zuluaga involucrado en los hechos, y le pidió: "Dígale al doctor Hoyos que el señor procurador está muy pendiente de este caso, que él sabe que lo que haya que hacer se hace, que no lo desampararemos".